去他的命運

成就不是天注定

能屈能伸
至正向心靈課
不由己的生活反客為主

受夠了每天活得很累？
受夠了只能被別人的光芒壓著？
別人都是小確幸，自己卻是超不幸？

如此平庸的我，有可能發光嗎？
來吧！由內而外改變，小小一念，逆轉生活！
跟命運說×××！從今以後，人生由你掌控！

徐定堯，劉利生 著

前言

　　沒有人的一生總是一帆風順，充滿鮮花和掌聲的。因為生活就是生活，有陽光雨露，也有暴風驟雨；有成功的喜悅，也有挫折和困難的磨礪。無論身處何種境地，只要有熱情、有遠見、有勇氣，有足夠好的心態，有一顆勇敢堅強樂觀自信、智慧寬容、仁愛團結的心，就能夠戰勝一切，你的人生起步永遠不晚，你追求的成功之路就在腳下，因為勇者無敵。

　　一位哲人說：「你的心態就是你真正的主人。」一位偉人說：「要麼你去駕馭生命，要麼就是生命駕馭你。你的心態決定誰是坐騎，誰是騎師。」好的心態的確可以改變你的人生，決定你的命運。

　　我們精心編寫本書正是告訴讀者，如何擁有好的心態，去影響自己，積極行動，從而改變命運的一部好書。

　　自信的心能讓人排除各種苦難。自信的人總會出人頭地。與金錢、地位、出身、人脈相比，自信是更有力量的東西，自信是人們從事任何事業最可靠的資本。

　　自強的心可以使你戰勝障礙、克服種種困難，最終使事業獲得完美的成功。你要想擁有獨立自主的習慣，憑實力撐起一片天空，就必須努力鍛鍊你的自主能力，成為自己命運的主宰。樂觀的心讓你夢想成真；陽光的心，讓幸福永遠跟隨在你左右；積極進取的心，讓你渾身充滿了積極的活力；堅韌的心，讓你從吃虧中學會堅持，忍一步，為將來的成功做打算；縝密的心和敏銳的眼光，讓我們高瞻遠矚，看透人性；靈活之心，讓我們步步為營，遊刃有餘；寬容的心可以超越一切，因為寬容包含著人類善良美好的心靈，因為寬容需要一顆博大、寬廣的心。

　　許多人的成功，正是由於他們懂得這些，巧妙地運用了自己的勇敢之心，精彩地度過了人生的每一天。

　　心態決定了命運，擁有一顆勇敢之心，你就永遠不會失敗。堅持勇敢之心，你就能夠獲得美好的未來。命運是靠自己掌握的，任何人都無法控制你。

　　從現在起，你應該讓自己的心變得勇敢，不屈服，不浮躁，不抱怨，堅強起來，快樂和自信地迎接生活中的風雨險阻，前進，為自己的未來而付出吧！

　　好好地掌握自己的命運吧！

目錄

目錄

———目錄

第一章　相信自己，心力無窮

自信的心態最重要

人都希望自己有健康的身體，良好的工作，美麗的家庭，和諧的關係。你知道嗎，這一切都掌握在你自己手中，你是自己命運的主宰，要想獲得這些，請從自信開始。

如果你有堅強的自信，往往能夠促使平凡的人們做出驚人的事業來。即使有出眾的才能、優良的天賦、高尚的品格，膽怯和意志不堅定的人也終難成就偉大的事業。自信是人生最可靠的資本。具備自信心態的人，往往都承認自己的魅力和相信自己的能力，總是能夠大膽、沉著地處理各種棘手的問題。自信的人開朗、活潑，他這種飽滿的精神，也同樣會贏得人們的親近，進而感染別人。

據說一代軍事天才拿破崙親率軍隊作戰時，戰鬥力便會增強一倍。原來，軍隊的戰鬥力在很大程度基於士兵對於統帥的敬仰和信心。如果統帥抱著懷疑、猶豫的態度，全軍便會失去凝聚力，陷入混亂當中。拿破崙的自信和堅強，使他統率的每個士兵都增加了戰鬥力。

著名的發明家愛迪生曾說：「自信是成功的第一祕訣。」阿基米德、瑪里·居禮、伽利略、祖沖之等歷史上廣為人知的科學家，他們所以能取得成功，首先因為有遠大的志向和非凡的自信心。一個人要想事業有成、做生活的強者，首先要敢想。敢想就是確立自己的目標，就要有所追求。連想都不敢想，當然談不上什麼成功了。

現實生活中，有許多的人缺乏自信心。缺乏上進的勇氣和信心，其影響是巨大的：本來可能有十分的熱情，也只剩下五六分甚至更少了。久而久之，這樣的人很難振作起來，成為一個被自卑感籠罩著的人。由缺乏自信導致自卑的人，不但會延遲進步，甚至可能自暴自棄，將導致很可悲的結局。

為什麼會出現這種現象呢？這是外因和內因互相作用的結果。從外因說，可能是受到的貶抑性評價太多，缺少成功的機會，處境不良；從內因

說，可能是自尊心受損，自信心下降。又缺乏自我控制的能力。比如說，一個孩子在班級中不被重視，在集體中沒有表現自己能力的機會，或者在老師、家長面前受到太多的批評、指責，甚至諷刺、挖苦，或者受到某種挫折（如考試成績差）後沒有得到應有的指導與回饋，都會傷害其自尊，影響他一生的自信。而後，其表現不佳，又可能招致新的貶抑，形成惡性循環。

自信與否真的能決定命運，如果你希望獲得人生的幸福，獲得一個成功的事業，一段美麗的愛情，那麼請從自信開始吧！建立起強大的自信心，自尊心和自豪感，為自己喝彩，為自己加油鼓掌，相信你的人生會從此改變，你們命運之帆也會引導你駛向美麗的人生港灣。

自信是成功人生的心靈之燈

自信宛如荒漠中的甘泉，黑暗世界的心靈之燈。自信總能夠指引我們走出人生的困境，發現自己真實的價值。

從前，在非洲，有一個農場主人，一心想要發財致富。一天傍晚，一位珠寶商前來借宿。農場主人對珠寶商提出了一個藏在他心裡幾十年的問題：「世界上什麼東西最值錢？」

珠寶商回答道：「鑽石最值錢！」

農場主人又問：「那麼在什麼地方能夠找到鑽石呢？」。珠寶商說：「這就難說了。有可能在很遠的地方，也有可能在你我的身邊。我聽說在非洲中部的叢林裡蘊藏著鑽石礦。」

第二天，為了獲得財富，珠寶商離開了農場，四處去收購他的珠寶去了。農場主人卻激動得一宿未眠，終於他做了一個人生中最為重要的決定：將農場以最低廉的價格賣給一位年輕的農民，然後去尋找鑽石。很快，他就匆匆上路，去尋找遠方的寶藏了。

第二年，那位珠寶商又恰好路過農場，此時接待他的是新的農場主人。晚餐後，年輕的農場主人和珠寶商在客廳閒聊。突然，珠寶商望著主人書桌上的一塊石頭兩眼發亮，並鄭重其事地問主人這塊石頭是在哪裡發現的。農場主人說就在農場的小溪邊發現的，有什麼不對嗎？珠寶商非常驚奇地說：「這不是一塊普通的石頭，這是一塊天然鑽石！」這項驚奇的發現讓他們決定一探究竟。隨後，他們來到小溪邊，竟然在同樣的地方又發現了一些天然鑽石。珠寶商決定和農場主人一起勘測，後來經勘測發現：整個農場的地下蘊藏著一個巨大的鑽石礦。結果，新的農場主人成為了億萬富翁，而那位去遠方尋找寶藏的老農場主人卻一去不返。很久以後，聽說他成了一名乞丐，最後窮困潦倒，投進尼羅河裡死了。

這個故事不論在過去，還是在未來，都告訴我們：最珍貴的寶藏不在遠方，它就在我們心中。心中有寶藏，你就價值千萬，相信自己的人，能夠從中獲得一個充滿強烈自信的原動力。

在人生的旅途上，如果你太累了，那麼停下來，靜靜地想想自己吧！在整個世界上，我才是獨一無二的，沒有任何人會跟我一模一樣，為了實現我的使命，我已從先祖的巨大積蓄中繼承了成功所需的一切力量和才能，我的潛力無窮無盡，猶如深埋地下的鑽石寶藏。

自信的積極心態可以創造奇蹟

時刻想著自己身上擁有的財富，堅信著我們每個人身上都有巨大的潛力，它等待我們去開發，去利用，這樣你會信心百倍，勇往直前的。

大腦是人體一個重要資訊寶庫，專家認為，人腦的資訊儲存量大約相當於 5 億冊圖書的資訊。一般人整個一生都只運用了其總體的 4%，而世界最偉大的理論物理學家愛因斯坦也只開發了其全部智慧的 15%。為此，美國心理學家盧果感嘆道：「我們最大的悲劇不是恐怖的地震、連年的戰爭，而是千千萬萬的人們活著然後死亡，卻從未意識到存在於他們頭腦中未開發的巨大潛能。」

　　然而，為什麼大部分人不能夠成為世人敬仰的成功人士呢？妨礙人們充分發揮出自己大腦的智慧潛能不是人們常說的智商的高低，而是我們的情緒、我們的心態造成的。打開人生成功大門的金鑰匙，其實就在我們自己手中。只是這枚神奇的鑰匙，是一把雙刃劍。它有兩個面：一面刻的是「積極的心態」，另一面刻著的是「消極的心態」。積極的心態創造生活，使我們走向健康、成功、幸福、財富；而消極的心態則毀滅人生，使人背離一切有價值的東西。你的命運如何，關鍵是在人生最重要的時刻，你看到了鑰匙的哪一面。

　　在臭名昭著的奧斯威辛集中營裡，有一位猶太人，身處毒氣、飢餓、嚴寒、疾病等殘酷環境中，他依然堅強地活著。有一天他在雪地裡艱難工作時，夕陽斜照在巴伐利亞高大樹林，他想到了以前他和妻子一起在自家陽臺上觀看同樣景色時的快樂心情，這種回想讓他感到了無比的舒暢和溫暖。此時，他突然有了一個全新的發現：人在任何環境下，都有選擇自己人生態度的自由。後來，他頑強地活了下來，而且出獄後成了一名世界聞名的精神學家。而當時，又有多少可憐的無辜生命，在艱苦悲慘的集中營中自殺或者因消沉而憂鬱而終呢？所以，影響我們人生成功和幸福的絕不是所處的環境或所受的遭遇，而是我們對這些事保持什麼樣的心態。

　　因此，不管發生什麼事，只要你想成就大事，就必須建立積極的心態去看待一切，並賦予每一件事以積極的意義，那麼，你的整個人生就會有革命性的改變。如果你眼下正承受著困惑、自卑，對於你來說，目前最重要的事是拋開一切恐懼和自我設限，努力用積極的心態去填滿你的心，讓積極的心態激發你心中的勇氣和熱情。堅定不移的積極心態是化思考為力量的源泉，是突破自我限制，創造奇蹟的動力之源。有了積極的心態，就為成大事者的人生點亮了創造奇蹟的神燈。

每個人都是自己的精神領袖

也許自出生之日起，你就注定要經歷磨難。那麼，等你懂得自己面臨的困境時，請你喚醒自己心中的巨人，勇敢戰勝這些先天的磨難，要知道，每個人都是自己的精神領袖。

成大事者的確需要培養這種良好的自我認識心態。但是，假設一個人只能長到 150 公分那麼高，而社會的平均身高是 165 公分，在這種情境下他會產生什麼樣的心態和境況呢？身材矮小的拿破崙渴望征服整個世界，並將歐洲甚至全世界的國王和他們的子民們置於自己的股掌之中，讓他們俯首稱臣。只有這樣他才能蔑視一切，稱雄於世。

毫無疑問，拿破崙能取得自己的人生的巔峰，是與他的自信和頑強奮鬥密不可分的。當一個人存在明顯的缺陷時，他就比常人要承受更多的苦難和磨礪才行。生來就具有嚴重的生理缺陷的人，或是遭遇到意外事故致殘致病的人，確實必須承擔更大的身體和精神負擔。那些曾與身心障礙者一起工作過的治療師們指出，無論他們會有多大的缺憾感，那並不能阻礙他們建立起比很多根本身無病痛的人更大的勇氣和自信。

有時，身體的殘疾正是人們建立良好的自我意象，改變世人偏見的巨大推動力。曾經有位在童年意外事故中失明的人成了他生活的小鎮上的最有學問的人。他的詼諧和風趣使得人們爭相為他誦讀書籍。牡蠣殼中的沙礫是滋養珍珠必不可少的物質。卓別林以其弱小的身軀創造出舉世聞名的喜劇。數年前，矮小的耶魯隊明星阿爾比‧伯恩一人獨進 21 球徹底打敗了哈佛隊。雖說阿爾比沒有高大的身材和強壯的肌肉。但他訓練出的驚人的速度和嫻熟的球技征服了所有的觀眾。大衛勇於用幼時牧羊練就的彈弓絕技與歌利斯的利劍比武。傑克以他的機智戰勝了豆莖上的巨人。

世上絕大多數迷人的婦女並不是絕世的佳麗。埃及豔后克麗奧佩脫拉（Cleopatra VII）長著大大的鼻子，伊莉莎白一世女王（Elizabeth I）的脖子又細又長。斯塔爾夫人（Germaine de Staël）邋邋臃腫。傳世的美人並不刻

意渲染他人對自己的興趣。特洛伊的海倫（Helen of Troy）的確擁有沉魚落雁的漂亮臉蛋和身材。但是流傳至今的傳說中沒有一個刻意渲染她的迷人、善良和聰慧。

我們都伴隨著自卑感而成長。我們出生時實在是太弱小了。生活既向我們提供了加強這些情感的機會，也為我們創造了克服它們的機遇。正是由於生活傷害了我們，所以它也哺育了我們、治癒了我們的創傷。

有時，甚至傷害本身也能帶來好處 —— 它足以讓我們產生積極的效應。愛好旅遊的朋友的越野腳踏車出了事故，當我們聽說後向他慰問時，他卻告訴了我們一個數年來最欣喜的經歷。當他走在一條從未走過的山坡小道上找尋援助時，他發現了一個迷人的山村。他從來不知道那裡有這麼一個山村。在那裡他發現了友好善良的人們。事實上，他從「不幸」中得到了極大的樂趣。聽完他的故事，我們不禁希望自己也能偶遇一次這樣的經歷。人生會遇到什麼事情呢，這是大家都無法預料的。當人們回憶起往日緊張冒險的經歷時常說：「我再也不想遇到那樣的事了，但有過那麼一次也很不錯。」由於失去了眼前的工作，人們或許進而發現了更能展現自己才華的新職位。很多經歷了一次失敗婚姻的人們在第二次的婚姻中體會到了真正的幸福，做到了白頭偕老。

內科醫生都明白，兒童時期曾患過的嚴重疾病對成年後的病變常常可以產生強烈的抗體。在西元 1918 年流行的傳染病災難中，美國軍營裡死去了上萬高大強壯的年輕人，而那些來自城市貧民窟的骨瘦如柴的士兵卻表現出了極強的生命力。這些人在童年時代遭受過無數疾病和身體的磨難。所以，在面對成年後同樣的病毒折磨時，他們能夠倖存下來。

同樣，經歷過情感創傷之後，也能培養人們的堅強意志、敏銳的感覺和洞察力。例如，我們過去常常認為父母的離異必定會給孩子造成傷害。如今我們認識到離婚雖說會對孩子產生巨大的影響，很可能會傷害他們的情感，但情況未必總是那麼的糟糕。父母的離異或是疾病使得某位親人逝去確實是極其苦痛的事。但我們也明白它們能使孩子變得更加成熟和堅

強。困苦的確可以轉變成人們生活中有利的成分。商場上，有些公司從銀行借的錢越多、還錢越謹慎、它的信譽就越好。

我們無法從日常生活的每個細節中預測出什麼將對我們最為有利，即使我們已經知道何者最為有利，我們也並不能將所有的夢想都化為現實。生活賦予了我們太多的機會，然而變化無常，有時那些看似非常渺茫的事情也會以美好的結局告終。世上不存在只擁有好運的人，也沒有終身只與厄運為伍的人。有些人確實接二連三遭受不幸，但是過多地抱怨社會對己不公的人實際上是在怨懟自己。

每個人都有屬於自己的成功時刻，正如每個花朵都有屬於自己的春天。男人可以力大無比身手非凡，女人美若朝霞，能把稻草變成黃金，能用溫柔馴服猛獸。我們因為喜愛自己，所以不該吝嗇對自己的讚美。讚美不會傷害人的心靈，在自我讚許和鼓勵下，我們才更有自信。

如果你越認為自己和善親切，就會更友好地待人，越能接受自我和本身所有的缺憾，就越能接受自己所愛的人。請記住吧！每個人都是自己的精神領袖。

自信是成功的源泉

如果有堅定的自信，即使出身平凡的人，也能作出驚人的事業來。缺乏自信的人即使有出眾的才能、優良的天賦、高尚的性格，也很難成就偉大的事業。

一個人的成就，絕不會超出他自信所能達到的高度。堅強的自信，便是成功最大的源泉。一個人不論才能大小，天賦高低，成功都取決於堅定的自信力。相信自己一定能做到，事實上就能夠成功。反之，不相信自己，那就絕不會成功。

世界上到處都有目前仍微不足道的人！他們以為自的身分卑微，別人所有的一切，是不屬於他們的，以為他們是配享有的，以為他們是不能與

那些偉大人物相提並論的。這自卑自賤的觀念，往往成為一些人不求上進、自甘墮落的主要原因。

經常有人這樣想：世界上最好的東西，不是他們這一輩所能擁有的。他們認為，生活上一切美好的事物，都是留給一特殊的人的。有了這種卑賤的心理後，當然就不會有要成就大事業的觀念。許多人，本來可以做大事、立大業，但實際上做著小事，過著平庸的生活，原因就在於他們自暴自棄，他們有遠大的目標，沒有堅定的自信。

有些人開始對自己有深層的了解，相信能夠成功，但是一挫折，他們就半途而廢，這是因為自信心不堅定的緣故。所以有自信心還不夠，更須使自信心變得堅定，那麼即使遇到挫折也能不屈不撓，奮勇向前，絕不會因為小小的挫折就退縮。

從那些成就偉大事業的卓越人物的人格特質就可以看出一個特點：這些卓越人物在成功之前，總是具有充分信任自能力的堅強自信心，深信自己必能成功。這樣，在做事時他們能全力奮鬥，破除一切艱難險阻，直到勝利。

瑪麗·科萊利說：「如果我是塊泥土，那麼我這塊泥土，也預備給勇敢的人來踐踏。」如果在表情和言行上時時顯露著卑微，任何時候都不信任自己、不尊重自己，那麼這種人當然很難得到別人的尊重。

上帝公平地給予我們巨大力量，鼓勵我們去開創偉大的事業。而這種力量潛伏在我們的腦海深層，使每個人都具有宏韜偉略，能夠精神不滅、萬古流芳。如果我們不對自己的人生負責，在最關鍵、最可能成功的時候不把自己的本領盡量施展出來，那麼對於世界也是一種損失。

自信是積極進取的精神動力

積極進取的心態，可以化為外在的動力，當你相信你一定能成功時，你就會想盡辦法去創造條件、去實施行動。積極進取的人，理想終能變成現實。

1. 自信是成功的祕訣

美國散文家、哲學家愛默生說過：「自信是成功的第一祕訣。」但是，現實生活中總有太多的人不相信自己，懷疑自己的能力。由於不信任自己的能力而累及事業，最終不能躋身於成功者的行列的人很多。我們只要認為我們能夠做事，我們可以真的變得了不起。凡是能夠學會實際地、非自大地相信自己、具有濃厚而深切的自信心的人，都是人類中的佼佼者，是人類中的菁英分子，成為讓人羨慕的最成功的人。你認為你能，你就做得到。人們認為一件事是不可能的，行不通的，通常只表示他認識得不夠，經驗不足或是內心的軟弱膽怯。

現在開始，請你相信這樣一種觀念：沒有你不能做的事。真正地把舊的觀念從心中徹底地清除！你應該知道，世界上最偉大的事都是由一個個人做出來的。

每個人總有懷疑自己能力是否足夠的時候，發揮你的優勢吧！不要彷徨，不要再迷惑。站在高處，俯視你的困難，你會發覺它們是多麼的渺小。

2. 自信是精神的支柱

自信是人立足社會的精神支柱，是人生不斷求索和創造發展的動力。一個人步入社會大舞臺之後，就會遇到愛與恨，生與死，喜與憂，成功與失敗，痛苦與幸福，理解與嘲笑，友誼與仇恨等等的問題。無論如何，只要你擁有信心，你就可以掌控自己的命運，戰勝這些人生難題。一個自信

的人應該是這樣的：即使遇到了多麼複雜的問題和難以處理的情況，他也有足夠的勇氣和自信可以做得更好。一旦他做出了決定，就勇敢地走下去；如果出現了意想不到的情況，他會盡全力去處理；他不害怕出錯，恰恰相反，他認為，出錯是一個人的一生中不可避免的，它應該成為人生的一部分。這就是自信，這就是一個人應有的自信。

面對任何問題和挑戰，都可以冷靜應對，積極付出努力，無論是輸是贏。

3. 心無自信，身似浮萍

自卑是消極的心理狀態，自卑者說覺得自己處處不如別人，就如「自慚形穢」這個成語？看到別人比自己強，就感到自己很低下 —— 這就是自卑的一種。一個自卑者，由於受到消極意識的控制，他很難再突破這種精神上的束縛。他的創造力，他的各方面潛力都會受到壓制。獅子再威猛，若被關在籠子裡，也是無法展現。一個自卑的人，被圍困於消極的氣氛之中，即便再有能力，也是沒有用武之地，他只能成為一個可惜又可憐的人。

自卑產生的原因通常有如下幾個方面。

1. 現實的困難促使自卑的產生：我們所處環境的種種否定性評價，姑且不說那些遭受不幸的人會產生強烈的自卑感，就是那些一直過得很好但缺乏與人交流的人也會產生自卑。許多從貧窮、殘破的家庭中走出來的人，往往促使自卑的產生。

2. 童年的經歷也是導致自卑產生的根源：兒時的種種痛苦的記憶會讓人心生自卑，使得人們不相信自己，在該表現的時候不敢表現，有才能也發揮不出來。因此，難有大的成就。自卑常常成為成功路上的一大障礙，克服自卑是你建立自信的第一步。

創造自信的氣氛

生活和工作都需要自信的陽光。

自信有時候會同環境因素有關。如果你周圍的人都是那些樂觀自信、積極向上的人，你也不會再感到自卑了。總是為瑣事而煩惱，總是獨自一人躲在屋裡，你的心情肯定不會好。你應該擁有一種積極的心態，樂觀進取，努力走出自卑、建立自信。

生活上的一些調整與改變會讓你的心境有所轉變，聽聽音樂會，參加體育運動，參加熱烈的盛會，你會發覺另一番天地。走進一家商場，這裡設施齊全、服務周到、貨物充足。店員一個個昂首挺胸、面帶微笑，柔和的輕音樂悠揚地在商場裡飄蕩⋯⋯在這樣的環境，你會感到很舒暢。如果你是這家商場的職員，你會更加努力工作；如果你是一名顧客，你肯定會認為這個商場是值得信任的，更加樂意到這裡購物消費。

相反，如果商店陳設簡陋，職員也一個個無精打采，肯定沒有多少顧客，這家店也無法經營下去，上至老闆下至員工更談不上自信心了。沒有一種足以激發人的內在熱情的氣氛，是很難有自信心的。

一個人如果總覺得自己不行，那麼他做什麼也不會有熱情，天天無精打采。一個人如果對自己充滿信心，就會是另一番情景。他不會去想那些令人沮喪的事，因為畢竟，過去的就過去了，想它已經沒有任何意義。

在你的人生歷程中，總會有一些令你感到得意的事。當你感到自卑時，不妨想一想這些事，讓它們在你腦海中重現一遍。然後你問一問自己：我當真是不如人嗎？不！在你大大小小的成功當中，你就有比別人強的因素。過去的那種上進心，為什麼不讓它們再展輝煌呢？你做得到的。

如何更自信，更果斷

1. 信心的鍛鍊

在我們前進的路上，有兩個阻礙：自卑與恐懼。它們是自信的最大的敵人。能否克服這兩個敵人，決定著你能否建立自信。

信心需要千萬次的鍛鍊，需要你日積月累的培養。為了避免你會出現消極狀態，你必須往頭腦中大量地輸入積極的資訊，刪除消極的資訊。你把自己設想成什麼形象，在你的潛意識裡就會牢牢地保存這一形象。相信你能做到，那你真的就可以做到。當你付諸行動時，潛意識會支配你，促使著你按自己設計的方向前進，使你面對困難時不妥協，並有克服的勇氣。

你駕車的技術怎麼樣？「好得很！」你一定會充滿自信地回答。為什麼你會有這種回答？因為你從很小的時候就開始開車了，你對它的每一個零件的性能，各種路面應採取什麼駕駛模式等等早已不知理解了多少遍、訓練了多少遍。同樣，如果你能夠不斷地訓練你的自信心，最後有人問你：「你有自信心了嗎？」你也會毫不猶豫地回答：「我充滿自信。」那正是我們所希望的。

2. 如何培養果斷

猶豫不決會浪費你許多本來可以創造很大價值的時間，甚至失去取勝的機會為了在競爭中取得主動，你必須果斷下決定。當你的頭腦中一片混亂、不知所措的時候，你可以先把需要解決的問題一一列出來，在每一個問題的下面註明解決的方案，每一種方案有什麼優點和缺點。這樣你就可以一目了然。做出決定不外乎是先選擇最重要的問題，然後選擇一種最合理的方案，除此之外，多想也是徒勞。

要知道，機會永遠不會「恰到好處」，你必須有果斷的決策能力，該做決定時毫不猶豫，等待會極大地消散你的意志。你知道為什麼有的人總是得不到成功嗎？就因為他們那漫長的等待。事業上取得大成就的人，都具有迅速決斷的能力，這種能力貫穿其的事業的始終。

千萬不要讓自己游移不定，生命沒有一個重心，人就會感到迷惑而不知所措。在一個競爭激烈的世界裡，沒有目標，你就會被遠遠地甩在後面。

3. 不必害怕別人

無論你心裡如何想，有一點是肯定的：別人也與你一樣，是血肉之軀的產物，你們之間沒有優劣之別。首先，你應該學會了解各種不同類型的人，對他們的了解會使你心中知道該怎樣去與他們打交道，怎樣在他們面前維護自己的尊嚴。

但你與別人一樣，也是重要。你沒有任何理由認為別人是主角而你應該是配角。無論你與什麼人相處，你都應遵循這一原則。

一個求職者，在眾多的面試者中，如何才能脫穎而出呢？大多數的面試者面對招聘人員都多少有些緊張，凡是戰戰兢兢，無法真實流暢地表達自己的觀點，在心裡一味地揣摩對方希望聽到什麼而不是自己想表達什麼的人，通常無求職大幅度人員才法令招聘者滿意。那些從容自如、不卑不亢的人能得到青睞。

4. 無須讓偶像成為看低自己的負擔

也許你沒有那些令人羨慕的得天獨厚的條件，但是，有一點你必須記住：你就是你，無須自己看低自己。

有的人喜歡模仿別人，好像自己是別人一樣活著，他們往往因此而喪失了真正的自我。「哎呀！我應該這樣，應該那樣。」他們想。於是他們勉強去做，但收效甚微。於是他們退縮了，洩氣了，覺得自己確實沒有什

麼值得驕傲的地方。他們建立一個偶像，按偶像的種種標準來要求自己，如果做不到，就深深地責備自己，自卑感更加強烈了。

我們不能因為愷撒生平的光芒遠遠地蓋過了我們自己的就把他視為楷模而否定了自己。人生就是人生，並無多大差異。你應該自信地做你的一切，你無法像你的偶像。同樣，你的偶像也無法像你。

事實上，人無完人，人不可能都那麼完美。你沒有必要拚命掩飾自己的不足，你沒有必要處處學別人。你是獨立的人，你是屬於自己的。你不必像誰，你就是你。也許你確實有自己感到不滿意的地方，但你沒有必要自卑 —— 因為別人也不像你想像中的那麼十全十美。

有自卑感的人總覺得自己技不如人，即使事實並非如此。事實上，覺得自己不行並非是真的不行，僅僅是感覺而已！

人應該有超越自我的願望，不要總局限在原地踏步。

做一個自信的人

社會的演變、時代的更替體現了一種人類進步，可有的缺乏自信的人卻害怕這種變化，不知如何應付這些巨變。當他們看到周圍的人群不斷地調節自我、改變自我以達到適應社會發展的最佳狀態時，除了焦慮、猶豫與堆積許多不安的壓力之外，一無所獲。

但是試想一下，若是完全沒有了挑戰和應對挑戰的改變，世界將會多麼單調和缺乏活力。憑著科學的力量，人類的壽命可以延長至八十歲、九十歲，甚至更長。但是，若過著失卻了自立性的平淡人生，再多的時間對人們來說又有什麼用呢？一年等於一天，一世等於一天，只是徒然地浪費著光陰。生命只有一次，失去便永遠不會歸來。當我們在生命彌留之際，往事片段如電影一般滑過腦海，若其間沒有五彩繽紛的絢爛和充滿活力的熱情，只留下一堆枯燥而乏力的蒼白，我們豈不是捨棄了這僅有的一次機會，讓自己像一顆新星照亮歷史夜空的希望如泡影般幻滅！

因此，振奮起來吧！與其讓時間在身邊白白地流過，不留痕跡，還不如放開手腳，做些平時想做卻不敢做的有益的事。也只有這樣，才能描繪出一幅美麗而完美的人生圖畫。

有些人把一切歸咎與知識的匱乏，能力的不足，整日苦惱於自己是一個才能平庸的人。其實我們經知道，每個人的發展潛力相差並不是很大。成功者之所以功就在於盡量地活用時間，去發揮這些基本的共有的天賦。

在成功者中，有一個簡單的共通原則，即「不輕言放棄」。如說一個非常有名、成績輝煌的運動員，他也有陷入低潮的候。在這時，只有堅持下去、絕不放棄的人才能保持昔日的煌，獲得最後的成功。

別的領域也是如此，所有的成功者都是永不言敗，也永不放的人。實際上，導致中途而廢的因素很多，有些是因為感覺到自的才能無法得到發揮，有些是沒有勇氣與信心堅持下去……而些原因歸結到一點就是缺乏自信。因此，若要避免「放棄」，就要對自己的能力有信心，同時要經常想像自己成功時的模樣，你就會感到有一種動力支撐著你鍥而不捨地努力下去。

還有一點很重要，那就是在這個社會中給自己一個準確的位，認清自己是實現對自己有信心的基礎，同時還要避免恃才自傲。比如在擇業的時候，了解自己適合於做什麼工作，在哪面容易出業績。為自己找一個合適的定位，才有可能在自己拿手的行業中取得成功。相反，如果對自己認識不夠，去選擇些「熱門」但卻不適合自己的工作，是根本不可能成為一個成者的。

自信是一種激勵人奮發向上的動力，只有具有了自信，成功才不會遙遙無期。自信於女性而言，更為重要。當然這並不是說男性不需要自信。因為，女性的自信已經被世俗的見解給剿殺了，儘管女性有種種渴望成功的衝動，卻往往在一閃間就歸於沉寂，她們在相當長的一段時間裡甘心扮演男性的附屬品。由此可見，當社會轉型的時代來臨之際，面對平等的社會地和相同的機遇，女性讓自信的熱情點燃自己，是多麼至關重要。

　　要學會用自由與積極的態度去直面人生。所謂「自由」，是要有自主性，由自己來決定、來行動；所謂「積極就是要有向上的熱情。人類的能力是有限的，態度積極的人總是希望能盡量地擴充它。他們下定決心，努力去做，往往會收到意料之外的收穫。但是也有一些人在還沒動手之前就失了信心，那肯定不會獲得成功，就算僥倖成功一次，但絕不會有第二次。

第一章　相信自己，心力無窮

第二章　自立自強，掌握未來

自己要做自己的主人

我們通常愛說「做自己的主人」，可到底怎麼做？這個問題又困惑著很多人。有一條必須承認：如果像成就自己的事業，就必須真正做了自己的主人，走自己拯救自己的道路的。

英雄豪傑之所以成為英雄豪傑，就在於他們相信自己的能力，要求自己一定要超越別人、戰勝別人，從而自強不息、奮鬥不止、堅忍不拔。

只有自我獨立的人，才不會在面對困難時內心充滿恐懼，也只有自我獨立的人，才不會在青年時期浪費掉大好光陰而不去為事業而奮鬥。自我獨立對於人的一生有著難以估量的作用，甚至可以這樣說：「人的一生成功與失敗，先要取決於其是否實現了自我獨立。」一個人的獨立都是以品性獨立為基礎的。沒有實現品性上的獨立，成功便無從談起。那麼年輕人如何才能實現真正意義上的品性獨立，從而養成獨立的習慣，成為一個獨立的人，為自己的事業奮鬥呢？

讓我們先來看看維克多・弗蘭克（Viktor Emil Frankl）的感人事蹟吧！

維克多・弗蘭克是一位受過精神分析大師佛洛德洗禮的決定論者。佛洛德認為人的性格在幼年時期就已經定型，而且會影響人的一生，日後改變的可能性微乎其微。

人類特有的四種天賦，除了自我意識，我們還有「想像力」，能超出現實之外；有「良知」，能明辨是非和善惡；更有「獨立意志」，能夠不受外力影響，自行其是。正是人的「獨立」，從而使人勝過其他動物而主宰了世界。

弗蘭克在獄中發現的人性法則，正是我們營造自治自立人生所要學習、借鑑的首要準則。個人行為取決於人本身，而不是外在環境。理智可以戰勝情感，人有能力也有責任創造有利的外部環境。

1. 自己做主，選擇未來

　　人主宰了世界是因為首先主宰了自己，這正是人類的天性。人類之所以能夠成為這個世界的主宰，成為萬物之靈，以及能夠不斷進步並創造出輝煌而燦爛的文明，就是因為人類具有自我意識，能夠不斷從經驗中汲取教訓，改善自己的習性，自己做主，選擇未來的發展方向。

　　具體到某一個人時，大多數人都認為，人的性格是環境制約作用的產物。誠然，制約作用對人的性格影響很大。但是，人類畢竟是不同於動物的，人類有自己的意志，能夠成就自己想成就的事情，人能夠做自己的主人，主宰自己的思想情感和行動方向。

　　不能主宰自己的人，就會受制於人，甚者易為外界環境所左右。他們在春暖花開的日子裡，心情舒暢；在秋雨綿綿的日子裡，就無精打采。而獨立的人，能主宰自己，心中永遠有一片天地，處境不會發生太大的影響，本身的價值觀人生觀才是關鍵。他們永遠知道，世界的主人是誰，自己的主人是誰。

　　受制於人者，同樣也受制於社會和「天」的陰晴圓缺。如果今天受到大家的禮遇，他就心情愉快，反之就退縮逃避。心情好壞建立在他人的行為上，別人不成熟的人格反而成了控制他們的利器。下面是一個人從受制於人到自由擇志的心路歷程。

　　有一位病人這樣講述自己的故事：

　　我以前真是難以理解主宰自己的含義，我不就是自己嗎？難道我的痛苦都是自找的！這觀念讓人實在難以接受。可是後來我一直在想：「難道我真的能夠選擇另一種方式嗎？」

　　後來，我終於發現自己的確有這種能力，硬生生吞下這苦澀的良藥，並承認痛苦是自己選擇的之後，我認識到人可以選擇不要痛苦。那一刻我站了起來，只覺得自己像個得到重生的犯人，想向全世界宣布：「我自由了！我擺脫了牢籠！不再受制於別人給我的對待。我是自己的主人！」

所以說不幸的遭遇固然會使人身心受到傷害，但是人的基本人格可以不受影響。愈是艱難痛苦的經歷，反而愈能磨礪人的志節，磨練人的意志，造就面對未來考驗的勇氣，甚至於感召他人。這一切都是因為自己主宰自己的結果。要想實現完全意義上的獨立，這是關鍵的一步，並且要做好準備，為了要實現情感獨立，而付出許多努力。

2. 學會自我情緒控制

人有七情六欲，難免出現情緒的變化與波動，要想真正實現情感獨立，還應該學會控制自己的情緒。在日常生活中經常會有這樣的經歷，有些事情我們明明不想做，但還是做了，許多人經常處於令人沮喪的心理低潮而難以自拔。為什麼會這樣呢？原來便是我們自己的情緒在向我們發難。當一個人處於緊張狀態時，若再遇到其他導致情緒失控的事情，不管這種情緒是憤怒還是焦慮，總是特別強烈。人的情緒失控類似一種原子彈爆炸時的連鎖反應，會愈來愈強烈，每一個引發後續情緒的思想和感覺都會成為新的刺激，促發人體再次分泌荷爾蒙，加上先前分泌的荷爾蒙，在情緒上產生了推波助瀾的效果。人發怒時往往是這樣，第一波怒火尚未平息，第二波乘勢又起，怒上加怒，終於沸騰了人的情感中樞。此時如果理智不能控制則可能導致一發而不可收拾。憤怒會使人變得不可理喻，失去寬容別人的能力，思想上老是想著如何報復別人，根本就不考慮會導致什麼後果。這種高度激昂的情緒失控會給人一種錯覺，給人一種力量與勇氣的錯覺，這種錯覺甚至能激發人的侵略心理，從而導致一些不堪設想的後果。世界上的許多戰爭，也正是由此而發的。

面對這種情況，年輕人應該如何使失控的情緒消失呢？有一個方法就是反思引發情緒失控的想法，因為它才是真正的罪魁禍首，後續的想法只不過相當於那些煽風點火者。採取這個方法的時機很重要，當然是越早越好。事實上，如果能在情緒失控之前就進行處理的話，事情是會向好的方向轉化的。一個能控制自我情緒人，一定是一個化逆境為順境的人。年輕人血氣方剛，更應養成自我控制的習慣時刻提醒自己控制自我情緒。

3. 化解心中的焦慮

「在現代社會的混亂中，只有能維持內心平靜的人，才不會變成神經病。」你是否能夠在現代社會這種紛繁複雜而又混亂不堪的社會中保持內心的平靜呢？如果你真的能夠實現情感上的獨立，如果你是一個實現了自治自立的正常人，你會毫不含糊地回答：「絕對可以。」年輕人其實都應該向著這個目標前進，因為憂慮的的確確影響著我們營造自治自立的成功人生，影響著年輕人成就一番大事業的進程。

真正不利於我們保持情感獨立的是長期重複的憂慮，惡性循環最終變成焦慮。焦慮的典型特徵是：毫無道理的感到擔心，難以控制，不可理喻地持續性的對某一件事情憂心不已。如果這種狀態持續惡化，則可能出現恐懼症、偏執、強迫性舉動、風聲鶴唳等嚴重症狀。這種不良狀況會影響一個人的事業、生活，甚至是一生。對待焦慮的最好辦法是儘早的察覺焦慮的早期徵兆，認識引發憂慮的原因、思想以及隨之而來的生理反應，進而在心理上保持放鬆，解決憂慮，保持一種獨立自主的狀態，使焦慮望你生畏。

化解心中的焦慮，為成功之路減去一塊絆腳石。

4. 擺脫悲傷的困擾

一般人最難以擺脫的情感就是悲傷，尤其是年輕人。他們情感純潔、真摯，一旦受到傷害便會留下很厚的陰影。悲傷也有其正、反兩種作用。譬如說失去自己親愛的人或心愛的人的悲傷會使我們對一切娛樂暫時失去興趣，情感深深地陷入所失去的一切之中。這種悲傷迫使我們做一些重要的反思，反思失去者代表何種意義，經過一番心理調整後，重新修訂新的人生方向。失落的、悲傷的感情確有一定的好處，但是沮喪卻會產生諸多負面的影響，對於一個人實現獨立有很大的障礙。我們所說的悲傷大多是可以透過自我調整而得到解決的。這種悲傷只是影響情感獨立的一個因素，只是一般人所用的解決辦法往往並不能達到良好的效果，有的甚至適

得其反。譬如說有一些人悲傷時選擇獨處，但獨處會使人感到更加孤單。真正有效的方法是選擇交際。例如出去吃頓飯，看場電影或者跳一跳舞，總之與家人一起做點事情。這種方法可以使人很快忘掉悲傷，並從悲傷中奮起，去實現自治自立的完美人生。

事實上，情感的消沉何時終止與思緒沉溺的程度直接相關。越是為了自己悲傷的事情反覆憂心，悲傷的情緒便愈加強烈而持久。神情沮喪的人為許多事情憂心，過多的去想自己如何疲倦不堪、精神萎靡、缺乏進取心、辦事拖拖拉拉等，可是他很少會去想如何以具體行動或採取什麼辦法來改善這種狀況。年輕人常常就會這樣。

而且，年輕人還在這種情況下為自己「辯解」。他也許會說他這樣做是為了「更加清楚地認識自己」，但事實上這不僅不能振奮情緒，反而會使自己跌進更加痛苦的深淵。這是值得年輕人注意的一個重要問題。要解決這些問題，真正地獨立，無論在情感上還是在整個生命中，這就需要平時多培養好習慣，學會獨立，學會擺脫悲傷的困擾。因為一個長久的沉溺於悲傷的人可能會更加沮喪。舉一個例子：一位行銷員因不斷沉溺於沮喪中而減少推銷次數，業績當然不斷下滑，這使得她自己覺得自己是個失敗者，於是心情更加沮喪。

如果她處理沮喪的方式是投入作以轉移注意力，結果肯定大不一樣。業績上去了，自己也自然有了信心，心情也就會慢慢走出悲傷的低谷。

有兩種方法對於擺脫悲傷的困擾較有效果。一是學習質疑憂思的內容是否有根據，努力向有建設性的方向思考。二是刻意安排較愉快的事情以轉移自己的注意力。

另一種振奮人品性的方式是說明別人、同情別人，悲傷的人的一旦體諒到別人的難處和痛苦時，便會達到轉移自己注意力的目的。人們經常說，痛苦一旦有人來分擔，便顯得並非那麼可怕，恐怕就是這個道理。

能夠做到這些的年輕人，基本上就具備了實現品性獨立的基本條件，可是要想實現真正意義上的品性獨立，還必須做出一定的努力。還必須學

會獨立地思考，獨立的生活。只有能夠獨立生活的人，才會在事業上獨立地承擔痛苦與快樂，年輕人只有養成了獨立的習慣，成為了一個品性上、行動上的獨立的人，才能夠成就大事。

開創獨立生活的新格局

獨立生活是自立自強的體現，是事業成功者的典型特徵。你要想成大事，也必須這樣做！

你有沒有獨立自主的習慣，從你的生活方式中，就可以看出，你要學著獨立去生活，自主地去做一些事情，一個成大事者是不會在生活中依賴他人的。

當你成為一個生命呱呱墜地，可能就已經習慣了父母親的呵護與撫養：飢餓、寒冷、病痛、挫折……似乎都有人在為你遮擋。而現在，你長大了，步入了社會，走向了你自己的生活，你是否想過：你能生存嗎？你能適應社會嗎？你能活得很好嗎？從這一刻開始，你的精神支柱就是你自己，只有你才能對你自己負責！

一位朋友談起他在美國的一段經歷。為了16歲的兒子能夠成才，狠下心來，送他到一所遠離住家卻十分有名的學校去念書。那個稚氣未脫的年輕人每天都需要轉三站公車，換兩次地鐵，穿越紐約最豪華和最骯髒的兩個街區，歷時三個多小時。而紐約的地下鐵又是世界上最亂最不安全的地方之一。每天都有搶劫、強姦、甚至殺人的事件發生。為什麼這位朋友讓自己的兒子放著附近的高中不讀，而冒那麼大的風險，整天奔波於那危險的路途中呢？

一方面固然因為兒子考上了世界的名校，另一方面更是由於我的朋友獨立生存的觀念使然。在美國，16歲的孩子應該是具有獨立人格和精神的。我的那位朋友始終認為：在人生的旅途上，每個人都要經過這一關，都要穿越這樣的危險地帶，否則就難以在這錯綜複雜、險象橫生的環境中

生存下去。他告訴兒子說：人生的道路是更危險的，因為人生只有去，沒有回，走的是只能走一次的路線，而每一步跨出去都是自己不曾熟悉的道路，若一步稍有不慎，你的整個人生都將遭到打擊或挫折。所以他在給兒子的信中著重寫道：

「年輕人，你漸漸會發現，當你個人獨行的時候，會變得格外聰明，當你離開父母的時候，你才會知道父親是對的。」

年輕人應該養成獨立生活的習慣，並且用這種習慣去面對世界，面對生活中的一切。

也許，你會遇到一些問題：覺得社會太複雜，抱怨別人太勢利，感受了人世間的冷暖之後，你變得孤獨、寂寞，總有許許多多不能名狀的情緒要發洩。這時，你應該想一想：這是為什麼？其實，你只是在潛意識裡認為自己只不過是一個「孩子」──外表成熟而內心卻仍然依附著過去扶持著你的力量的孩子。也就是說，你還沒有獨立，不能獨自承擔這許多事情。所以你生活得不開心、不積極，沒有做好自己該做的事，沒有認清自己的位置。

我們活在這個世上，不能沒有獨立。而這一切，又都只能靠你自己，因為你自身就是你自己的生存環境之一，你才是你自己的主人。魯迅先生的故事不知被多少人傳誦：魯迅小時候，由於家道的敗落和父親的病情，使還是兒童時的魯迅過早地承擔起了家庭的重擔，他不僅要學習，還要每天往返於藥店與當鋪之間，去為生活而奔波。可即便如此，他還是不忘自強不息地刻苦學習。一次，由於上學遲到，老師對他加以批評，魯迅從此在自己的書桌上刻上了一個「早」字，這不僅僅是對自己的提醒，更是一個人人生觀的體現：自力更生、自強不息。

當一個年輕人獨立了，放棄了依賴性的時候，當一個年輕人真正為自己負責的時候，他就會變得無比勇敢。養成獨立生活的習慣，是你走向成功的第一步。

　　一個女孩子可能是很柔弱的，但當她成為一個母親之後，當她必須為生活而奔波的時候，她的身上將因為自己的責任而迸發出的力量將是無比的，這就是獨立的強大。天助自助者，社會需要堅強自立的人，任何人都不願意與一個軟弱無力，隨時會倒在自己身上的人呆在一起。只有你能為自己負責了，你才可能更多地得到別人的幫助。你自己就是你自己，這毋庸置疑。在這個世界上，沒有人會陪你一生一世，我們每個人都需要學會獨立地生活。

　　一個嬌生慣養、從來沒有出過遠門的孩子，想要讓他變得成熟，最好的方法是讓他遠離父母，去過獨立的生活。正如一個嬰兒，只有當他掙脫了雙親扶持的雙手，自己一步一步地向前邁進，我們才會驚喜地發現：寶寶會走了。正如一位先哲所說，若想讓小鳥學會飛，就讓它飛吧！

　　在我們生活的環境中，社會的進步使人與人之間的關係出現了異化，每個人都充滿了智慧，又都有一副適應自己人生經驗的「如意算盤」。

　　然而，誰也無法在課堂上、書本中和家庭裡教會青年們如何自如地處理各種複雜的社會關係、人際關係和利害關係，如何克服自身的惰性和弱點，以一個成熟者的目光來審視世界上的一切。只有獨立地去面對、去體驗，才會獲得這些知識。

　　每個人都可能有這樣的經驗，被一位朋友領著穿過幾條不曾到過的小巷，去一個陌生的地方，第二次自己來時，竟然無法辨認上次走過的路線；只有按圖索驥，走一路問一路，再來時我們才能十分肯定地找到要找的目標 —— 這就是獨立的境界。

　　獨立的境界是美妙的，獨立的習慣卻是需要我們自己去學習和培養的。獨立地面對社會、面對自然、面對你自己、面對生活。

　　獨立的習慣是成大事者必備的條件之一。一個獨立的人，他會堅守信仰，保持自我。只有這樣，才能夠在你的人生道路上不迷失方向，才能為自己的人生塗上一道亮麗的色彩。

年輕人在工作和生活中能夠堅持自己的信仰，拒斥邪惡，保持自我真性情，玉潔冰清，不沾世俗氣的獨立，更值得我們學習。年輕人，做人要獨立，只有如此，才能思想自由，不斷探索，才能使從事學術的工作者解放思想，善於懷疑，富有創造性，且能埋頭鑽研，上下求索，以追求真理為宗旨，才能促進學術的發展與進步，才能在將來成就一番事業。

在學習中，獨立思考是非常重要的。只有這樣才能走出「死讀書」、「讀死書」的圈子，在學問上有所見解，有所創新，生活中也是如此。我們生在這個紛繁的世界裡，不可能孤立存在，你必然會與許許多多的人交往、合作。但這並不代表著我們要放棄獨立而隨波逐流。

不要總是一本正經或忿忿不平，為贏得別人的歡迎，你必須在舉止上做些讓步。有時你可以退讓，但不要為此失去自我。

養成獨立生活的習慣，這種習慣會在成功的路上助你一臂之力，年輕人學會獨立生活，擁有了獨立的品格，你就擁有了成功者必備的一個條件。

大膽走出情感依賴的迷思

對於追求成功的人而言，拒絕依賴他人是對自己能力的一大考驗。這就是說，依附於別人是肯定不行的，因為這是把命運交給了別人，而失去做大事的主動權。這就要求能獨立自主！

人生中，有許多種情感依賴。在弄清楚什麼是情感獨立之前，讓我們來看一看人的一生中一些形形色色的情感依賴，這些依賴的習慣，是阻止你步向成功的一個個絆腳石，要想成大事你必須把它們一個個踢開。

想成就大事，首先要學會獨立，擺脫情感的羈絆，以下列舉出阻礙年輕人獨立習慣的養成的幾個方面，供讀者參考。

1. 戀母情結

母親的懷抱是「避難」的港灣。只要有一點小小的驚動，孩子的第一舉動便是把頭埋進媽媽的懷抱。正是媽媽無私的細微的關愛贏得了孩子的心，而這種母子間的舔犢情感很可能影響孩子的一生。

2. 什麼都依靠父親的情結

如果說幼年的孩子在情感上對母親的依賴更甚的話，那麼童年的孩子卻給了當爸爸的一個同孩子建立親情的黃金階段。當孩子離開媽媽的懷抱開始下地走路之後，如何滿足孩子的好奇心，增加孩子的安全感，便成了當父親的首要職責。這時候總能聽到孩子們在一起相互讚美自己的爸爸。說真的，一個父親能否真正地關愛自己的孩子，在這一階段體現得最為深刻。一個小小的童話能使小孩子初步建立基本的是非以及善惡標準，可以為孩子日後的良好修養打下扎實的基礎。也使人成了父親保護傘下的小可憐。

3. 師生情深

孩子自立人生的第一步是正式走入課堂，去學習前人留下的智慧結果—— 知識。在此階段，孩子情感上最為依賴的人是傳道、授業、解惑的教師。許多家長發現，孩子上學後變了許多，發現孩子對老師的信任甚至超過了對父母的信任，這其實是很正常的現象。許多成功人士在功成名就後非常感激兒時的啟蒙老師，可見此階段的師生情結是何其久遠。當然我這裡說的意思並不是一概而論，兒童有許多情感依賴，只是隨著年歲漸長，情感依賴的重心有所轉移罷了。

4. 少年玩伴

少年時代的情感依賴逐漸從依賴成人轉而依賴自己的同儕，例如同學或者朋友。他們逐漸有了自己的人生觀、價值觀，許許多多的現象導致他

們對於自己有不成熟的認識，而恰恰這些認知又大多被家長或教師認為是極其幼稚的。得不到承認與肯定的孩子感受到了一種不安全感，因此他們便把目光投向了自己的同儕。許多朋友之間的真摯的友誼就建立在這個階段。得不到成人們認可的孩子們就這樣在同儕之間找到了情感依賴的歸宿。

這是個重要時期，無論從生理上還是從心理上來看，這都是一個過渡期，稍有不慎都有可能走錯路。這一階段的教育非常重要，非常值得注意。如果在此階段能多給孩子以認可，讓孩子情感依賴的對象不至於一下子消失得無影無蹤，我想孩子是不會在心理上故意同成人拉開距離的。當然，這不是要家長採取完全認可的態度，這樣孩子便會沒了自己的思想，這樣的孩子永遠只能是長不大的孩子。

5. 年輕人的困惑

青年時期是人生的黃金時期，也是最容易出差錯的階段。青年是最最渴望情感有依賴和歸宿的人生階段，但同時又是苦苦找不到依賴的對象和歸宿的人生階段。由於自己處在一個動盪不安的社會中，渴望立足又心裡沒底。在這種心理的驅使下，有人加入了某種小的團體，有的甚至信了宗教，還有的像沒頭的蒼蠅一樣到處亂撞。年輕人的心中有著許多困惑：對父母的依賴沒有了，老師不能指導你一生一世，同儕水準相差無幾，又都各自奔波、忙碌，迷茫的心沒有歸宿。在經歷過劇烈的痛苦之後，有的人不得不接受一個現實：必須使自己從情感依賴走向情感獨立。從某種意義上來說，青年階段是人從情感依賴走向情感獨立的分水嶺，跨過這道坎的人便具備了營造自治自立的人生。跨不過去的那部分人仍然處於一種惴惴不安的狀態中，繼續著他們漫漫的情感依賴過程，有許多人甚至終其一生。所以說，年輕人應該更加重視情感依賴和他所產生的後果，正視它，解決它。

6. 中年的情感找到了歸程

中年人，心中帶著漂泊不定的情感，走向了生命的另一個階段。人到中年，事業大概也就那樣啦，家庭也穩定了，儘管社會仍舊動盪不安，但那畢竟也就如此了。有家的感覺可真好，這大概是大多數中年人的同感。兒時的夢想大都被現實的冷雨打得支離破碎，這一生好多遺憾看來是注定了的。怎麼辦？就這樣完了嗎？想想還真是不死心，看看自己的孩子，忽然之間茅塞頓開，為何不讓孩子去實現自己的夢想。於是乎，中年人情感回歸便成了堂而皇之的事情了。

7. 沒能實現情感的孤獨人生

獨立的人生基本上是失敗的人生，到了老年，感情終於無所依賴，於是便對日益臨近的死亡產生了極度的恐慌。

透過對人一生中的情感依賴的對象的簡單回顧，我們初步了解了什麼叫情感依賴。事實上我們也不能一概而論，我們不能把所有的情感依賴都一棍子打死，比方說青年之前的人生各階段，那時候的情感依賴是每一個人健康人格的發展的必經之路。如果無緣無故的剝奪了他的這種依賴的權利，便會導致其人格上或情感上的障礙。我們所要教育的對象是青年階段以後的人生階段，尤其是年輕人。

那麼，面臨這些情感依賴，我們該如何應付呢？答案是擺脫這些情感的羈絆，培養自主能力。

養成獨立自主的習慣，努力鍛鍊你的自立能力，從而做自己的主人。

勤奮向上，學習掌握將來

一個博士分到一家研究所，成為學歷最高的一個人。

有一天他到辦公室後面的小池塘去釣魚，正好正副所長在他的一左一右，也在釣魚。他只是微微點了點頭，這兩個大學生，有什麼好聊的呢？

過了不久，所長放下釣竿，伸伸懶腰，蹭蹭蹭從水面迅雷不及掩耳地走到對面上廁所。

博士眼睛都快掉下來了。水上飄？不會吧？這可是一個池塘啊！

所長上完廁所回來的時候，同樣也是蹭蹭蹭地從水上飄回來了。怎麼回事？博士生又不好去問，自己是博士生哪！過了一下子，副所長也站起來，走幾步，蹭蹭蹭地飄過水面上廁所。博士更是差點昏倒：不會吧！到了一個江湖高手雲集的地方？博士生也想上廁所。這個池塘兩邊有圍牆，要到對面廁所必須繞十分鐘的路，而回單位上又太遠，怎麼辦？博士生也不好意思去問兩位所長，憋了半天後，也起身往水裡走：我就不信大學生能過的水面，我博士生不能過。

咚的一聲，博士生栽到了水裡。

兩位所長將他拉了出來，問他為什麼要下水，他問：「為什麼你們可以走過去呢？」兩所長相視一笑：「這池塘裡有兩排木樁子，由於這兩天下雨漲水正好在水面下。我們都知道這木樁的位置，所以可以踩著樁子過去。你怎麼不問一聲呢？」

沒有人能水上飄，這是博士生具備的經驗常識。踩著木樁水上飄，兩位所長已經歷多次，這是兩位所長累積的經驗。博士自持學歷高，既違背了自己的經驗，又沒有學習踩著木樁水上飄的經驗，所以栽了跟頭。

尊重經驗的人，才能少走彎路。學歷代表過去，人生還有很都沒有經歷過的經驗也常識，只有不斷地學習，才能加快掌握這些經驗與常識的速度。學習力代表將來。一個好的團隊，也應該是學習型的團隊。

磨練獨立的品性，方可勝人一籌

　　成大事者的身上具有許多種優良特質 ── 勇敢、忠誠、創新、進取，獨立也是這些品格中不可缺的成員之一。如果一個依賴於他人的人也會獲得成功的話，恐怕1900年代的歷史上就不會有很多民族為獨立而戰了。沒有獨立做前提，成功也許只是個假設。獨立性格是成功者的必備條件。歷史如此證明，現實生活也是這樣。獨立習慣的養成，對一個人的事業、未來、人生都有莫大的好處，所以一個年輕人若想成就事業，這是不可少的一個條件。

　　從不同的角度來看，過於依賴別人，或輕易接受別人表揚的話，也是很危險的。一位名校的學生、成功人士韓梅在兒童時期，就因被父母過於溺愛，變得十分依賴人了。她家裡有錢、有地位，無論何事，都由家裡照顧，雖然他們是好意的，但卻妨礙韓梅的人格成長。

　　韓梅說：「如果我那時是一個反抗者，那我現在就不至於這麼鬱鬱寡歡了。的確，如果我生性有一點頑皮，或是不顧一切，而追求自我發展，那就好了。但我不是一個頑皮的孩子，也不是冒失鬼，我生性循規蹈矩，對於別人更是一本正經的樣子。」

　　依靠別人來解決你的問題當然容易多了，無論發生何事，有個人可以商量總覺得內心安定些。如果再進一步，別人願意負完全的責任，自己更是完全鬆懈下來，於是這種人便容易成為一個無法獨立的弱者。你不妨捫心自問，自己在兒童時是不是完全依賴你的父母；在學校時功課是不是總是先生或同學幫忙；在辦公時是否總是揪別人來做，是否平時總沒有機會使自己獨立行動。如果是這樣，那你一定就是太依賴別人了，應該趁早擺脫這種依賴性，發展獨立的能力。

　　但是切記不可又走到另一極端，自己哄自己，因為自己是獨立的。應該盡量利用自己的才能，要做到這一步，就要發展相當的獨立能力，同時要善於聽取別人的意見和指導。

有一位學術界知名的學者曾告誡學生們說：

「如果你過分依賴別人，那你便會上當，因為你不能分辨別人的話究竟是對的還是不對的，而你對於別人的動機也就茫然不知。」

如果你要做一個成功的人，那你應該是個品格獨立的人，首先你應該學會對自己負責。

當你陷入困境遭遇孤獨的時候，如果僅僅去抱怨社會冷漠，別人自私，這只說明你對外界的依賴性太強，你太脆弱。我們生活在芸芸眾生之中，當我們遭遇逆境的時候，我們首先應該學會依靠自己。我並不是教你單打獨鬥，更不是教你萬事不求人。而是想告訴你：在這個世界上每個人都在忙自己的事，每個人都有自己的麻煩。別人沒理由更沒有義務非要幫你不可。社會不是家庭。社會不是媽媽，社會並未充滿愛而是充滿競爭。

當你陷入困境的時候，你只有具備充分的能力，並學會了對自己負責，你才有可能得到更多別人的幫助和關心。也只有到了那個時候，你才能更多地體會到社會上善的一面、美好的一面，而不是僅僅看到它的冷漠和自私。

天助自助者，便是這樣一個道理。在社會生活中，每一個人都是思想上的獨立者。年輕人在學業上更應該有這種獨立的習慣。你們應該有自己的觀點，無論何時何地，也無論正在講說此觀點的人是何等有名氣，何等有威望，只要是有疑問，就可以提出自己的觀點與之討論。這才會使你不斷進步與壯大，從而更快的成長。

在那些勇於向權威發起挑戰的「獨」行者們身上，閃爍著智慧的光華，使他們能夠保持真實的自我，在人生的奮鬥過程中不失本色，保持真我之品格，獨立而又堅定，書寫了一篇篇值得後人品味玩讀的生活詩章。

年輕人不向這樣的人學習，養成良好的成功的習慣，還等什麼呢？立即開始行動，確立你的目標，走你自己的路吧！

年輕人，應勇於向權威挑戰，這樣才不致隱去自身智慧的光華，才能在學業和事業上有所突破。但你首先需要有獨立而堅定的性格，只有這種個性習慣才能幫你走好自己的路。

做一個負責任的人

只要我們洗滌掉心中的塵埃，培養高尚的品格。只要我們把人生的意義和目標弄清楚，它就會像一座燈塔，指引著我們前進的方向。一個對自己對社會對家庭負責的人，是不會讓心靈蒙上塵埃的，一個對未來充滿希望的人定是一個對自己負責的人。他們不停地學習，用知識拂去心靈的塵埃，用知識點亮燈塔的明燈。因為他們懂得一個人需要不停地學習。

1. 對自己負責

承擔責任，是年輕人必備的素養之一。而年輕人面臨的責任是眾多的，第一個就是要對自己負責。只有對自己負責，使自己有一顆獨立的責任心，才會可能負起他的責任來。

責任心獨立的第一步是對自己負責。也許有人會對這種說法很不以為然，難道我們還有誰傻到對自己不管不問嗎？仔細想一想，這確實不是危言聳聽。對自己不負責任的人大有人在，不是有許多人一直無所事事，從不嚴格要求自己，放任自流以至於一事無成嗎？所以從廣泛意義上來說，那些具備了自治自立能力標準而最終仍以失敗告終的人基本上都是對自己不負責任的人。進一步講，一個對自己都沒盡到責任的人，又怎麼能對家人對社會盡什麼責任呢？

年輕人應該認識到這一點，並且做好準備，成為一個能夠承擔責任，勇於面對責任的人。健康的身體、高尚的品格、努力地學習，這些都是準備條件中必不可少的成員。只有健康的身體，才會擔得起責任的重擔。保持一個健康的體魄，不僅在於一日三餐增加營養，多多休息，而且還應該

多做運動積極鍛鍊身體。運動對於一個人維持健康至關緊要，可是這往往被大多數人所忽略了。

人都有惰性，在沒有外界督促的情況下，人的惰性馬上便暴露出來了。在年輕的時候，因為我們的身體還有點資本，所以許多人對參加鍛鍊不以為然。可是，一旦過了中年，當身體開始像破舊的機器一樣開始出故障時，則大局已定，為時已晚。許多人稱由於工作忙，根本抽不出空餘時間鍛鍊身體。這顯然是一個偷懶的藉口罷了，因為運動一不需要特定的場合，二不需要指定的器材，到運動場鍛鍊固然不錯，可在家裡照樣也能舒展筋骨。年輕人應該摒棄這種想法，而保持健康的體魄，為將來的事業打下基礎。

高尚的品格可以培養我們鎖定人生的座標，確立人生的價值體系。年輕人要在生活中注意到這一點，不斷陶冶自己的品格，使之昇華。

而現實生活中有許多人一旦離開學校，就不再繼續學習了。前些年，某電視臺做了一次調查。結果發現許多人家裡根本沒有買過什麼新書，書架上放的幾乎全是在校學習期間的課本。這反映了一個事實：上班後人們不再閱讀一些嚴肅的書，不在工作之外求知，往往把時間浪費在閒聊與看電視上。

這並不是說我們不應該有學習以外的其他事情，而是要求我們多學習一些東西，年輕人更應如此。我們更應該學一些工作之外的新東西，以增強自己的綜合能力。這樣才能在這種動盪不安的社會立於不敗之地。年輕人要成大事，首先要養成對自己負責的習慣。

2. 對家人負責

一個年輕人要了解到，人光能對自己負責還不夠，因為人是生活在家庭中、社會中的。一個能夠對自己負責的人，還應該對生育、養育自己的家庭負責。從照顧未成年的弟弟妹妹，到贍養自己的長輩；從對自己孩子

的撫養到忠於自己的妻子或丈夫，都一樣同等重要。可以說，這是一個做人的最起碼道德標準，也是年輕人要獨立面對的一類問題。

在物欲橫流的今天，沒有責任心的人是很容易就喪失原則的。一個年輕人是否能獨立，是否能承擔責任，是他能否成大事的一個檢驗標準。

現在的社會，節奏快了，世界發展了變化了。由於眾多的原因，兒女們回家的次數越來越少了，家的概念已經越來越淡薄了。面對這樣的問題，年輕人在思考什麼呢？難道說老人們的標準也在降低嗎？從「要求被贍養」到「常回家看看」，這難道不值得我們深思嗎？承擔起自己應該承擔的責任，成為一個真正負責任的人。

3. 向社會負責

年輕人是社會未來的支柱。所以年輕人身上的責任也最重。年輕人不但要對自己的「小家」負責，更要對自己的「大家」負責。

我們生活在一個人際互賴的社會裡，我們從這個高度發達的社會裡享受物質文明的豐碩成果。同樣，社會也要求我們每個人盡自己的努力奉獻自己的聰明才智，用當前較為流行的話說，就是要求我們要有「敬業精神」。這不僅僅是社會的要求，也是實現自治自立人生責任心獨立的一個重要標準。一個有責任心的年輕人，他能夠全身心投入事業，能夠為社會做出自己的貢獻。這時候，他是社會中的一員，他同時又是獨立的一個人，因為他有著獨立的人格。

只有那些熱愛自己的事業，對自己追求的目標全身心投入的人，才會獲得人生的成功。從一些簡單的物理現象中我們就很容易理解這個道理。人生就是如此，例如，在一般條件下，即使天氣再熱，陽光也不容易把東西給烤著。可是我們拿一個凸透鏡卻可以做到這一點。因為凸透鏡把射來的陽光聚成了一個點，所以東西就會燃燒。「一個有遠大志向的人，他必須知道限制自己。反之，那些什麼都想做的人，其實什麼事都做不了，而終歸於失敗。他必須專注於一事，不可分散他的注意力。」

正是這種思想的指導，使無數年輕人為事業而奮鬥，勇於付出代價，也正如此，他們成就了自己一生的事業。

經驗證明，只有那些勇於為事業付出代價的人，才有可能做成一番大事業。企圖投機取巧耍小聰明的人最終會被自己的小聰明碰得頭破血流。任何事業的成功都是要付出代價的，只有首先做出奉獻，然後才會獲得。

種瓜得瓜，種豆得豆。任何代價都不會白白付出。只要你選擇的路適合自己，堅持走下去，就一定能有所收獲。那些患得患失、膽小怕事、不願付出的人是不可能取得什麼成功的。年輕人應該學習前者，而鄙視後者。

勇於面對人生路上的責任並承擔它，這是品格。擁有這種品格的人，首先是一個獨立的人，其次是個成功的人，現在的年輕人，應該是為自己的理想而奮鬥的一代人，社會為你提供了機會，其餘的條件要自己去面對和創造了。只有學會了獨立，養成了獨立的習慣，你的事業才有可能成功。一句話，要成大事者，需先養成獨立的習慣。

自立自強，根除依賴心理

依賴性是很多人不能成大事的劣根所在，這種習慣是把希望都寄託在別人身上，而自己不捨得出一點力氣。成功人士的習慣就是依靠自己！依賴別人是人們普遍存在的一種壞習慣。

要實現心理獨立，首先就得擺脫依賴他人的需要。請注意，這裡講的是「依賴的需要」，而不是「與人交往」。一旦你覺得需要別人，你便成為一個脆弱的人，一種現代奴隸。這就是說：如果你所愛的人離開了你、變了心或死去了，那麼你必然會陷入惰性、精神崩潰甚至絕望至死。社會告誡我們，不要在心理上依賴父母、老師、上級等各種各樣的人，你或許總是在等待某些人來安撫你。如果你覺得必須根據某人的意願做某事，而且

事後感到怨恨，不做又感到內疚的話，那麼可以肯定，你必須避開這顆地雷。

一個有創業勇氣和能力的人，最好的謀生之路就是自己練好內功，獨闖大業，沒有資金也好，沒有靠山也好，只要有拚盡人生一口銳氣，就能從狹縫裡找出一條生路來。

依賴別人使一個人失去精神生活的獨立自主性。依賴的人不能獨立思考，缺乏創業的勇氣，其肯定性較差，會陷入猶疑不決的困境，他一直需要別人的鼓勵和支援，借助別人的扶助和判斷。依賴者還會表現出剝削的性格傾向──好吃懶做，坐享其成。

依賴者會形成一些特有的症狀，他們缺乏社會安全感，跟別人保持距離。他們需要別人提供意見，或依賴媒體的報導，經常受外界指使，自己好像沒有判斷能力。他們潛藏著脆弱，沒有發展出機智應變的能力，較易失業。

我們可以採取下列方式消除依賴心理：

1. 制定一份「自我獨立宣言」，並向他人宣告，你渴望在與他人的交往中獨立行事，徹底消除任何人的支配（但不排除必要的妥協）。

2. 與你依賴的人談話，告訴他們你為何要獨立行事，並確定你出於義務而行事時自己的感受。這是著手消除依賴性的有效方法，因為其他人可能甚至還不知道你處於服從地位的感受如何。

3. 提出有效生活的五分鐘目標，確定如何在這段時間內同支配你的人打交道。當你不願違心行事時，不妨回答說「不，我不想這樣做」，然後看看對方對你的這一答覆的反應。

4. 當你有足夠的自信心時，同支配你的人推心置腹地談一談，然後告訴他，你以後願意透過某個手勢來向他表明你的這種感覺，比如說，你可以摸摸耳朵或歪歪嘴。

5. 當你感到在心理上受人左右時，告訴那人你的感覺，然後爭取根據自己的意願去行事。

6. 請記住：你的父母、伴侶、朋友、上級、孩子或其他人常常會不贊同你的某些行為，但這絲毫不影響你的價值。不論在何種情況下，你總會引起某些人的不滿，這是生活的現實，你如果有思想準備，便不會因此而憂慮不安或不知所措，便可以掙脫在情感上束縛你的那些依賴枷鎖。

7. 如果你為支配者（父母、伴侶、上級或孩子）陷入惰性，那麼即便有意迴避他們，也還會無形中受人支配。

8. 如果你覺得出於義務而不得不去看望某個人，問問你自己：別人若處於某種心理狀態，你是否願意讓別人來看望你。如果你不願意，那就應該「己所不欲，勿施於人」。找這些人去談談，讓他們了解到僅僅出於義務的交往是有損於人的尊嚴的。

9. 堅持不帶任何條件的經濟上的獨立，不向任何人報帳。你如果得向別人要錢花，便會成為他的奴隸。

10. 不要繼續發號施令、控制別人；不要繼續受制於人，唯命是從。

11. 承認自己有保持私密的願望，不必把自己的所有想法和經歷都告訴某人。你是獨特而與眾不同的，應該有自己的祕密，如果事事都要告訴別人，那你便沒有選擇可言，當然也就成了不獨立的人。

12. 請在晚會上，不要老是陪伴著你的同伴，不要出於義務而一直陪著他。兩個人分開去找別人講講話，晚會結束之後再聚到一起。這樣，你們會成倍地擴大自己的知識和見聞。

13. 請記住：你沒有為別人高興的義務。別人自會尋求解脫和愉快。你可以在與別人的相處中得到真正的樂趣，但如果感到有義務讓別人高興，那你就失去了獨立性，就會因別人不高興而愁眉苦臉；更糟糕的是，你會以為是你使他不高興的。你對自己的情感負責，在這一點上人人如此，毫無例外。除了你自己以外，誰也不能控制你的情感。

14. 請不要忘記：習慣並不是做任何事情的理由。不錯，你以前一直服從別人，但不能因此再繼續受人支配。

真正生活的實質在於獨立。因此，幸福的婚姻關係是最低程度的融合加上最高程度的自治與獨立。或許你非常害怕脫離依賴關係，但如果問問你在精神上依賴的那些人，就會驚奇地發現，他們最欽佩的，正是那些能夠獨立思考、獨立行事的人。真有意思。你要是獨立了，別人就會尊重你，特別是那些拚命要支配你的人會更敬佩你。

把壓力變成自強的動力

「生於憂患，死於安樂」。以上那兩種動物給我們的提示就是，壓力並不可怕，有時候反而是一種強大的動力。只要我們能夠冷靜、理智地面對壓力，將壓力變成自強的動力，去奮鬥，就會擺脫困境的干擾，就一定會成功。

「井無壓力不出油，人無壓力輕飄飄」，處在壓力下的奮鬥，最能啟發人內在的潛能、激發人的鬥志。籃球明星喬丹就是這樣，對手越是強大，越能超出水準發揮，戰勝對手的機率也就越大。優秀的拳擊手也是一樣，他們經常會為找不到對手而感覺苦惱，因為那樣會讓自己的水準急速下降。

美國康乃爾大學曾做過這樣的實驗，把一隻青蛙突然扔進滾沸的油鍋，青蛙會奮力跳出油鍋，安然逃生。如果把這隻青蛙放到盛滿水的鍋中，再慢慢將水加熱，青蛙開始會悠哉悠哉，待到感覺到水溫不對的時候，想從鍋裡面跳出來，結果卻是再也沒有了那一躍的力量，只能葬身鍋底。

在西班牙，漁民為了延長沙丁魚在運輸過程中的活命期，就將幾條沙丁魚的天敵鯰魚放在運輸容器裡。這樣一來，沙丁魚為了躲避天敵的吞食，就會加速游動以求保命，從而保持了旺盛的生命力，存活率提高了很多。

　　巨大壓力往往是能引爆人們潛能的導火線，生活中就有這樣的現象，挑著重擔的人比空手步行的人要走得快，其中的奧妙，便是壓力的作用。

　　如果亞伯拉罕·林肯（Abraham Lincoln）是生長在一個莊園裡，進過大學，他也許永遠不會成為歷史上的偉人。家境貧窮、做事失敗、命運艱難這些壓力，造就了許許多多的偉人。如果拿破崙在年輕時就一帆風順，那麼他絕不會取得日後輝煌的成就。

　　在美國麻省理工學院進行了一項很有意思的實驗。試驗人員用很多鐵圈將一個小南瓜整個箍住，以測試能承受的壓力有多大。一般南瓜最大的承受力大約 500 磅的壓力，而試驗的結果是，這個南瓜居然承受了超過 5,000 磅的壓力。

　　對於南瓜來說，那些鐵圈就是壓力，如果沒有鐵圈，它怎麼能夠將抵抗能力增強 10 倍呢？

　　所以，不要為壓力煩惱，更不要害怕壓力，壓力是件好事，能迫使自己不斷提高自身的能力，甚至使自己命運發生根本性的改變，軍事上的「背水一戰」、「置於死地而後生」，正是這個道理。

　　壓力與動力，不過一字之差，將壓力變成動力也應該是我們應該做得到的事情。在這方面，動物做的就很好，除了前面的青蛙與沙丁魚，還有大黃蜂。

　　根據生物學的觀點，所有會飛的動物，其條件必然是體態輕盈、翅膀十分寬大的。而大黃蜂呢，卻正好跟這個理論反其道而行。牠們的身軀十分笨重、而翅膀卻是出奇的短小。物理學家認為，大黃蜂身體與翅膀比例的這種設計，從流體力學的觀點看是絕對不可能飛行的。

　　可是，在大自然中，大黃蜂沒有一隻是不能飛的，牠們甚至飛的並不比其他能飛的動物差。這種現象，彷彿是大自然正在和科學家們開一個大玩笑。

　　最後，社會行為學家找到了這個問題的解答。答案很簡單，那就是大黃蜂根本不懂「生物學」與「流體力學」，也不懂什麼壓力、動力這些東

西。牠們只知道：一定要飛起來去覓食，否則就必定會活活餓死！這正是大黃蜂之所以能夠飛得那麼好的奧祕。

　　將自身所面臨的壓力，轉變成自強不息的強大動力，青蛙做到了，沙丁魚做到了，大黃蜂也做到了。那麼我們呢？當然更應該做到！

第三章　樂觀之心，美夢成真

為明天夢想更精彩

沒有人不希望自己會越來越好的。對美好明天的堅信和不懈追求是人們承受近日的困苦和勞作，咬牙堅持的原動力。

對於世界最有貢獻、最有價值的人，必定是那些目光遠大，具有先見之明的夢想家。他們能運用智句和知識，來為人類造福，把那些目光短淺，深受束縛和陷於迷信的人拯救出來。有先見之明的夢想者，還能把常人看來做不到的事情逐個變為現實。有人說，想像力這東西，對於藝術家、音樂家和詩人大有用處，但在實際生活中，它的位置並沒有那樣的顯赫。但事實告訴我們：凡是人類各界的領袖都做過夢想者。無論工業界的巨頭，商業的領袖。都是具有偉大的夢想、並持以堅定的信心、付以努力奮鬥的人。

古列爾莫‧馬可尼（Guglielmo Marconi）發明無線電，是驚人夢想的實現。這個驚人夢想的實現。使得航行在驚濤駭浪中的船隻將要遭受災禍時，便可利用無線電，發出求救訊號，因此拯救千萬生靈。

電報在沒有被發明之前，也被認為是人類的夢想，但莫爾斯竟使這夢想得以實現了。電報一經發明，世界各地消息的傳遞從此變得是多麼的便利。

史蒂芬孫以前是一個貧窮的礦工，但他製造火車機車的夢想也成為了現實，使人類的交通工具大為改觀，人類的運輸能力也得以空前地提高。

勇敢的羅傑斯先生駕著飛機，實現了飛越歐洲大陸的夢想。橫跨大西洋的無線電報是費爾特夢想的實現，這使得美歐大陸能夠密切聯絡。這許多功成名就者能夠擁有驚人的夢想，部分應歸功於英國大文豪莎士比亞是他教人們從腐朽中發現神奇，從平常中找到非常之事。

人類所具有的種種力量中，最神奇的莫過於有夢想的能力。如果我們相信明天更美好，就不必計較今天所受的痛苦。有偉大夢想的人，就是面對銅牆鐵壁，也不能阻擋住他前進的腳步。

一個人如果有能力從煩惱、痛苦、困難的環境，轉移到愉快、舒適、甜蜜的境地，那麼這種能力，就是真正的無價之寶。如果我們在生命中失去了夢想的能力，那麼誰還能以堅定的信念、充分的希望、十足的勇敢，去繼續奮鬥呢？美國人尤其喜歡夢想。不論多麼苦難不幸、窮困潦倒，他們都不屈從命運，始終相信好的日子就在後面。不少商店裡的學徒，都幻想著自己開店鋪；工作中的女工，幻想著建一個美好的家庭。

人只有具有了這些幻夢，才可能有遠大的希望，才會激發人們內在的智慧，增強人們的努力，以求得光明的前途。

僅有夢想還是不夠的。有了夢想，同時還需要實現夢想的堅強毅力和決心。如果徒有夢想，而不能拿出力量來實現願望，這也只是一種空想。只有那實際的夢想 —— 夢想的同時輔之以艱苦的勞作、不斷地努力，那夢想才有巨大的價值。

像別的能力一樣，夢想的能力也可以被濫用或誤用。如果一個人整天除了夢想以外不做別的事情，他們把全部的生命力，花費在建造那無法實現的空中樓閣，那就會禍害無窮。那些夢想不僅讓人費盡心思，而且耗費了那些不切實際夢想者固有的天賦與才能。要把夢想變成事實，需靠我們自己的努力。

樂觀期待成功

對於我們的生命，最有價值的莫過於在心中懷著一種樂觀的期待態度。所謂樂觀的期待，就是希冀獲得最好、最有益、最快樂的事物。如果對於我們自己的前程，有著良好的期待，這就足以激發我們最大的努力。期待安家立業、盡享尊榮；期待在社會上獲得重要的地位，出人頭地……這種種期待都能督促我們去努力奮鬥。

有許多人認為，世上一切舒適繁華的東西、精美的房屋、華麗的衣服以及旅行娛樂等等，不是為他們預備的，而是為其他人預備的。他們相信

這種種幸福，不屬於他們所有，而是屬於另外階層的人所有，原來他們自己認為屬於低等的階層，屬於沒有希望的階層。試問，一個人有了這樣的自卑觀念後，還如何能得到美好的享受呢？

如果一個人不想得到幸福，志向卑微，自甘墮落，對於自己也沒有過高的期待，總是認為這世間的一切美好自己都無福享受，那麼這種人永遠都不會有出息。

我們期待什麼，便得到什麼，人應該努力期待；如果我們什麼都不期待，自然就一無所得。安於貧賤的人，當然不會過上富裕的生活。有了成功的期待，心中卻常抱著懷疑的態度，常懷疑自己能力的不足，心中常對失敗有多種預期，這真是所謂南轅北轍！只有誠心期待成功的人，才能成功。所以，做一個人必須有積極的、創造的、建設的、發明的思想，而樂觀的思想也尤為重要。

有的人一方面努力這樣做，而同時又那樣想，最終就只有失敗。如果你渴望得到昌盛富裕，而同時卻懷著預期貧賤的精神態度，那麼你永遠不會走入昌盛富裕的大門。

有很多人雖然努力做事，但常常一事無成，原因在於他們的精神狀態不與其實際努力相對應 —— 當他們從事這種工作的時候，又在希冀著其他工作。他們所抱有的錯誤態度，會在無形中把他們所真正渴求的東西驅逐掉。不抱有成功的期待，這是使期待無法實現的巨大障礙。每個人都應該牢記這句格言：「靈魂期待什麼，人就能做成什麼。」 諸多成功者都有著樂觀期待的習慣。不論目前所遭遇的境地是怎樣的慘澹黑暗，他們對於自己的信仰、對於「最後之勝利」都堅定不移。這種樂觀的期待心理會生出一種神祕的力量，以使他們達到願望的目的。

期待會使人們的潛能充分地發揮出來，期待會喚醒我們潛伏的力量。而這種力量如若沒有大的期待，沒有迫切的喚醒，是會長久被埋沒的。

每個成大事者都應該堅信自己所期待的事情能夠實現，千萬不能有所懷疑。要把任何懷疑的思想都驅逐掉，而化之以必勝的信念。在樂觀的期

待中，要有堅定的信仰；如果有堅定的信仰，努力向上，必定會有美滿的成功。

為自己插上想像的翅膀

生活中的一切不可能像數學那樣精確。人們一邊生活，一邊制定目標，選擇策略，計劃生活，夢想未來。人們需要內在的力量幫忙，這種內在的力量是隱蔽的、無影無蹤的，但又是實實在在的 —— 它就是自己的想像。

你不能用瓶子儲存，不能裝進罐頭，不能放在生產線上；你不能吸它、吃它、喝它；你看不見它，摸不著它 —— 想像是人們的一部分，它就像人們的腳、人們的手、人們的心、人們的大腦。

孩子們生活在一個假設的時代、生活在想像的世界裡。他們給自己的玩偶取名，他們創造新的名詞，他們建立新的關係。也許因為他們太幼稚，只靠想像生活，現實好像與他們無關。

成人因為現實的原因而不能夠自由地想像。成人無時無刻不與責任連繫在一起。然而，你應該培養自己的想像力，為自己插上一對想像的翅膀。你應該理智地運用這種能力，擴大視野，錘鍊自己的創造力和獨特性。創造性的想像力是個人成功的基本屬性。

你不一定會成為愛迪生、莎士比亞或愛因斯坦。但你是一個有頭腦的人，你應該有捕捉資訊的能力。

想像就是意象在心靈中的發展。如果你每天能夠在自己的心中建立良好的、健康的、成功的意象，你就會建立一個超群出眾的自我形象。創造性想像屬於每一個追求它的人，無論是富人、窮人、孩子、成人，還是主管與雇員。

建立目標，敢想還要敢做

嘴上說說容易，動手實現確難。的確如此，只是敢想還很不夠，目標只停留在口頭上，無論如何也是不能實現的。一個自信心很強的人，必定是一個敢作敢為的人，勇於行動的人。絕不會對生活持等待、觀望的消極態度，而喪失各種機遇。他會在行動中、實踐中展示自己的才華，實現自己的抱負。

當然這裡說的敢想、敢做，都不是盲目的，更不是主觀的空想和沒有調查的衝動行事。德國精神學專家奧托‧恩斯特‧林德曼（Otto Ernst Lindemann）用親身實踐證明了這一點。西元 1900 年 7 月，林德曼獨自駕著一葉小舟駛進了波濤洶湧的大西洋，他在進行一項歷史上從未有過的心理學實驗，準備付出的代價是自己的生命。林德曼認為，一個人要對自己抱有信心，就能保持精神和身體的健康。當時，德國舉國上下都關注著獨舟橫渡大西洋的悲壯冒險。在他之前，已經有一百多名勇士相繼嘗試失敗，無人生還。林德曼推斷，這些遇難者主要是死於精神崩潰、恐慌與絕望。為了驗證自己的觀點，他不顧親友的反對，親自進行了實驗。在航行中，林德曼遇到難以想像的困難，多次瀕臨死亡，他眼前甚至出現了幻覺，神經系統也處於麻痺狀態，有時真有絕望之感。但是只要這個念頭一出現，他馬上就大聲自責：懦夫！你想重蹈覆轍，葬身此地嗎？不，我一定能成功！終於，憑著堅毅的心態，他成功渡過了大西洋。

再次，是勇於面對現實，不怕挫折。人的一生之中難免有些挫折。要想事業有成，就要勇於面對現實，不怕挫折，不屈不撓，百折不回。只有敢想、敢做、勇於面對現實而不怕挫折的人，才能事業有成，才是真正的強者。司馬遷繼承父志當太史令，不料正在他著手編寫《史記》時，禍從天降，受「李陵之禍」的株連，被迫輟筆，但他矢志不渝，忍辱負重，身受宮刑，幽而發憤，經過十多年的艱苦奮鬥，終於寫成鴻篇巨著《史記》。

相信自己，並堅持往下走，你一定會取得與眾不同的成績的。

冷靜地面對一切

自信的人要保持心情平靜，能夠冷靜地面對一切。越是在重大的時刻，保持頭腦的冷靜，做到這一點是十分重要的。下面幾點也很有幫助：

1. **充分準備**：事先做簡要的描述，以便知道自己的觀點是否正確。不必長篇大論地去說明自己觀點的合理性，簡明扼要的解釋就足以產生作用。事先草擬你的意見，勾畫出你的解釋、感受、需要或後果。這樣做十分有用。根據你的草稿進行演練。必要的話，還可以請朋友幫忙一起演練。

2. **讚賞他人**：與人交談時，開場白非常重要，安全的表達方式是用一種肯定性的語言。例如，「這是一篇非常好的文章，但希望你能寫得通俗明白些，以便我容易讀懂。」

3. **客觀公正**：除了解釋你所見的實際情況以外，不要涉及對個人的批評。評價或批評，只能針對一個人的行為、行動和表現，而不能針對其個人，也就是平常所說的對事不對人。

4. **簡明扼要**：說話時為了避免其他人的阻止、插嘴和打岔，表達要盡量簡明扼要，不要理論化，只要講述具體事實就足夠了。

5. **自制力**：不要期望他人總會與你合作，會接受你的觀點。儘管你希望得到贊同的意見，但這種情況不是必然的。有些人會使用操縱性的批評來分散你的注意力，損害你的努力。這種表現有時是假裝關心，有的是坦率地直接批評。

這五點努力，可以幫助我們恢復自信，不妨試一試。

用希望鼓舞今天

人不光要有夢想，還要信仰夢想，更要激勵自己去實現夢想。人人具有向上的志向，志向就會像一枚指南針，引導人們走上光明之路。你想要

得到的未來，在今天也許只是夢幻，但它能夠成為你未來人生道路美滿成功的預示。

人們心中的希望，與夢幻相比，經常更有價值。希望經常是將來真實的預言，更是人們做事的指導，希望可以衡量人們目標的高低，效能的多寡。

有許多人容許自己的希望慢慢地淡漠下去，這是由於他們不懂得，堅持著自己的希望就能增加自己的力量，就能實現自己的夢想。

希望具有鼓舞人心的創造性力量，它鼓勵人們去盡力完成自己所要從事的事業。希望是才能的增補劑，能增加人們的才能，使一切夢想化為現實。

大自然是個公平的交易員，只要你付出相當的代價，你需要什麼，它就會支付給你什麼。人的思想就像樹根一樣，遍布四方。這許多思想的根產生活力，就能帶來希望。

如果沒有溫暖的南方，那麼候鳥就不會在冬天飛去南方，由於正是南方給了候鳥希望。造物主給人們以希望，希望他們實現更偉大、更完美的生命；希望他們的人格獲得充分地發展；希望他們獲得永生。所以，只需努力去做，都有實現願望的可能。

希望也有合理與不合理之分。所謂合理的希望，並不是那些荒誕不經、超越情理的妄想。

對人來說，最珍貴的希望，就是有完善的人格，希望在很長的時間內把才能卓越地發揮出來。從一個人的希望能夠看出他在增加還是減少自己的才能。知道一個人的理想，就能知道那個人的品格、那個人的全部生命，由於理想是足以支配一個人的全部生命的。

在建立希望以後，人的思想和感情便會變得堅定不移。因此。每個人都應有崇高的目標和積極的思想，更需下定決心，絕不允許卑鄙骯髒的東西存在自己的思想裡、行動裡，無論做什麼事，都要向著高尚的目標。

積極進取的思想，足以改進人的希望，使人盡量地發揮其個人的才能，達到人生的最高的境界。積極進取的思想，能夠讓人們戰勝低劣的才能，可以戰勝阻礙成功的仇敵。即使看似不可能的事情，只要抱定希望，努力去做，持之以恆，總有成功的一天。希望是美好的，也確實能夠實現，無論是希望有健康的身體、高尚的品格，還是有巨型的企業，只要方法得當，盡力去做，便有實現的可能。

一個人有希望，再加上堅忍不拔的決心，就能產生創造的能力；一個人有希望，再加上持之以恆的努力，就能達到希望的目的。有了希望，如果沒有決心和努力的配合，對希望漠然視之，那麼即使再宏大美好的希望也會煙消雲散，最終化為泡影。

要有一種永不放棄的拚勁

做事的結果不外乎有兩種，一種是成功，一種是失敗，沒有人希望自己失敗，但成功的到來總是要付出代價的。那些善於掌握時機的人們，在對待挫折的態度時，有著一種不屈不撓的精神，正是這種精神激勵著他們努力盡責地做好每一件事。

當然，在日常生活和工作中，個人與事業同樣都不可避免地要遇到各種各樣的挫折，但如果人們對於要實現的目標有堅定的信仰和不斷向前的決心，那麼，人們便能戰勝逆境。如果能夠建立起一種「永不放棄」的個人哲學觀，那麼，便會把挫折僅僅看成是自己要越過的障礙，看成是對自我智慧的挑戰。相反，如果缺乏這種堅強的力量，挫折就會變成摧毀自我信念的工具，變成前進道路上不可逾越的難關。

消極的態度，能把人擊潰成一敗塗地的失敗者，他們甚至會將很小的挫折都看成是什麼了不起的大事。這種看待問題的方式，與缺乏明確目標的問題連繫在一起，常常導致人們把大量時間與精力浪費在大驚小怪上，把每一件事情都看成是超越了常規，並作出機械性的反應。成功者認識到有些事情是他們所無法控制的，如銀行利率、天氣、同行的可靠性等等，

為此他們應採取接受、適應的態度，以利自己的工作順利地開展。而失敗者把挫折當做不能實現既定目標的藉口：「我的合夥人攜款潛逃了」，「銀行要求退還貸款」，「我們的主要供應商破產了」，這類因種種緣故而迫使人們屈服的挫折不勝枚舉。然而實際上，是那些人自己放棄了。拿拳擊比賽來作個比喻的話，人們所缺乏的是一種能力：在被擊倒之後十秒鐘內站起來，清醒自己的頭腦，集中自己的注意力，繼續去實現既定的目標。這樣，無論遇到什麼樣的情況，都能達到最後的目的。

有時候，人們之所以能達成某種目的，是因為在內心中充滿了使命感，它使得人們戰勝挫折，走向成功。這不僅要求你有堅定的自信和明確的目標，而且，還要求你有某種使命感。使命感類堅定地實現某一目的的勇氣和決心，只不過決心可能會是一時的衝動，而使命感則是內在的堅定意志，它能承受住各種環境變化的考驗。成為成功的關鍵因素之一，它看不見摸不著，易於流於口頭而不落於實際，所以必須將它深深地記在心裡。

時刻想著自己的使命吧！永不放棄。

用心感受生活的樂趣

真正的快樂，不是用金錢和權勢換來的，有錢有權的富翁，不一定人人都快樂，個個都能領略生活的樂趣。

現代人越來越重視對金錢、權勢的追求和對物質的占有，殊不知金錢和權力固然可以換取許多享受的東西，但不一定能獲取真正的快樂。

錢越多的人，內心的恐懼感越深重，他們怕偷、怕搶、怕被綁票。權勢越大的人，危機感越強烈，他們不知何時丟了烏紗帽，不知何時遭人陷害，時時小心，處處提防，心神不寧整天寢食難安。恐懼的壓力，造成心理失衡。

　　現實生活中也是如此，有錢人雖然守著一堆花花綠綠的鈔票，守著一幢豪華的洋房，守著一位貌合神離的伴侶，未必就能咀嚼到人生真正的趣味。

　　開心不開心同樣也不能用手中的「權」來衡量。有了權，未必就能天天開心。我們時常看見有些弄權者，為了保住自己的＂烏紗帽＂，處處阿諛逢迎，事事言聽計從，失去了做人的尊嚴，早就忘了什麼是真正的開心？

　　有的人利用手中的權，拿公款大吃大喝、遊山玩水、上夜店「泡妞」，雖然獲得了一時的感觀刺激，找到了一時的開心，但卻給自己帶來了無數的懊悔。他們就如同歌德筆下的浮士德，拿自己的靈魂去換取一段開心快樂的時光，結果變成了傻瓜，他們最後失去的不僅僅是快樂和開心。

換個角度看自己

　　現實生活中，也許你是一個始終與「第一名」無緣的人，眼看著別人表現出色，自己卻永遠居於人後，心裡會不會覺得有些自卑呢？其實你大可不必為此煩惱，一個人成功與否有很多不同的判斷標準，只要你願意換個角度，你也可以位列第一。

　　惲壽平是清代最著名的畫家之一，他早期是畫山水的，從見到王石穀之後，自認山水畫不如對方，於是專攻花卉，後為海內所宗。在更早以前的唐代也有一位以畫火聞名的張南本，據說原來是與一畫家孫位一起學畫山水，也因為自認該領域能力不如孫位而改畫火，終於獨得其妙。

　　藝術家追求完美，難免有傲骨，恥為天下第二名手，不願落人之後，像前兩者真有才能，舍他人既行的道路，自辟蹊徑，獨創一家固然最好。但如果不能認清自身的能力，只因恥為人後，就放棄學習，自己又找不到適當的方向，到頭來則難免什麼都落空了。

俊峰是一個魅力四射、才華橫溢的年輕人，總是社團中令人注目的焦點，認識俊峰的人幾乎都可以感受到他熱情的付出。在得知他交了女朋友後，他的一個朋友開玩笑的問他：「那現在我在你心中排第幾呀？」他想也不想，便答：「第一。」朋友不相信地看著他，問：「怎麼可能啊！你女朋友應該排在第一位。」俊峰狡點地一笑，然後說：「你當然排第一，只不過是另一個角度而已。」俊峰的話說得多好啊！生活中，在各行各業中，每個人都期望得到第一的位置，其實要拿到第一也容易，就看你願不願意換個角度——只要「換個角度」，每個人就都是第一了，而這個世界，自然少了許多莫名的地位紛爭，這不是很好嗎？

周平生性好強、不甘平庸，但造化弄人，他只是一個平淡無奇的小人物，理想是成為一個無冕之王——新聞記者，然而大學畢業後他卻成了一名高中教師，在學校裡也不太受學生歡迎。看著昔日的同窗今日都已登上高位，周平心裡感到忿忿不平。賢慧的妻子見他這樣子，就勸他說：「人比人，氣死人！反正現在情況已經是這樣了，你又何必偏拿自己的短處去比人家的長處呢？你難道就不能找找你自己的優點嗎？」妻子的話點醒了周平，他決定憑著自己流暢的文筆闖出一片天地。周平選擇了當地一家頗有影響力的報社，然後便大量向那家報社投稿，絲毫不計較稿費的高低。這家報社開了不少副刊，周平悉心加以研究後，特地為它們量身訂做寫文章，因此他的作品幾乎篇篇都被採用，甚至還創造過這樣的奇蹟：有一次，他們的副刊總共只有 8 篇稿子，其中 4 篇都是周平的「大作」，只是署名不一樣。

周平的作品被這家報社的編輯競相爭搶，常常是剛應付完文學版的差事，雜文版的又來了。有時他因學校有事創作速度稍慢一點，那些編輯就會心急火燎地打電話催稿。終於有一天報社的主管坐不住了，他們給周平打電話——只要周平願意，他現在就可以去報社上班。

周平成功了，我們可以從周平的經歷中得到一個很重要的啟示：生活的路不只一條，如果你不甘於平庸，你完全可以換個角度再起飛，得到你

想要的成功。古今中外，還有很多名人經過重新給自己定位而取得令人矚目的成就。

　　阿西莫夫是一個科普作家，同時也是一個自然科學家。一天上午，他坐在打字機前打字的時候，突然意識到：「我不能成為一個第一流的科學家，卻能夠成為一個第一流的科普作家。」於是，他幾乎把全部精力放在科普創作上，終於成了當代世界最著名的科普作家。

　　在生活中，誰都想最大限度地發揮自己的能力。但是，由於種種原因，你無法在自己從事的行業裡取得令人滿意的成就。還有許多人是在自己並不喜歡甚至厭惡的職位上，做並非自己所願意做的工作。在這種情況下，還是不要著急為好。生活其實就如寫文章一樣，當你發覺筆下的那一句不是自己最滿意的言語，甚至是敗筆的時候，那你就暫時停筆思考一下，甚至不妨換個角度重新書寫，直至精彩的華章湧向筆尖。

第三章　樂觀之心，美夢成真

第四章　陽光心態，掌握命運

命運操縱在你手中

生活中，命運的可怕正在於它毫無軌跡可循的「不確定性」。

每個人都握著失敗的種子，也都握著偉大的潛能。

在古老的歐洲有一則寓言：在義大利威尼斯城的小山上，住著一位智慧老人，他能回答任何人的問題。當地的兩個小孩想要愚弄一下這位老人，他們捉了一隻小鳥，就去找他。見到智慧老人，一個小孩手裡握著那隻小鳥就問：「您是無所不知的智慧老人，那您知道嗎，我手上的小鳥，是死的還是活的？」老人不假思索地說：「孩子，如果我說鳥是活的，你就會把牠捏死；如果我說鳥是死的，你就會把手鬆開讓牠飛走。你知道，你的手掌握著這隻鳥的生死大權。」

這個故事不帶絲毫渲染，但它給了我們一個偉大的啟示：我們的命運就掌握在我們自己的雙手之中。這也正如哲學家薩特所說：「一個人的命運就操縱在他自己的手中。」

有數以百萬計的人相信自己注定要貧窮和失敗，因為他們相信，有一些奇異的力量是無法控制的。其實，他們就是自己這些「不幸」的製造者，他們並非沒有致富的機會與能力，恰恰相反，很多人擁有優越的致富環境與條件，然而他們卻缺乏致富的勇氣與信心。因為他們心中存在著消極的信念，這種信念為潛意識所接受，然後被轉變為事實。現在我們可以確切地向你暗示：為了使你自己能夠致富與成功，你可以把你的希望轉變為事實或金錢價值的任何欲望，進入你的潛意識；而且只要你使自己處於盼望和自信的狀態中，這種轉變的過程就會自動發生。你的信心或信念，正是決定你的潛意識行動的主要因素；只要你是經由自我暗示的過程向潛意識下達命令，那麼沒有任何事情能夠阻止你「欺騙」你的潛意識。

一個人三十歲以前，大多數是不會相信命運的。他們用最大的勇氣去面對生活，用最堅決的行動去追求財富，也用他們最刻薄的話語去嘲笑那

些討厭的相士和預言家們，使之感到非常難堪。如果有人要跟他們談論命運，他們也會笑而不答，不把這些預言放在眼裡！

但一過了三十歲，他們的觀念就變了，過多的負面的心理暗示給他們帶來的，是猶豫和困惑：很多人漸漸相信起命運來。他們認為人間有個主宰，在冥冥之中掌握著人們的命運，使他們順利，也使他們失敗；使他們歡樂，也使他們悲哀；使他們飛黃騰達，也使他們一敗塗地！這個在冥冥之中的主宰，照一般的說法，就是命運！

我們知道有人過著真正自由的生活，但並不是因為他富有，也不是因為他有個好伴侶，更不是因為有什麼魔力能保證他把自己生活中的任何事都做好。而是因為這種人擁有一種比最貴重的珠寶還有價值的禮物：他是自己命運的主人。

要知道幸運女神不願擁抱那些遲疑不決、懶惰、相信命運的懦夫。我們不信宿命，我們要堅信：我們能夠改善自己的命運，能成為最幸運的人。

幸福跟著心態走

幸福是一種內心的滿足感，是一種難以形容的甜美感受。它與金錢地位都無關，你擁有良好的心態，就可以觸摸到幸福的雙手。

一個充滿嫉妒的人是不可能體會到幸福的，因為他的不幸和別人的幸福都會使他自己萬分難受。

一個虛榮心極強的人是不可能體會到幸福的，因為他始終在滿足別人的感受，從來不考慮真實的自我。

一個貪婪的人是不可能體會到幸福的，因為他的心靈一直都在追求，而根本不會去感受。

幸福是不能用金錢去購買的，它與單純的享樂格格不入。假如你正在讀大學，每月可用的生活費十分微薄，但卻十分幸福。過來人都知道，同

學之間經常小聚，幾盤小菜、幾瓶啤酒，就會有說有笑。彼此交流讀書心得，暢談理想抱負，那種幸福之感至今仍刻骨銘心，讓人心馳神往。昔日的那種幸福，今天無論花多少錢都難以獲得。

一群西裝革履的人吃完魚翅鮑魚笑咪咪地從五星級酒店裡走出來時，他們的感覺可能是幸福的。而一群外籍移工在路旁的小店裡，就著幾碟小菜，喝著啤酒，說說笑笑，你能說他們不幸福嗎？

因此，幸福不能用金錢的多少去衡量，一個人很有錢，但不見得很幸福。因為，他或者正擔心別人會暗地裡算計他或者為取得更多的錢而處心積慮，許多人都在追求金錢，認為有了錢就可以得到一切，那只是傻子的想法。

其實，幸福並不僅僅是某種欲望的滿足，有時欲望滿足之後，體驗到的反而是空虛和無聊，而內心沒有嫉妒、虛榮和貪婪，才可能體驗到真正的幸福。

有這樣一家人，父母都老了，他們有三個女兒，只有大女兒大學畢業有了工作，其餘的兩個女兒還都在上高中，家裡除了大女兒的生活費可以自理外，其餘人的生活壓力都落在了父親肩上。但這一家人每個人的感覺都是快樂的。晚飯後，兩個女兒都去了學校上自習。她們不用擔心家裡的任何事。父母則一起出去散步，鄰居們拉家常。到了節日，一家人團聚到一塊，更是其樂融融。家裡時常會傳出孩子們的打鬧聲、笑聲，鄰居們都羨慕地說：「你們家的幾個閨女真聽話，學習又好。」這時父母的眼裡就滿是幸福的笑。其實，在這個家裡，經濟負擔很重，兩個女兒馬上就要考大學，需要一筆很大的開支。家裡又沒有一個男孩子做頂梁柱，但女兒們卻能給父母帶來快樂，也很孝敬。父母也為女兒們撐起了一片天空，他們在飛出家門之前不會感受到任何淒風冷雨。因此，他們每個人都是快樂和幸福的。蘇轍說：「月有陰晴圓缺，人有悲歡離合，此事古難全。」既然「古難全」，為什麼你不去想一想讓自己快樂的事，而去想那些不快樂的事呢？一個人是否感覺幸福，關鍵在於自己的心態。

法國雕塑家羅丹說過：「對於我們的眼睛，不是缺少美，而是缺少發現。」生活裡有著許許多多的美好、許許多多的快樂，關鍵在於你能不能發現它。

如果今天早上你起床時身體健康，沒有疾病，那麼你比其他幾百萬人更幸運，他們甚至看不到下週的太陽了。

如果你從未嘗試過戰爭的危險、牢獄的孤獨、酷刑的折磨和飢餓的滋味，那麼你的處境比其他五億人更好。

如果你能隨便進出教堂或寺廟而沒有被恐嚇、暴行和殺害的危險，那麼你比其他三十億人更有運氣。

如果你在銀行裡有存款，錢包裡有鈔票，盒子裡有點心錢，那麼你屬於世上百分之八最幸運之人。

如果你父母雙全，沒有離異，且同時滿足上面的這些條件，那麼你的確是那種很稀有的地球人。

這時，你就會發現生活中，其實你也很幸福！

培養健康的心態

許多人不能正確地對待人生。由於他們做的是一套，想則是另一套，由於他們的心態和他們的努力不一致，結果使其大部分努力都白白地浪費掉了。由於他們的心態不對路，他們往往使自己正在追求的事業不斷受挫。他們不能以一種有巨大積極作用的必勝信心，以一種絕不相信失敗的堅強心，去指導自己的工作。

一方面渴望發財致富，另一方面卻總是不相信自己能夠脫貧窮，總是懷疑自己能否得到所欲所求之物，這就好像南轅北轍一樣。如果一個人總是懷疑自己獲得成功的能力，那他絕不可能獲得成功，所以，這種人總會招致失敗。

　　成功人士必定常常想著成功，必定常常往好的方面想。的思想必定富於進取精神，富於創造力，必定是建設性的和創新性的。他的思想中必定充滿了樂觀的、積極的因素。

　　如果這樣，你將會朝向成功的方向前進。如果你只看到貧窮、匱乏的那一面，那你就會朝失敗的那一條道上走去。但是如果你果斷地轉過身來，斷然拒絕想像你可能落於貧困的地，那麼，你必定會在獲得財富方面取得進展。

　　許多人的目標往往是自相矛盾的。因為儘管他們渴望有但是打心底裡認為自己不可能過上富有的生活。這樣，他們錯誤的心態，也就是他們生命過程中所遵循的心理圖景，使得正努力從事的事情不可能取得成功。正是他們貧窮的心態，正是這種懷疑和擔心，正是自信心的缺乏，正是因為沒有一種過富有生活的信念，弄得人們至今依然極其貧窮。

　　一旦你能充分地發掘自己賺錢的能力，你就不可能扮演受窮者的角色，你必定會有一種良好的成功心態。只要你總是處於一種貧民窟氛圍的心態，你就會在腦海中留下貧民窟式的印象，你就絕不可能賺到錢。

　　一則諺語說：「綿羊每咩咩地叫一次，牠就會失掉一口乾草。」如果你每抱怨一次你的苦惱，你就失去了一次改變這種情況的機會。你每允許自己說一次：「我是一個貧窮的人，我不可能富有；我是一個能力不夠的人，不可能取得其他人那樣的成就；我絕不可能變得聰明；我不具備其他人的那些運氣；我是一個失敗者；降臨到我的頭上總是厄運。」那麼，這些心理暗示就會成為你成功路上的枷鎖和障礙，你就會感到苦惱之事更苦惱，困難之事更困難，你就會更難擺脫破壞你平和心境、破壞你幸福的心理敵人。因為你每讓負面情緒多主宰一次你的心靈，它們就會在你的意識裡鑽得更深。

　　思想有時候會變成一塊神奇的磁鐵，能吸引那些與它本身相似的東西。如果你的心靈老是想著貧窮和疾病，那麼，這種思想就會給你帶來貧窮和疾病。一般來說，與你思想相左的現實是不大可能產生的，但它的確

可以改變你的心情，讓你更有自信，因為你的心態和思想中已經有了你生命的藍圖。你的任何成功首先都是因為你有成功的思想。

如果你總是想像自己可能事業不順，並總是有這樣的準備和擔心，如果你總是抱怨時運不濟，如果你總是擔心事業不可能有好的結果，那麼，你的事業就真的不會有好結果。無論你多麼努力工作以期取得成功，如果你頭腦裡充滿著擔心失敗的思想，那麼，你的這種思想將會使你的努力付之東流，從而使得你不可能取得希望中的成功。

在工作和追尋目標的過程中，人們所持的心態與最終的成就有著千絲萬縷的關係。如果你被迫去完成自己的工作，如果你是以做苦差使的奴隸一般的態度去從事你的工作；如果你在工作中不抱任何大的希望，甚至你在工作中看不到任何希望，覺得工作只不過是聊以糊口、勉強度日而已；如果你看不到未來的曙光；如果你只看到貧困、匱乏和你整個一生的艱難；如果你認為自己命中注定要過如此艱難的生活，那麼，你就絕不會擁有成功、財富與幸福。

相反，不管你今日如何貧窮，如果你能看到更好的將來；如果你相信自己有朝一日會從單調乏味的工作中崛起；如果你相信自己有朝一日會從目前的陋室搬進溫馨、舒適的住宅；如果你方向明確，如果你的眼睛緊緊盯著你希望達到的目標，並相信你完全有能力達到你的目標，那麼你必將有所作為。

改變消極情緒

要想成大事，只養成獨立的習慣還是遠遠不夠的，這就要求有責任心，因為要實現自治自立的成功人生，健康的情感和獨立的手段固然重要，但是如果缺乏責任心的確立，自治自立的人生目標還是無法實現。

在我們成長的道路上，家庭、社會給予了我們無限的關懷與關注。當我們獨立之後，理所當然應該回報他們，而這種回報也就是我們所要面臨

的責任：對自己、對家庭、對社會的責任。勇敢地承擔責任，是有獨立習慣的表現，也是成大事者個人能力的體現。

有這樣一個陶冶性情的故事，從中希望大家可以受到啟發。

有一段日子裡，戈登感到人生乏味，自己靈感枯竭，意志消沉，並且負面情緒愈來愈嚴重，他只好去看醫生。在做了全身檢查後，並沒發現任何異常。於是醫生建議他安排一趟旅行，到他年輕時最喜愛的地方去度一次假。度假期間，不要說話、讀書、寫作以及聽收音機。然後醫生給他開了四張處方箋，吩咐他分別在度假那天的上午九點、十二點、下午三點和六點打開。

戈登依據醫生的吩咐，安排旅行到了最喜歡的海灘，上午九點準時打開第一張處方箋，上面寫著「仔細聆聽」。他愣住了，醫生難道瘋了？要我連坐三個小時？但他還是試著按照醫生的吩咐耐心地傾聽。他聽到海浪聲、鳥聲，不久又聽到許多從前未曾注意過的聲音，他一邊聆聽，一邊想起小時候大海教會他的耐心、新生以及萬物息息相關等觀念，他逐漸聽到往日那熟悉的聲音，也聽出沉寂，心中逐漸平靜下來。

中午，他打開第二張處方箋，上面寫著「回顧」。於是他開始從記憶裡挖掘點點滴滴的快樂往事，想起那些細節，心中漸漸升起一種溫暖的感覺。

第三張處方箋上寫著「檢討動機」。這比較難以辦到，因為往往人都先為自己的行為辯護，在追求成功、受人肯定與安全感的驅使下，不得不採取某些舉動。但最後仔細想想，這些動機並不完全恰當，這也許正是他陷入低潮的原因。回顧過去愉快滿足的生活，他終於找到了答案。於是他寫下了下面的話：

我突然頓悟到，動機不正，諸事便不順。不論郵差、美髮師、保險業務員或家庭主婦，只要自認是為他人服務，都能把工作做好。若是為私利，就不能如此成功。這是不變的真理。

第四張處方箋上寫著「把憂愁寫在沙灘上。」他俯身用貝殼碎片寫了幾個字，然後轉身離去，連頭也不回，因為他知道，潮水馬上會湧上來。

化抱怨為力量，讓吃苦變成功奏鳴曲

歲月的痕跡向我們明瞭：全世界七十億人口，無論是豪富還是乞丐、農夫還是詩人、男性還是女性，當面對傷痛、失落、艱辛的時候，每個人所承受的折磨是一樣的。不必唉聲嘆氣，不必怨天尤人，生、老、病、死或其他不幸，都是人生的必經階段。

吃苦是一種人生必須經歷是事情，那麼就正事這些苦痛吧！金庸先生在杭州講學時曾概括人間有七苦：生、老、病、死是苦，求不得、怨憎會、愛別離也是苦。

老、病、死當然是苦的，生為什麼也是一苦呢？金庸先生說，一個人只要認真地生活，就會遇到許多麻煩與苦惱。另外三苦，金大俠說得意味深長。一為求不得，你一心想追求的東西（包括金錢、榮譽、地位），儘管費心費力，卻始終是可望而不可即。二為怨憎會，俗稱冤家會，有的人生性凶悍奸惡，言辭刻薄。工於心計，對這種人避之唯恐不及，偏偏他是你的同事，或不幸成為你的伴侶，怎麼辦？你必須忍耐。三為愛別離，一個人一生要遇到一個真心傾心相愛的人很不容易，遇到了卻要分手，豈不叫人肝腸寸斷？

生、老、病、死、求不得、怨憎會、愛別離的人間七苦，我們每個人隨時都可能遇到。生活是一杯苦咖啡，香醇中摻雜苦澀。人活著就要接受許多挑戰，要面對許多難題，所以生活的本質是苦。

從另一個角度來看，苦是一種警訊，它告訴自己有了難題，有了危險和困境。如果自己不願意正視它，設法解決眼前的難題，那些難題就會累積重疊，結構成更嚴重的困境，集合成更巨大的痛苦，導致生活的潰敗。所以我們必須設法消除困境，解決問題，才能夠消滅痛苦。

　　喬治・史蒂文生（George Stephenson）是大家熟悉的火車發明家。西元 1781 年，史蒂文生出生於英國，雙親都是礦工，家境清苦，他十多歲便在礦場上班，18 歲時，才有機會上學。畢業後，又到礦場當技工。由於從小目睹礦工工作的艱辛與危險，史蒂文生決定為礦工解決工作的難題。

　　史蒂文生首先發明了巧妙的礦坑安全燈，解決了採礦的照明問題。減少意外的災難發生。其後，他看到礦井底下運煤困難，又致力於火車的研究，希望緩解礦井工人運煤的辛勞。在當時想研究火車，需要大的經費投入，史蒂文生雖然每天過著清苦的生活，但追求成功的意志鼓舞著他克服種種困難，終獲成功。

　　有句老話說「沒有吃不了的苦，只有享不了的福」。人是注定要受「苦」的。你看，人人臉上寫著一個「苦」，左右眉毛像草字頭，左右顴骨加中間鼻梁像一個十字，底下一張嘴是一個口字。可不是嗎？學生必須「苦學」，誰貪玩誰的功課就不及格；做事的人必須「苦幹」，誰苟且誰就要失敗。宗教家必須「苦修」，音樂家必須「苦練」，「吃得苦中苦，方為人上人」。

　　人們忍受苦難的能力是非常大的。不論有多麼大的困苦，都可以千方百計去克服。就一個企業的經營來說，也是一樣的。企業要成功，要成為世界 500 強，就要克服困難，懂得吃苦耐勞。要消除痛苦就需要刻苦耐勞的韌性。

　　怎樣使辛苦成為成功的變奏曲呢？

1. 要有苦幹實幹的精神。人的才能就像土壤，要不斷地耕耘，才能成長茁壯，才有豐收和長進。

2. 從積極的想像著手。積極的人能看到人生的光明面，做事就不會畏縮，能朝著正面的觀點去努力。

3. 列出一個工作、學習、生活日程表，包括晨練、讀書、寫作、交友、上街、娛樂等。不論大小事情都列入其中，並認真且專心地去做。

勇敢面對現實

在漫長的歲月中，人們一定會碰到一些令人不快的情況，但我們也可以有所選擇，把它們當做一種不可避免的情況加以接受，並且適應它；或者用憂慮來毀了自己的生活，甚至最後可能會弄得精神崩潰。

威廉·詹姆斯（William James）說過：「要樂於承認事情就是這樣的。」他說，「能夠接受發生的事實，就是能克服隨之而來的任何不幸的第一步。」住在美國俄勒岡州波特南的伊莉莎白·康尼，卻經過很多困難才學到這一點。下面是一封她最近寫給朋友的信：

「在美國慶祝陸軍在北非獲勝的那一天，我接到國防部送來的一封電報，我的姪子——我最愛的一個人——在戰場上失蹤了。過了不久，又來了一封電報。說他已經死了。

我悲傷得無以復加。在這件悲痛之事發生以前，我一直覺得生命多麼美好，有一份自己喜歡的工作，好不容易帶大了這個姪子。在我看來，他代表了年輕人美好的一切。我覺得以前的努力，現在都得到了很好的回報……然而，我最後收到的竟是兩份這樣的電報，我的整個世界都粉碎了，覺得再也沒有什麼值得我活下去。我開始忽視工作，忽視朋友，我拋開了一切，既冷漠又怨恨。為什麼我最愛的姪子會死？為什麼這麼個好孩子——還沒有開始他的生活——為什麼他應該死在戰場上？我沒有辦法接受這個事實。我悲傷過度，決定放棄工作，離開我的家鄉，把自己藏在眼淚和悔恨之中。「就在我清理桌子，準備辭職的時候，我突然看到一封信。信是幾年前我母親去世時姪子寫給我的一封信。『當然我們都會想念她的，』那封信上說，『尤其是你。不過我知道你會撐過去，以你對人生的看法，就能讓你撐過去。我永遠也不會忘記你教我的那些美麗的真理：不論活在哪裡，不論我們分離得多麼遙遠，我永遠都會記得你教我要微笑，要像一個男子漢，承受發生的一切事情。』

我把那封信讀了一遍又一遍，覺得他似乎就在我的身邊，正在和我說話。他好像在對我說：『你為什麼不照你教給我的辦法去做呢？撐下去，不論發生什麼事情，把你個人的悲傷藏在微笑裡，繼續過下去。』

於是，我又回去工作。我不再對人冷漠無禮。我一再對自己說：『事情到了這個地步，我沒有能力去改變它，不過能夠像他所希望的那樣繼續活下去。』我把所有的思想和精力都用在工作上，我寫信給前方的士兵——給別人的兒子們，晚上我參加了成人教育班——要培養出新的興趣，結交新的朋友。我幾乎不敢相信發生在自己身上的種種變化。我不再為已經永遠過去的那些事悲傷，現在我每天的生活裡都充滿了快樂——就像我的姪兒要我做到的那樣。」

伊莉莎白·康尼學到了所有人遲早都要學到的東西——必須接受和適應那些不可避免的事情。這不是很容易學會的一課，就連那些在位的帝王也要常常提醒他們自己這樣做。已故的喬治五世在白金漢宮他房裡的牆上掛著下面這句話：「教我不要為月亮哭泣，也不要為過去的事後悔。」叔本華也說過：「能夠順從，就是你在踏上人生旅途中最重要的一件事。」

很顯然，環境本身並不能使人們快樂或不快樂，只有對周圍環境的反應才能決定人們的感覺。必要時誰都能忍受不幸的災難和悲劇，甚至戰勝它們。人們也許會以為自己辦不到，但其內在的力量卻堅強得驚人，只要肯加以利用，就能幫助自己克服一切。

創設了遍及全美的潘尼連鎖店的潘尼說：「哪怕我所有的錢都賠光了，我也不會憂慮，因為我看不出憂慮可以讓我得到什麼。我盡我所能地把工作做好，至於結果就要看老天爺了。」

亨利·福特（Henry Ford）也說過一句類似的話：「碰到我沒辦法處理的事情，我就讓它們自己去解決。」

克萊斯勒（Chrysler）公司的總經理沃爾特·克萊斯勒（Walter Chrysler）先生就如何避免憂慮的問題說：「要是我碰到很棘手的情況，只要想得出辦法解決的，我就去做。要是於解決不了，我就乾脆把它忘了。我從

來不為未來擔心，因為，沒有人能夠知道未來會發生什麼事情，影響未來的因素太多了，也沒有人能說出這些影響都從何而來，所以何必為它們擔心呢？」如果你說克萊斯勒是個哲學家，他一定會覺得非常困惑，他只是一個很好的生意人。可是他的想法，正和十九世紀以前，羅馬的大哲學家的理論差不多。「快樂之道無他，」大哲學家告訴羅馬人，「只有一點，只要是我們的意志力所不及的事情就不要為之憂慮。」

莎拉‧伯恩哈特（Sarah Bernhardt）可以說是最懂得怎麼去調整適應，面對那些殘酷現實的女人了。五十年來，她一直是四大歌劇院裡獨一無二的皇后 —— 全世界觀眾最喜愛的一位女演員。後來，她在 71 歲那年破產了 —— 所有的財產都化為烏有 —— 而她的醫生 —— 巴黎的波基教授告訴她必須把腿鋸斷。因為她在橫渡大西洋的時候碰到暴風雨；摔倒在甲板上，使她的腿傷得很重，她染上了靜脈炎、腿痙攣，那種劇烈的痛苦，使醫生認為她的腿一定要鋸掉。這位醫生害怕把這個壞消息告訴脾氣很壞的莎拉。他簡直不敢相信，莎拉看了他一陣子，然後很平靜地說：「如果非這樣不可的話，那只好這樣了。」

當她被推進手術室的時候，她的兒子站在一邊哭，她朝他揮了下手，高高興興地說：「不要走開，我馬上就回來。」

在去手術室的路上，她一直背著她演過的一齣戲裡的一幕，有人問她這麼做是不是為了提振精神，她說：「不是的，是要讓醫生和護士們放鬆，他們的壓力很大呢。」手術完成，健康恢復之後，莎拉‧伯恩哈特繼續環遊世界，一些觀眾又為她瘋迷了七年。愛爾西‧麥克密克在《讀者文摘》的一篇文章裡說：「當我們不再反抗那些殘酷的現實之後，我們就能節省下精力，創造出一個更豐富的生活。」沒有人有足夠的情感和精力，既抗拒殘酷的現實，又創造出新的生活。你只能在這兩個中間選擇一個。你可以在生活中那些不可避免的暴風雨中彎下身體，或者你可以因抗拒它們而被摧折。在這個充滿憂慮的世界，更需要這句話：「對必然之事，要輕快地去承受。」

壓力適度，進取有道

每個人都有進取心，這個名詞有時就是社會學家和的心理學家口中的「目標」。普通的進取心不外乎身體健康、富有、有房子、成家、成功、眾多真心朋友、獲得權力以及影響力、有藝術上的成就。很明顯，不同的人對這些目標有不同的排列順序。通常社會地位與受人尊重是常見的大多數人的目標。

為了對付並防止因無法承受壓力所產生的疾病，必須了解造成這種壓力的原因。然而若想將人類所可能碰到的各種壓力以及緊張列出完整的清單來是不可能的。社會上的人們長時期一直處在一種快樂或不快樂的情景中，有些是刻意尋求的，有些則是無意發現一些事物都會造成程度不同的緊張而形成生活的壓力。外界環境的變化和個人內在精神與情緒的變化也能造成痛苦。日常生活中一些普通的事故如停電也能產生緊張。從我們開始求學或離開家庭生活後就不斷有不同的危機在發展，例如受到嚴重疾病的威脅，冒險投入期貨市場和倉促進入婚姻家庭等。

有許多緊張來自家庭。結婚、分居或離婚都會給人們造成壓力。面對親人或朋友的分離和死亡也是一種緊張。受傷、疾病、懷孕，與親友爭吵和搬家等各種事件均會使人感覺緊張。在工作上，職務的調升，工作內容轉變，被解僱或被迫提前退休也能產生不同程度的壓力。訴訟案件、加班、大學畢業或處理破產事宜也是造成緊張的原因。對未來的不確定性是形成痛苦困擾的主因之一。等待考試成績的公布或法院的判決均讓人們受苦。懷疑和不確定也是無形的殺手。

毫無疑問，緊張焦慮對個人影響的程度受許多因素來決定。年齡、健康狀況及聰明才智雖然是重要因素；但社會地位、過去經驗及價值觀也是相關因素。例如年老衰弱的人較難應付問題，越出名的人當遇到無法避免的壓力時會比別人更感到痛苦。潛在的壓力根源對人體所造成影響的程度也決定於此人的處世態度。國外有一個影星只有在打高爾夫球時才會顯露

緊張，他總是很嚴肅認真地面對這一件原本應輕鬆的事情，而不幸的是因心臟病突然發作死於西班牙的一個高爾夫球場。

對許多員工而言，進取心是一種很重要的推動力量。若是人無法達成進取的目標（即使只是小小的失敗）就能造成傷害。失敗與進取心往往是緊密結合的。父母期望很高的子女如果工作幾年只是得到一個不太重要的管理性職務的升遷，可能就會認為他已經失敗；而另一個並未受到很好教育或保護的年輕人，卻可能只要有升遷就認為自己很成功了。若要降低因進取心所產生的不良影響，可以用平常心來緩和或不要太認真地非要達到目標不可。如果你很嚴肅認真地面對工作，就不要將目標訂得太高。

我們每個人都有機會使別人的工作更為愉快，並協助減輕別人的工作壓力。例如，若商店店員已經以最快速度在為顧客服務時，有位客人仍然在等待並急於要店員為他服務，就會造成店員很大的壓力。父母困擾學校老師或病人在候診室內外不耐煩地等待都會讓別人必須面對且適應這些困難。若別人在提供我們好的服務時立刻給予讚美，不但能讓受者感覺很好，也會使我們覺得開心。一位汽車維修廠的老闆為客人提供老式的熱忱服務，他會清洗擋風玻璃，為車胎打氣等，顧客就很喜歡光顧。每當他做完工作後你對他表示誇獎和感謝，他一定會滿足地喃喃自語，而你也會滿心歡喜地離開。

讓壓力變得輕鬆些，讓緊張的情緒和緩些，無論於人於己，都大有好處，何樂而不為呢？

別讓你的精神空虛了

現實中，有些人無所事事，不知所措，精神空虛，日子無聊極了。精神空虛也是一種危害極大的病態思想。精神空虛所導致的「生命意義缺乏症」，對個人、家庭及社會的危害不容小覷。君不見在現實生活中，許多人精明能幹，下海經商，開公司辦企業，成了家財萬貫的有錢人，人人羨慕。然而，他們在賺了錢成了名之後，有些人只沉溺於燈紅酒綠之中，醉

生夢死；有些人被「白色幽靈」所俘虜染上了毒癮。最終落個身敗名裂的可悲下場呢！

隨著社會進步，我們已步入一個價值多元化的時代，也是最易讓人們感受生存挫折的時代。在物質文明高速發展的今天，精神文明的發展有時卻顯得有點兒蒼白無力，致使不少人特別是中老年人感到精神空虛，活著無意義，陷入這種沼澤而無法自拔。這種生活意義的迷失和價值觀上的混亂，便會使人感到生存受到挫折，覺得活著沒意思，心靈空虛苦悶，這便是「生命意義缺乏症」，心理治療學上稱為「精神神經症」。它與傳統心因性神經症的區別在於，其病因不是情緒方面，而是精神方面出了偏差，人性方面出了問題。

人是地球上唯一追求意義的生物，追求人生的意義是人的本性。紅塵中的芸芸眾生，為追求美好的物質生活，而東奔西走去奮鬥，以求過得快樂幸福，實現自我價值。但有不少人擁有常人無法比擬的物質享受，卻不覺得有什麼幸福，也感不到它有什麼價值。於是便去尋找其他東西，想來彌補空虛的心靈。比如賭博和吸毒，不少人去吸毒，讓毒品來麻醉自己，過那種「飄飄欲仙」的虛幻生活，明知會毀了自己也不在乎。經歷了人生坎坷，過了大半輩子的中老年人，之所以產生迷失自我的現象，也是功利主義價值觀在作怪。他們面對人生的秋天，尤其是患有不同疾病的老人，容易產生悲秋的心理，精神上被空虛和死亡的恐懼所困擾，認為「人生一世，草木一秋」，成也好敗也罷，誰都難免去火葬場化為一縷青煙。

為此，有必要對患「生命意義缺乏症」者進行心理剖析。關於生命的意義，見仁見智，人對它的渴求是極為強烈和迫切的。可以說，任何不考慮人生意義的生活，都不能是真正的生活，只有追求人生的意義，生命之光才會得到昇華。在人的社會實踐中，執著的追求，不懈的努力，遲早都會有所創造、有所收穫。就像我們去登山看日出一樣，攀登就是意義，就是追求，因為心中憧憬著擁抱太陽的希望。豐子愷在《辭緣緣堂》一文中說得好：「只有希望中的幸福，才是最純粹、最徹底、最完全的幸福。」德國哲學家康得曾說過：「人們要想幸福，但人們想要值得的幸福。」

為什麼有些人特別是中老年人會迷失自我，患上生命意義缺乏症呢？從客觀上說，他們面對身體的逐漸衰老，開始考慮死亡這一問題，尤其是垂暮的病人，容易產生恐懼和空虛，一切希望隨著死亡而灰飛煙滅，便認為人生是一場空，最終是無意義的。因此，對待心靈空虛必須給予心理上的治療。

「物壯不老，是謂不道。」人就是此物中的一種，逃不了生老病死的自然規律，那麼是不是說死亡能銷毀人生的一切意義呢？不是的。人雖然最終的命運都是死亡，但死的意義有所不同，有鴻毛泰山之別。關鍵是對待死亡和生命的態度，生命意義缺乏症者應該清醒地認識到這一點。

「功名利祿，逐世轉移」，莫陷入功利主義價值觀的泥潭。「高風亮節，千載長存」，以正確的態度對待人生，認識到人生並不空虛，應肩負起自己的責任。我們還應看到「人事有代謝，往來成古今」，生命的有限性是人類生命的實質特點，也是生命意義真正的組成要素，正因為人生是有限的，才使我們有一種緊迫感、使命感，為實現人生的目標去工作、去奮鬥，珍惜光陰也就是珍惜生命。

明白了這個道理，就應建立起科學的世界觀、人生觀和價值觀，保持淡泊寧靜的心態，坦蕩豁達地去生活，讓自己能夠瀟灑走一回。

要學會戰勝自卑

怎樣才能從自卑的束縛下解脫出來呢？

- **全面了解自己，正確評價自己**：你不妨將自己的興趣、嗜好、能力和特長全部列出來，哪怕是很細微的東西也不要忽略。你會發現你有很多優點，並且對自己的弱項和遭到失敗的地方持理智和客觀的態度，既不自欺欺人，又不將其看得過於嚴重，而是以積極的態度應對現實，這樣自卑便失去了溫床。

- **轉移注意力**：不希望老關注自己的弱項和失敗，而應將注意力和精力轉移到自己最感興趣，也最擅長的事情上去，從中獲得的樂趣與成就感將強化你的自信，驅散自卑的陰影，從而緩解你的心理壓力和緊張。

- **對自己的自卑進行心理分析**：這種方法可在心理醫生的幫助下進行。具體作法是透過自由聯想和對早期經歷的回憶，分析找出導致自卑心態的深層原因。並讓自己明白自卑情結是因為某些早期經歷而形成的，它深入到了潛意識，一直影響著自己的心態。實際上現在的自卑感是建立在虛幻的基礎上的，是沒有必要的。這樣就可以從根本上瓦解自卑情結。

- **用行動證明自己的能力與價值**：其實，看一個人有沒有價值，根本用不著進行什麼深奧的思考，也用不著問別人，有人需要你，你就有價值，你能做事，你就有價值。因此，你可以先選擇一件自己最有把握也有意義的事情去做，做成之後，再去找一個目標。這樣，每一次成功都將強化你的自信心，弱化你的自卑感，一連串的成功則會使你的自信心趨於鞏固。

- **從另一個方面彌補自己的弱點**：每個人都有多方面的才能，社會的需要和分工更是萬象紛呈。只要有了積極心態，把自己的某種缺陷轉化為自強不息的推動力量，也許你的缺陷不但不會成為你的障礙，反而會成為你成功的條件。因為它促使你更加專心地關注自己選擇的發展方向，促成你獲得超出常人的發展，最終成為超越缺陷的卓越人士。

- **從成功的回憶中建立成功的自我形象**：當你懷疑自己的能力並為自卑感所困擾的時候，你不妨從過去的成功經歷中吸取氧分，來滋潤你的信心。不要沉溺於對失敗經歷的回憶，把失敗的意象從你腦海中趕出去，因為那是不友好的來訪者。失敗是偶然存在的消極面，是心智不集中時發生的小插曲。應該多強調自己成功的一面，貫穿起來構成一個成功者形象。它強烈地向你暗示，你是具有決策力和行動力的，你能導演成功的人生。

・**看看自己最滿意的照片**：一個人看到具有紀念價值的物品時，往往會產生無限的聯想。比如，當你看到獎狀、獎盃時，便會回憶起從前獲得勝利時的一幕幕情景；而照片則更能喚起往事的回憶，將一個生動的自我形象清晰地刻在自己的腦海裡。消極自卑的人不妨隨身帶著自己最得意的照片，當情緒低落時，它能有效地調節你的心情，照片上那張生動的臉，飛揚的神采和洋溢的喜悅對你來說，無異於一種振奮劑。它能明確地提醒你，你能以一種光彩照人的形象出現。

改變心態才有美好未來

當你無法改變環境時，首先就要改變自己。改變你的心態，豎立新的想法。只要改變了自己的想法就能改變自己的生活，就有一個美好的未來。曾有位文學家這樣說過：「大多數人想改造這個世界，但卻極少有人想改造自己。」人是社會的一員，是人類社會中的一個要素。人與社會的關係決定於人所處的狀態。人的狀態不同帶來的效果也不同，狀態主要表現為生活狀態、心理狀態和行為狀態。

當你調整狀態、改變自己時，你與世界的交換必然產生變化，你與世界的關係就變了，你在社會生活中的位置也就變了。同時，世界也必然要做出反應以適應你的改變。世界就這樣被改變了。

蕭鋒原在行銷部當經理。一天他突然接到人事處的命令，要調他到產品供應部。在公司裡供應部的地位遠不如行銷部，這樣一調等於貶了職，前途必然大受影響。

蕭鋒從前從事銷售工作，整天往外跑，這很符合他的個性。如今要他整天坐在辦公室，跟那些器材報表相處，實在讓他受不了。剛開始，他一直悶悶不樂，心灰意冷。他開始想到一個問題：「為什麼以前我對自己信心十足，當上了供應科長卻情況大變了呢？」他領悟到一個事實：「這是因為我對自己的期待值無形中降低了，我失去了激勵自我的動力。」

於是，蕭鋒開始把全部精力投入到新工作中，慢慢地他發覺供應科也大有用武之地，而且，對整個公司而言功不可沒，只是平時大家把它忽略了而已。蕭鋒重新找到了工作的信心，一改以往消極拖遢的作風，變得充滿了鬥志，工作如魚得水。他的積極態度漸漸影響到了部屬，也帶動了他們。由於出色的工作成績，他兩次獲得總公司頒發的特別獎金。不久蕭鋒收到了一張人事命令：「調到總公司，晉升營業部經理。」

蕭鋒事業上的轉變就是因為他心態的改變。

適者生存，不適者則被淘汰，這是社會規律。世上的事物時時刻刻都在發生著改變，如果你跟不上社會的步伐，你會被社會拋得越來越遠。面對這樣的狀況，只有改變才是出路。

許多時候擔心是多餘的，欣然地面對現實，勇敢地接受挑戰，就會塑造一個全新的自己。

人生是由一連串的改變所形成的，當你的環境、教育、經驗、吸收的資訊等發生變化時，由內而外的各個生理與心理的關卡多多少少都會產生不同程度的變化。

改變就是機會，只要你及時處理就會有好的機會與開始。而且。唯有良好的自我改變才是改變事情、改造狀況乃至改變環境的基礎。

改變自己要學會接受新事物，因為每個人都有著無限的潛能等待開發，只可惜我們往往限制著自己的思想。科技進步的速度快得驚人，也引導著社會各方面的進步。如果你仍一味地沿用舊的思想、舊的做法去行動可能會被社會淘汰。所以頭腦要放靈活些，很多不該再堅持的觀念，何苦抓住不放呢？接受新思想，摒棄不適當的舊觀念，會是你改造自己，成為擴大格局的好起點。

成事在人，你是受你的思想操縱的，因此與時俱進在思想與自我改造上更為重要，美好的與適當的才值得我們去選擇與堅持。

以下是做事的經驗之談你可借鑑：

- 不要因為以前你的或別人的不愉快經歷而對每個人都存有敵意，要根據面臨的新情況做出具體判斷。
- 結交朋友，建立社交圈，尋求別人的指導。
- 放下架子，充滿自信地參與社交活動，接受人們對你表示友好的提議。
- 強調積極正面的東西，勇於冒險，勇於決策。
- 善於接受各種挑戰，不怕付出犧牲。
- 要有遠見並積極展開行動，實施計畫，把目標變成現實。

別為過去而憂愁，別為小事而煩悶

情緒是人的思想與行為的伴生物，事情做得順利，情緒就好。看天，天是藍的；看花，花是好的；看人，人是精神的。事情還沒做完甚至於還沒開始著手做，障礙一個接著一個，頭腦轉不過彎兒，情緒上就受波動了，看什麼，什麼不順眼，儘管它們和你高興時所看到的一模一樣。

如果情緒僅僅是思想與行為的終極或「排泄物」—— 如果事情做砸了，痛苦一場那也罷了。糟糕的是，情緒往往會改變你原來的觀念，並自然而然地對你以後要做的事產生影響。情緒不是思想和行為的終極「排泄物」，它是思想和行為中的一個過程，是一個重要環節。

其實，壞情緒不僅僅是暴怒、頹喪，它還包括憂慮。對所做的事過於患得患失，情感過於低沉，瞻前顧後，都會在你邁向成功的道路上設置障礙。戴爾·卡內基（Dale Carnegie）告誡我們：我們生活在世界上的光陰只有短短幾十年，但我們卻浪費了很多時間，為一些早就應該忘的小事發愁，為無法改變的事情憂慮。時間一天天過去，這是多麼可怕的損失。我們通常能很勇敢地面對生活中那些大的危機，可是卻會被芝麻小事搞得垂頭喪氣。

這裡有皮魯克斯常說的一句名言：「悲觀的人即使在晴天，也同生活在陰天裡。這是因為心理和性格上都烙上了『想』字。」換個角度看，樂觀是一個人獲得美好生活的源泉。在這個世界上，唯有一種心情，能讓我們感覺到一切都是美好的，那就是保持樂觀的性格。那麼，怎樣才能用樂觀「瓦解」悲觀呢？人的心態是隨時隨地可以轉化的。一個人心裡想的是快樂的事，他就會變得快樂；心裡想的是傷心的事，心情就會變得灰暗。因而，快樂與否，完全在你 —— 你可以選擇一種心態生活。

積極的人是樂觀的人。生命太短暫了，我們不能為小事羈絆住前進的腳步。懂得「生活技術」的人不一定就是懂「生活藝術」的人！

美國芝加哥的約瑟夫·沙巴士法官說：「婚姻生活之所以不美滿，最基本的原因通常都是一些小事情。」而紐約的地方檢察官法蘭克·荷根也說：「我們的刑事案件裡，有一半以上是緣於一些很小的事情：在酒吧中逞英雄，為一些小事情而爭吵不休，講話侮辱了別人，措辭不當，行為粗魯 —— 就是這些小事情，結果引起了傷害和謀殺的惡性事件。」

小事情也會成為你生命的謀殺者！

我們不都像森林中的那些身經百戰的大樹嗎？我們經歷過生命中無數狂風暴雨和閃電的打擊，但都撐過來了。可是卻會讓我們的心被憂慮的小螞蟻 —— 那些用食指就可以撚死的小螞蟻吞噬。

面對我們的生活，也許你有點疲憊不堪，但這種不幸的境況，又何嘗不是你每天累積憂慮的結果？

也許，你確有難言的痛苦和憂慮，以致使你對日後的人生失去興趣；但是，你卻可以用另外一把鑰匙去打開快樂之門 —— 從而去改變你憂愁不堪的形象。

如果我們把憂慮的時間，特別是用在一些小事上的時間放在更重要的工作、學習、愛人等事情上，那麼憂慮就會在忙碌的光芒下消失。

人必須隨時隨地保持積極的心態，人的心態是隨時隨地可以轉化的。一個人心裡想的是快樂的事，他就可以擁有快樂。生活要過得簡單而不貧

乏，有情趣而不孤異，這需要懂得生活的技術。懂得「生活技術」的人，不一定就是懂「生活藝術」的人！所謂「生活技術」，也就是「職業技術」——你有「謀生」的本能嗎？假使你回答說「有！」那麼，你的「謀生本能」就是「生活技術」，因為沒有這種「技術」，你便不能「生活」！

一個有智慧的人，他到了 40 歲中年以後，生活就過得非常「簡單化」、「模式化」了！所謂「簡單化」，並不是說「簡單地生活」，而是說：對於一切事情，能夠處置得法，不隨便浪費精力，所使用的精力，皆能獲得工作上的效果，不使一分能力浪費到沒用的地方。

美國芝加哥的約瑟夫·沙巴士法官，他曾審理過 4 萬件婚姻衝突的案子，並使 2,000 對夫婦重新和好。他說：「大部分的夫婦不和，根本是起於許多瑣碎的事情。諸如，當丈夫離家上班的時候，太太向他揮手再見，可能就會使許多夫婦免於離婚。」羅勃特·白朗寧（Robert Browning）和伊莉莎白·巴雷特·白朗寧（Elizabeth Barrett Browning）的婚姻，可能是有史以來最美妙的了。他永遠不會忙得忘記在一些小地方讚美妻子和照顧她，以保持愛的新鮮。他如此體貼地照顧他的殘疾的妻子，結果有一次她在給姐妹們的信中這樣寫道：「現在我竟然開始覺得我或許真的是一位天使。」

年齡很大了的老人，也應節省精力的浪費，讓自己沉浸在自己更熟知的領域中。這並沒有什麼高深的哲理，因為目的雜亂以後，足以擾亂「能力」而使我們的「努力」成為「徒勞」，這種結果必然讓你無法快樂！不過，有的欲望和興趣，是需要我們有耐心去追求，然後方可滿足你快樂的需求！

當然，僅僅生活簡單化還不夠，應該趁著年輕的時候，好好地學習一些技藝！一個人到了 50 歲以後，能力就將逐步衰退，學習進步的速度，就不得不減慢了！所以，50 歲以後的人，要想學習什麼新的技藝，那是比較困難的！

　　簡單的生活瑣事，可能會給你帶來不同的結果，就看你運用怎樣的心境來處理了。

　　我給您的建議是：別為過去而憂愁，別為小事而煩悶。

第五章　積極進取，心熱似火

積極看待一切

　　讓樂觀和自信占據你的頭腦，從好的一面、充滿希望、正向看待一切事物的習慣，而不是從負面的角度看待事物的習慣；相信事物會朝著最好的方向發展的思考模式；相信正義將取得最終的勝利，相信真理最終將戰勝謬誤；相信和諧和健康是真實存在，而混亂和疾病不過是短暫的現象，就是樂觀主義者的態度，這種態度最終將改造世界。

　　樂觀主義是建設性的力量。樂觀主義之於個人猶如陽光之於植物。樂觀主義便是心中的陽光，這種心靈中的陽光構築了生命的美麗，促進了它範圍所及的一切事情的發展。我們的心理能力在這種心靈陽光的照射下茁壯成長，正如花草樹木在太陽光的照射下茁壯成長一樣。 悲觀主義是消極的，它是破壞活力和束縛個人發展的黑暗地牢。那些總是只看到事物陰沉黑暗面的人，那些總是預測自己可能不利和失敗的人，那些只看到生命中醜惡骯髒和令人不快一面的人，將受到致命的懲罰。他們會使自己一步一步接近他們所擔心的那些東西。

　　沒有任何東西能吸引和它完全不同的東西。每樣東西都展現出自己的特質，並吸引和它相類似的東西。如果一個人想獲得幸福和財富，那他必須擁有健康的思想，他必須擁有富足的思想，他絕對不能畫地為牢，作繭自縛，而陷於恐懼、擔心貧困的人通常會陷入貧困的境地。

　　讓心理成為你自己的僕人，因為你自己對它有什麼希望和要求，它就會滿足你的希望和要求。如果你信任它，依靠它，它就會給予最好的回報。如果你擔憂、恐懼，它也會擔憂和恐懼。

　　消極被動的人總是等待事情的發生。他們覺得某些事情無論如何也會發生。他們彷彿對此無能為力，不可能改變這種局面。

　　一定要保持這種信念 —— 有朝一日就會做成現在看來不可能做成的事。必須堅定地持有這種心態，將來能完成它，無論如何艱難險阻，只要堅持自己的信念，使心靈保持創造力，使心靈成為一個能吸引自己所渴望

的事物的磁場。那麼，自己的信念、理想就一定能夠實現。　從未看到哪個充滿自信、肯定自我能力，並朝著自己的目標全力以赴、勇往直前的人竟然無法取得成功。雄心和抱負先是鼓舞人心，然後才被實現。

　　一定要使自己保持一種積極向上、奮發有為的心態。任何時候都不能讓自己懷疑自己最終能否在事業方面取得成功。

　　這些懷疑是極其可怕的，會毀滅人的創造力，消磨人的雄心。你一定要不斷地對自己說：「我必定會擁有我所期盼的，這是我的權利，我將來肯定會擁有我所期盼的一切。」

　　如果你的頭腦中始終堅持這種思想，即你生來就是要取得成功，就是要擁有健康和幸福，你生來就是有用之人，除了你自己，世界上沒有任何東西能阻止你得到這一切，那麼，這種思想將會產生一種累積的、漸增的效果。

　　一定要養成一種堅信自己最終將會獲勝、將會取得成功良好習慣，一定要堅定地建立這種信念，這樣，你很快就會驚地發現：你極其渴望、期盼和你努力為之奮鬥的目標是完全能夠實現的。

　　任何事情都不會無緣無故地光臨到自己頭上，決定事業成敗的關鍵在於思想。是心態創造了成功或失敗的條件。人們工作的效果往往是與自己思想的性質，與慣常的心態相一致的。為了有所成就，必須持有一種積極的、富有創造性的思想。混亂、恐懼、沮喪和絕望的心態會迅速使人變得消極，並會給自己製造許多心理和思想上的敵人，而這些思想上的敵人是阻礙人們走向成功和幸福的巨大障礙。

　　如果你想獲得快樂，你就不能老想著那些苦惱煩心的事。如果你想獲得財富，你就不應繼續考慮和擔心貧窮。你不能使自己與你恐懼的事情產生任何的連繫。你所擔心的那些事情是你前進道路上的致命敵人。與它們隔絕開來，將它們驅逐出你心靈的王國，努力忘掉它們。盡可能堅定地想那些相反的思想這樣，你將會驚異地發現，你會多麼迅速地獲得你所期盼、所渴望的東西啊！

學會從積極的角度看問題

問題的好與壞，以及如何處理，通常因角度不同，不同的人會有不同的想法。

看問題的時候，凡是能站在一個積極的角度上的人，心中自然少有自卑感。如果一位女士長得胖些，積極的心態應該是這樣的 —— 她會想：這是我強壯、生活富足的表現，我不是弱者。自卑的人則會想，這是件痛苦的事情，認為自己的身體太難看了，顯然，第二種心態只會令你更加不自信，從而自卑了。

商界中的人，也許會因自己的企業規模很小而有不同想法：如果你充滿信心，你會覺得這正好是一個發展的機會，正好是你磨練自己、挑戰自我的時候；自卑者則會認為自己這輩子沒什麼大前途了，肯定競爭不過那些大企業。於是會自滿於小小的成績而永遠也發展不大了。

其實，只要你敢想，一切都是美好、樂觀的。必要的時候，不妨來點精神勝利法來鼓勵自己。你可以對自己說：以後機會很多，不能因為這次的小小失敗而不相信自己。

許多時候，你也許會受到悲觀主義者的影響，但你必須加以避免。你不妨把注意力轉移到自己最感興趣的事情上，想想那些令你感到愉快的事，回憶你過去的成功之處，然後你可以對自己說：「我原來也是很優秀的，現在做不好肯定有別的原因。」於是你會在尋找解決方案中逐漸地相信自己了。當你的心理壓力減輕之後，你就會對那種消沉的想法感到不值得了。不知不覺地，它們都會離你而去。

萬一事情的發展不如你所設想的那麼順利時，你也沒有必要大驚小怪。人不可能事事如意，「一帆風順」只是一種理想狀態，不符合現實生活。

有一句詩說得好：「如果生活拋棄了你，請不要悲傷和哭泣。」這種時候，你不妨做最壞的打算。心理學家認為，這是一種很好的自我保護心理

機制。你可以設想一下：最壞的結局將會是什麼樣；你是否有勇氣面對那種結局；那樣的結局將對你有什麼樣的影響。如果連最壞的結局你都能坦然接受，那麼眼下的困難又算得了什麼呢？如果你無法接受，你可以想：「反正事情已經不可避免了，我何不放手一搏呢？」這時候你反而沒有壓力了，當你大膽採取行動時，也許奇蹟就出現了。

現實中常常有這樣的情況：當你顧慮重重的時候，往往辦不好事情；恰恰是在相反的情況下，你有一股「豁出去」的決心，大膽突破自我，想原來之不敢想的，做原來之不敢做的，你反而有了成功的希望。

在遭遇挫折時設想最壞的情況，這可以使每一個消極因素或束縛都得到積極的利用。你如果自覺地設想最壞的情況，它將有助於你辨別自己可能遇到的障礙，或者可能出現的問題；同時，你會全面地考慮該如何應付這種與你期望不符的情況。

總之，最壞的情形一旦進入你的腦海中，便會刺激你的思考，去尋找最佳的解決方案。「怎樣才能避免它的發生呢？」這一思路會引導你一步一步找到正確答案。

一個人所想的應該超過他所做的，否則頭腦還有什麼用呢？

以積極的心態看待失敗和成功

如果你想摘到玫瑰，你就要不怕刺。如果你渴望成功，就不要懼怕失敗。很多人在自己的職位上盡心盡力，勤勤懇懇，然而一輩子無聲無息，寂寥而終。原因在於缺乏勇氣，根本而言，缺乏承受失敗的能力。他們一方面用保守而堅硬的外殼來保持自己本質的脆弱，一方面又嫉妒那些成功成名的創業者，或對正在碰壁的冒險者冷嘲熱諷。這種矛盾的心理使他們感到無所適從，產生了盲目與自卑感。

著名的企業家傑克‧本頓曾這樣說：「苦難是一筆巨大的財富。我從苦難中獲得的東西，都是我贏得成功必要的投資。」苦難塑造了強者健康

有力的品格，豐富了他們的鬥爭經驗，鍛鍊了他們非凡的才能，而這些都是獲取成功必不可少的因素。所以人們常說：「苦難是成功之母！」

你讀過《時間簡史》這本書嗎？如果你讀過，那你必定不會陌生霍金這個名字。這位已經走過 60 多年生命之路的、被譽為繼愛因斯坦之後最傑出的科學家，是一個雙手只有 3 個手指能夠活動、既不能直立行走又不能說話的高度身心障礙者。

在牛津大學上學時，霍金經常無故地摔倒，從牛津畢業，考上劍橋大學讀博士後，霍金的病情開始加劇。在醫院裡，醫生除了告訴他得的是一種極其特殊的運動神經細胞病之外，什麼也沒說。霍金從醫生的眼神中得知自己患了一種不治之症，也就不再追根究柢。

疾病使霍金更加專注，在學業上勤奮鑽研。西元 1965 年，年僅 23 歲的他進入劍橋大學任研究員。西元 1969 年成為該學院傑出的科學家。

西元 1985 年，霍金不幸染上肺炎。手術後，他完全喪失了說話能力，他依靠電腦專家為他特製的電腦語音合成器，寫出了兩部書和一批科學論文，其中包括西元 1988 年出版的暢銷書《時間簡史》。

見過霍金的人是這樣描寫他的：「乾瘦抽搐的霍金無力地蜷曲在輪椅上，頭向右歪著靠在椅背上，一張無法合攏的嘴似乎永遠在天真地微笑，口水從右邊的嘴角流到光潔的下巴上」；但「透過厚厚的近視鏡片，霍金的眼睛是那麼深邃，令人不由得想起他研究的黑洞、宇宙的起源等深奧的問題」。

霍金也從來不忌諱談自己的疾病。當別人問他怎麼看待運動神經細胞病時，他總是回答：「我根本不去想它。盡可能地去過一種正常人的生活，不去想自己的疾病，也不抱怨這種疾病讓我無法去做一些事。」霍金甚至拿自己的疾病開玩笑：「我每天上床睡覺的時候開始想黑洞的問題。由於殘疾，我的一個簡單上床動作要花費很多時間，這給了我充分的時間來想問題。」

霍金是英國劍橋大學應用數學和物理系的榮譽教授，這是偉大的科學家牛頓曾經擔任過的職位。當霍金幾次進行演講時，他的奇蹟也總是感染和鼓舞了許多人。今天，霍金仍然在他人生之路上矢志不渝地奮鬥著。霍金真是這個時代的奇蹟。

美國實業家霍華特・詹森在回憶錄中說：「我們感謝上帝！他賜予我們幸運的同時，也用噩運考驗我們的意志。因為意志懦弱的人是不配獲得真正的幸福的。」沒有永遠順風的帆船。假若你把一切寄託於好運氣上面，你就會成為殘酷命運下的犧牲品。

有的人在噩運和不幸面前，不屈服，不後退，不動搖，頑強地同命運抗爭，因而在重重困難中開闢一條通向勝利的路，成了征服困難的英雄和掌握自己命運的主人。在生活中的不幸面前，有沒有堅強剛毅的性格，在某種意義上說，也是區別偉人與庸人的標幟之一。

把熱情投入到工作中去

關於工作與熱情的關係，許多名人都有論述：湯瑪斯・卡萊爾（Thomas Carlyle）說：「如果人生沒有理想，沒有責任，生命就毫無意義。無論你身在何處，是貧窮還是富有，你必須建立自己的理想，把理想轉變為現實。努力工作，全身心投入到生活的巨流中。」拿破崙・希爾說「一個人無論從事哪種職業，都應該盡心盡責，應該盡自己的最大努力，求得不斷的進步。這是人生的原則。換句話講，盡善盡美是我們孜孜以求的目標。」

格萊斯頓說：「在岩石上刻一句話，比在流沙上寫一千句話深刻得多。」

知道怎樣做好一件事，比對很多事情只懂得一點皮毛要強得多。上帝並不要求你同時成為醫生、律師、鋼琴家、木匠、速記員。取得最高成就的人，是那些在某一特定領域裡勤奮努力、堅持不懈的人。

美國總統威廉・麥金利（William McKinley）在德克薩斯州一所學校演講時，對學習勤奮的學生說：「你們要知道，做好一件事情比泛泛而做很多事情更重要；只要你做得比其他人好，你就不會失業。」

一個成功人士曾這樣說過：「50 年前，我步入社會謀生。起初，我在一家五金店裡找到一份工作，做些零活，每月掙 75 美元。3 個月之後，有一位顧客前來買一大批貨物。這位顧客明天要結婚，要買的這些東西就算是嫁妝。這些嫁妝中有鏟子、鉗子、馬鞍、盤子、水桶、籮筐等等。這些東西裝在獨輪推車上，滿滿一車。那天我看有那麼多貨物，便主動提出送貨上門。一路上，騾子拉著車，很艱難地走。當時，我為有機會運送這批貨物而感到自豪。道路泥濘，車子艱難前行。路越來越難走，後來，車輪子陷進了一個不深不淺的泥潭裡，怎麼用力也推不動了。一位心地善良的愛爾蘭人坐著運貨馬車路過這裡，他用自己的馬車拖動我們這輛車，並承擔運載部分貨物，一直送到客人的家。當我向顧客遞交貨物時，我仔細清點貨物的數目，確保沒有遺漏。然後，我才推著空車艱難地返回。我為自己的成功而感到高興。為了感謝那位愛爾蘭人，我付了他一點小費。回來後，老闆卻沒有由於我付了這筆錢而給我點額外的補償。第二天，一位商人把我叫去，對我說，他發現我工作很賣力，他特別注意到我卸貨時清點物品數目的細心和專注。由於我在困難面前表現出來的樂觀精神，由於我細心周到的工作態度，他願意為我提供一個薪水為 500 美元的祕書職位。我原先的老闆同意放我走了，於是，我就接受了這份工作。」

自這位送貨員的身上你看出了什麼？對工作的熱心，一種主動自覺的工作作風，正是這種熱心和責任感推動著他努力工作，盡職盡責，毫無怨言，把工作做細做好，讓顧客滿意。誰都欣賞這種熱心工作的人。一個有良好口碑的人，總會遇到更好的機會的。

你也許覺得自己很有能力，但是，那些能力不及你的人的職位比你更好，你很不服氣，是不是這樣？你抱怨了，其實，你身上沒有那位送貨人的熱心，也沒有那種對工作細心的工作態度，既然如此，你何必感嘆自己呢？你現在要做的，就是從自己的身上找原因，問問自己：我工作熱心了

嗎？我也如那位送貨人一樣細心對待自己的工作了嗎？在工作的每一個細節上，我下功夫了嗎？如果你的答案能讓自己滿意，那麼，別人也會滿意的。你要知道，只要你做得比別人好，你就會有晉升或者加薪的機會。

如果你正在某一領域努力工作，不管多麼細小的問題你都注意了，那麼，就證明你是個很有熱心的人，是個盡職盡責的人。請你記住這句話：無論從事何種職業，你必須熱情工作，全神貫注，精益求精。

成功需要進取心態

企業在市場上的競爭從表面上看，是品牌、產品、價格、服務的競爭，實質上卻是企業所有員工的品質和心態的競爭；職場上的競爭表面上看是能力、職位、業績、關係的競爭，實質上卻是員工職業心態和人生態度的競爭。

很多的現代管理者越來越重視人才的心態素養。某跨國公司人力資源部總監介紹：「許多人都很有能力，但並不是所有有能力的人都能進入我們公司。因為，除了能力，我們更看重一個人的『工作態度』如何，是不是擁有積極的心態，遇事能否主動想辦法解決，而不是總說一些沒用的話，動不動就這也不行那也要講條件。這種人不適合我們公司！」

某公司的一位員工雖然已經工作了近十年，但他總是抱著「我只是被雇來的，做多做少一個樣」的心態來工作，工作上也從來沒有什麼出色的業績，因此，10 年來他的薪水從不見漲。

這一天，他終於忍不住向老闆大訴苦水。老闆對他說：「你雖然在公司待了近 10 年，但你的工作經驗卻和只工作了 1 年的員工差不多，能力也只是新手的水準。」

這名員工在他最寶貴的 10 年青春中，除了僅僅得到 10 年的薪水外，其他卻一無所獲，這是一件多麼遺憾的事情！由此看出，有一個良好的心態對於我們的工作甚至職業前景是多麼的重要。

美國成功學院對 1,000 名世界知名成功人士的研究結果表明，積極的心態決定了成功的 85%！對比一下身邊的人和事，我們不難發現，有的員工是先進、是模範，並且取得了出色的工作業績；有的員工儘管有過多年的工作經歷，卻連自己的本職工作都難以勝任。他們真正的區別，其實就在於對工作態度的認識不同，在於誰更積極、更努力、更認真負責，在於誰對待工作是盡心盡力、積極進取，誰對待工作是敷衍了事、安於現狀，而不僅僅是聰明才智、業務技能或工作能力上產生的差距。

激發自己走向新人生

1. 專注做事

托馬斯・登普西（Thomas Dempsey）曾這樣說過：「其實，有些事情我們會做得更好，只是我們不知道怎樣做才能做得更好。因為對很多人來說，他們不知道怎樣做才可以做到專注；只有專注，才能做得更好。」

托馬斯・登普西天生是個四肢殘缺的人，他生下來只有半隻左腳和一隻畸形的右手。托馬斯・登普西從小就接受鍛鍊，像對一個四肢健全的人那樣鍛鍊他自己的生存能力，沒有人百般庇護他。所以，男孩子能做到的事，托馬斯・登普西也能做到，童子軍團行軍 10 公里，托馬斯・登普西也同樣堅持走完 10 公里。

後來，托馬斯・登普西發現，打橄欖球時他能比其他一起玩的男孩子踢得更遠。他找設計師特地設計了一隻鞋子，參加了踢球測驗，果真踢出了很好的成績，從此以後，他的目標便是成為一個職業球手。

2. 不安於現狀

人類的願望，始於不滿足。不滿足是表示你需要更好的東西。你要注意這種標記，因為它可以催促你向著好的方面發展。

不要怨天尤人，把自己的不幸歸咎於別人或外界的環境，以發洩自己心裡的憤懣與不滿。你應該讓不滿激勵自己，開拓一條廣闊的人生成功道路。

不可做一個空泛的夢想者。要曉得如何闊步前進，從你現在的位置，向著你想要達到的終點目標前進。你要認清你自己，你將來想做什麼，要看看你現在是什麼人。目標要能刺激你把現在的工作做好。要把眼前的問題解決好，才能夠向著終極目標前進。把目標當作你的一個嚮導，解決你進行時的種種問題。一種事業的成功應該刺激你進行第二種事業。

天下真不知有多少人一無所成，原因就是他們太容易滿足於現狀了！得到了一個穩當的位置，終其一生總是得那一點東西，每天總是做那一樣的工作，於是他以為一生所能獲得的，即盡於此矣。

不滿足現狀是痛苦的，為了避免這個不滿足的痛苦，於是許多人尋找一個安樂窩，不思進取，也不負責任。

知足可以視為動物的目標，但是身為高等動物的人，絕對不能滿足已取得的成績而停滯不前。牛和豬有了適當的看護和充足的糧食，便滿足了；但是人類的目標是要成就事業，創造更多更大的物質和精神財富，滿足需求，推動人類社會的文明和發展。

有些人還有一種滿足自我現狀的方法，那便是把他們的遭遇歸咎於不幸的環境，埋怨自己是為外界的環境所束縛。這實在是毫無意義！我們只有不滿足於現狀，在某些方面改變我們自己，然後才能有所成就。

真正的成功者不怕承認自己的缺點。他們並不只是回味自己的優點，他們希望朋友們來稱讚，但不因稱讚而覺得自滿。

成功者不希望求得奉承，而是常以批評的態度查看自己，拿他們現在的事業和他們志向來比較。

「你要把現在的自己和將來你所想成就的自己作一比較。」格斯特的這句話便是這個意思。格斯特是最受讀者歡迎的一個詩人。他之所以成功，

多半是因為他能不斷追求理想的自我，而不滿足於當下的自我。要求自己上進的第一步，就是絕對不可停留在現有的位置。

勇於競爭

　　現代化的社會是充滿競爭的社會。人們對待競爭要有一個良好的心理狀態，對待競爭的結果，要有個正確的看法。當然競爭可以克服惰性，促進社會的進步和發展，競爭可讓人們滿懷希望，朝氣蓬勃，這是一種健康的心理。但是，競爭也容易使人在長期的緊張生活中產生焦慮，出現心理失衡、情緒紊亂、身心疲勞等問題，尤其對失敗者，由於主觀願望與客觀滿足之間出現巨大差距，加上有的人心理素養本來就存在不穩定因素，則會引起他們消沉、甚至出現犯罪或自殺。強者直面競爭，弱者被競爭擊敗。如果不想做失敗者你必須保持良好的心理狀態。

- **對競爭有一個正確認知**：要知道有競爭，就會有成功者和失敗者。但是，關鍵是正確對待失敗，失敗並不可怕，重要的是要有不甘落後的進取精神。

- **對自己要有一個客觀的恰如其分的評估**：在制定目標時，既不好高騖遠，又不妄自菲薄，要把長遠目標與近期目標合併，腳踏實地一步一個腳印地做起。

- **在競爭中要能審時度勢，揚長避短**：一個人的興趣和才能是多方面的，如果在實戰中注意挖掘，那麼，很可能會增加成功的機會，減少挫折，而且會打下進一步發展和取勝的好基礎。當然，成功了固然可喜，失敗了也無須氣餒。失敗說明了你發現了一條不成功的方法而矣，如果從中悟出了一番道理，或者在競爭中學到了知識，增長了才能，那麼這種失敗或許更有價值，誰能說它不是明天成功的起始呢？

給自己些壓力

只要人活著就無時無刻不面對著各種壓力。照顧家庭、購買股票和認真工作等等均可能產生壓力緊張，這些責任沒有多少人能完全逃避。

生活如果完全沒有壓力就像牛排不放胡椒，炒雞蛋不放鹽，或者在涼拌菜中沒有放調料一樣平淡乏味，無法開胃。若一個人完全不知道壓力為何物，他也永遠無法享受完成工作的成就感。生活中如果沒有緊張與壓力就不需要解除壓力的方法，也不會有進取心，當然更無從使我們的生命充滿高低起伏的波折，也無法多彩多姿。

生命的短暫給了我們無形的壓力，人生最寶貴的就是時間，熱愛生命就要珍惜時間。人生只是一瞬間，倘若人人都努力做好今天的事，並將明天的事提前完成，那麼，人生就會出現奇蹟。

我們在安逸中時常要居安思危，強化憂患意識，時時捫心自問，如果上帝只給我們 3 天的生命或者只有一天的光明，我急需辦的事是什麼？人生總是變化無常，命運要靠自己掌握。因此心存危機，給自己壓力，把每一個明天看作新的開始，每天都將人生的標杆提高那麼一點，那麼你的人生每天都會上一個臺階。

給自己壓力就要每天給自己定一個目標。人生有很多的目標，只要每天給自己定一個小目標，哪怕一件很小的事情，只要認真去做了，小事也能成就大事。譬如這簡單枯燥而又重複的收費工作，也是可以創造奇蹟的。

生活也是如此，我們改變不了環境，但可以改變自己；改變不了過去，但可以掌握現在；生活中不可能事事順心，但我們可以做到事事盡心。人生是個個大舞臺，是它給予我們熱情，賦予我們力量，給予我們勇氣，我們就要去奮力追求，就要無畏地去挑戰。

成功不是終點站

著名心理學家和心理治療醫生愛琳·C·卡瑟拉，在她的《全力以赴——讓進取戰勝迷茫》一書中，講了這樣一些病例：在奧斯卡金像獎頒獎儀式之後的第二天凌晨 3 時，她在沉睡中被奧斯卡獎獲得者克勞斯喚醒，克勞斯進門後舉著一尊奧斯卡獎的金像哭著說：「我知道再也得不到這種成績了。大家都發現我是不配得這個獎的，很快都會知道我是個冒牌的。」

原來，克勞斯悲觀地認為他所獲得的成功「是由於碰巧趕上了好時間、好地方，有真正的能人在後邊起了作用」的結果。他不相信自己獲得奧斯卡獎是多年鍛鍊和勤奮工作的結果。儘管他的同事透過評選公認他在專業方面是最佳的，但他卻不相信自己有多麼出色，有什麼創新的地方。

愛琳·C·卡瑟拉在治療病人時還發現，有一位國際知名的芭蕾舞女明星每過一段時間，就會在演出的那天發一頓脾氣，飯也不吃，把腳上的芭蕾舞鞋一甩，從 250 雙跳舞鞋中她找不到一雙合腳的。

一位知名的歌劇演員，常遇到當準備登臺演唱時，喉嚨總會突然不適。

有一位著名的運動員，他的後脊椎每隔一段時間就會疼痛，影響他正常發揮競技能力。

愛琳·C·卡瑟拉認為，這些現象是由於經不住成功和緊張而引起的。

成功不但會引起以上心理障礙，也會帶來自滿自大的消極後果。一位學者對 43 位諾貝爾獎獲得者做了追蹤調查，發現這些人獲獎前平均每年發表的論文數為 5 ～ 9 篇，獲獎後則下降為 4 篇。有的政治家取得連續成功後，因過分自信而造成重大失誤；有的作家寫出一兩篇佳作後，再無新作問世。原因固然很多，但不能正確對待成功，不能不說是一個重要的原因。只有那些不斷超越成功的人，才能不斷取得偉大的成功。牛頓把自己看作是在真理的海洋邊揀貝殼的孩子。愛因斯坦取得成績越大，受到稱譽

越多，越感到自己無知，他把所學的知識比作一個圓，圓越大，它與外界空白的接觸面也就越大。科學無止境，奮鬥無止境，人類社會就是在不滿足已有的成功中不斷進步的。

有些人認為，他們已經實現了該實現的價值，也被社會承認了，因此，「他們像心滿意足的母牛，已停止了生長，終止了學習。」難道這是成功嗎？難道這就是人來到這個世界應該爭取的全部東西嗎？

著名律師威廉斯指出：「我認為『成功』或者『勝利』這個詞的定義是最大限度地發揮你的能力，包括你的體力、智力以及精神和感情的力量，而不論你做的是什麼事情，如果做到了這一點，你就可以感到滿足，你便是個成功者了。」

愛因斯坦說：「如果有誰標榜為真理和知識的裁判官，他就會被神的笑聲所覆滅。」即使你已經取得了很大的成功，也絕不能自滿，千萬不要生活在過去的榮耀之中。成功不是人生停留的歸宿，也不允許昨天的成功影響今天的工作。人生在不斷地奔跑，在不斷地超越自己的事業，而不在於成功目的的實現。

真正偉大的人是絕不停止成長的。

西元 1800 年代英國政治家、曾歷任四屆英國首相的鮑爾溫在 70 歲時還學新的語言；俾斯麥死時 83 歲，但他最偉大的工作是在他 70 歲以後才完成的；16 世紀義大利的畫家提善一直作畫到 99 歲去世為止；歌德（Johann Wolfgang von Goethe）是在他 83 歲去世的前幾年才完成《浮士德》的；天文學家拉布蘭在 79 歲去世時說：「我們知道的是有限的，我們不知道的是無限的。」

別再為眼下的成功或不幸而過度憂慮。想想明天吧！明天會有更大的挑戰。讓自己持續，不論是在精神或職業上，或是在人際關係上，以過去偉大的人作為典範，大膽迎接明天。牛頓說「如果我看得比其他人遠，那是因為我站在巨人的肩膀上。」

第六章　心忍志堅，吃虧是福

磨難擋不住強者前進的腳步

　　人生是一場充滿未知的旅行，其中會有磨難發生，也會有幸運降臨。許多人之所以取得了成功，都源自於他們戰勝了所承受的磨難，等來了幸運。最好的才能誕生於烈焰之火的酌燒，誕生於礪石之上的磨練。磨難並不是我們的仇人，而是我們的恩人；最大的磨難，就是使我們奮力前行的鞭策。看看那些橡樹吧！經過千百次暴風雨的洗禮，非但不會折斷，反而愈見挺拔；看看廢墟上的鮮花吧！經歷磨難，反而愈加芬芳。在克里米亞的一場戰爭中，有一枚炮彈毀滅了一座美麗的花園，彈坑卻流出泉水，成了一眼著名的噴泉。這對經歷磨難的人而言不啻是一個讖語。

　　許多人不到窮途末路的境地，就不會發現自己的力量，而災禍的折磨反而使他們發現真我。磨難也是一樣，它猶如鑿子和錘子，能夠把生命雕琢出力與美的線條來。磨難會激發人的潛力，喚醒沉睡著的雄獅，引人走上成功的道路，如同河蚌能將體內的沙泥化成珍珠一樣。火石不經摩擦，不會發出火光。鑽石愈堅硬，它的光彩也愈炫目（而要將其光彩顯示出來所需的琢磨也需有力）。只有經過琢磨，才能顯露出鑽石的璀璨。

　　自信和堅強的人，及時身處牢獄，也能燃起勇士心中沉睡的火焰。你知道嗎？著名的《堂吉訶德》是在西班牙馬德里的監獄裡寫成的。賽凡提斯在監獄裡窮困潦倒，甚至連稿紙也無力購買，只好在小塊的皮革上寫作。有人勸一位富裕的西班牙人來資助他，可是那位富翁答道：「上帝禁止我去接濟他的生活，他唯因貧窮才使世界富有。」

　　《魯濱孫漂流記》一書也是寫在牢獄中的。一部《聖遊記》也誕生在貝德福德的監獄中。華特·雷利爵士（Sir Walter Raleigh）那著名的《世界歷史》一書也是在他被困監獄的 13 年當中寫成的。馬丁·路德（Martin Luther）被監禁的時候，把《聖經》譯成了德文。另外，但丁被宣判死刑，在他被放逐的 20 年中，仍然孜孜不倦地創作。約瑟嘗盡了地坑和暗牢的痛苦，終於做到了埃及的宰相。

音樂家貝多芬在兩耳失聰、窮困潦倒之時，創作了最偉大的樂章。席勒病魔纏身 15 年，卻在這一時期寫就了最輝煌的著作。彌爾頓就是在他雙目失明、貧困交加之時，寫下他最著名的作品。

也許正是因為如此，有人甚至說：「如果可能，我寧願祈禱更多的磨難降臨到我的身上。」

一個年輕人，原來家境非常貧寒，常被那些家境富裕的同學取笑。在同學們的譏笑中，他立志要做出一番轟轟烈烈的事業來。後來，這個青年果然取得了成功。他說，自己在學生時所受到的各種譏笑是對他最好的磨礪。

瑪麗・居禮說：「不要讓別人打倒你，不要讓事情打倒你，」這裡補充一句：不要讓困難打倒你。在人生大舞臺上，不管你擔任的是什麼角色，你能不能成功，這純粹要看你的付出多少努力和汗水了。你越是能堅持，越是能奮鬥，你成功的希望就越大。

培養堅忍的性格

不少人的書房或者辦公室中都掛著一個大大的「忍」字，說明人們對「忍」智慧的喜愛和認同。

「忍」是一門學問，忍耐是一種美德，是一種成熟的涵養，更是一種以屈求伸的深謀遠慮。同時，忍耐也是人類適應自然淘汰和社會競爭的一種方式。堅忍，是一種心境狀態，在社會生活中，它無處不在，因此身處複雜環境中的人們，必須學會培養自身堅忍的性格。跟一切心境狀態一樣，堅忍是奠定在信念的因素上的，這些因素有下列八種：

1. **習性**：堅忍是習慣所產生的後果。
2. **意志力**：把一個人專注思想的習慣，用在獲得既定目標的籌劃上，會導向堅忍。

3. **固定的目標**：知道自己需要什麼，最重要的一步。強烈的驅動力會使一個人去克服許多困難。

4. **欲望**：人在追求具有強烈欲望的目標時，較容易培養堅忍的精神。

5. **精確的知識**：如果以猜測來代表精確的知識，你就會在失望中摧毀堅忍的精神。

6. **自信心**：相信自己有能力實現計畫，可以鼓勵一個人利用堅忍的精神來執行計畫。

7. **合作**：熱忱、溝通和與別人的合作協調，能促進堅忍的精神。

8. **固定的計畫**：有組織的計畫，即使它們是薄弱而完全不實用的，也可以鼓舞堅忍的精神。

做我們想做的事，做我們所喜歡而付出熱忱的事，這是很容易的。但是要全神貫注地去做那些不快的、討厭的，為我們的內心所反對的，但是我們又不得不去做的事，卻是需要勇氣、需要耐性的。每天懷著堅強的心，懷著勇氣與熱忱去從事我們所不想做的工作，從事我們內心反抗、只是因為某些原因而不得不做的事，日復一日這樣下去，真是需要英雄般的勇氣與忍耐力。

然而，定下了一個大目標，不管它是為喜愛還是厭煩，不管自己高興或不高興，總是全力以赴穩步前行的人，最後總是能有好的收獲的。

生活中也是這樣，我們總會碰到我們不願意卻又不得不做的事情，這時就需要這種忍耐力。

在生活中，有許多無謂的爭端都是源於在小事上不能忍耐。一時不能忍，釀成錯事的發生，更嚴重時則傷人害己後悔也晚了。凡事都能夠容忍，就算不是英雄，也是個能成大事的人。

忍耐並非是一種懦弱，而是一種修養，能夠忍耐人性中惡的東西，也是一種自我磨練。唐代高僧寒山曾經問拾得和尚：「今有人侮我，冷笑我，藐視我，毀我傷我，嫌惡恨我，詭譎欺我，則奈何？」拾得和尚說：「子但

忍受之，依他讓他，敬他避他，苦苦耐他，裝聾作啞，漠然置之，冷眼觀之，看他如何結局？」這種大智大忍的生活方式，正是值得我們學習的。

不管發生什麼樣的變化，人人都相信能堅持、能忍耐的人。而也只有能忍耐的人才能夠適應各種各樣的環境，從而活得自在超脫。

忍耐是成功的試金石

面對不利於己的環境形勢，智者總會選擇忍耐，避其鋒芒。正如在戰場上敵人勢強時，切忌雞蛋碰石頭，硬與之對抗，應該韜光養晦，暗中積蓄力量，以期來日的成功。在古代，有不少透過忍耐危險卑微的環境而韜光養晦，最終取得成功的實例。

西元前 188 年 8 月，漢惠帝生病死了。惠帝的皇后呂雉沒生過兒子，就找了一個小男孩冒充皇后生的，立他為太子。呂后又怕這孩子的母親洩露祕密，就把她殺了。太子即位，稱為少帝。呂后替少帝臨朝，代行皇帝的職權。

為了擴大呂家的勢力，漢惠帝還沒下葬，呂后就封自己娘家的姪子呂臺、呂產、呂祿做將軍，讓他們分別帶兵駐在南軍和北軍中。南軍和北軍是直接警衛首都和皇宮的禁衛軍，太后把呂家的人安排在這裡，心裡就踏實了。她又讓呂家的其他人都到皇宮裡任職，把持了宮中各部門的權力。這許多呂家人，史書上統稱「諸呂」。

過了不久，呂后又想封諸呂為王，先去試探右丞相王陵的口氣。王陵是個直性子人，一聽就急了，說：「那可不行！當初高祖跟大臣們殺了白馬起誓說：『不是劉家人封王的，天下一起討伐他！』如今您要讓呂氏做王，那是違背盟約的。」呂后很不高興，又去問左丞相陳平和絳侯周勃。陳平、周勃知道現在呂家掌握大權，提出反對意見也沒有用，不如先順著呂后，以後再想辦法，就回答說：「高祖平定天下後，封了自己的子弟做王，現在太后您掌管天下，也封呂家的人為王，這沒有什麼不可以的。」

呂后很高興，認為陳平心忠於她，就拜王陵為太傅，免了他的丞相職務，提升陳平為右丞相，讓自己的親信審食其做左丞相。不久，呂后把自己的姪兒們有的封了王，有的封了侯，又把呂家的女子嫁給劉家的男子，把劉家的人從裡到外都牽制了。

後來少帝知道了母親被殺的事，就說：「太后怎麼能殺我的母親？等我長大了，一定要為母親報仇。」這話傳到呂后耳朵裡，她十分恐慌，就把少帝軟禁起來，對外說他得了重病，不讓任何人見他。西元前184年，呂后廢少帝立常山王劉義為皇帝，給他改名劉弘，但這個皇帝仍不過是個傀儡，實際權力還是掌握在呂后手中。

陳平看到這種情況，心裡暗暗著急，但沒有力量阻止，害怕呂后猜疑自己，於是天天在家吃喝玩樂，不怎麼過問政事。呂嬃還記恨著陳平奉命逮樊噲的那件事，總是在呂后面前說陳平的壞話：「陳平掛著個丞相的名，什麼事也不做，整天在家喝酒、玩樂。」陳平知道了反而更加如此。呂后不但不怪罪他，而且暗暗高興。為什麼呢？她知道陳平是個有才能的人，就怕他給劉家出主意對自己不利呢！現在他不管事，不是正好嗎？有一次，呂后還當呂嬃的面對陳平說：「俗話講『小孩婦女的話聽不得』，你不要怕呂嬃講你的壞話，我心裡有數呢。」

當時有一個辯士陸賈，起先在劉邦手下做太中大夫。劉邦死後，他見呂后想讓諸呂掌權，又擔心能言善辯的大臣們反對，生怕她會找個藉口殺了自己，於是請了病假，呆在家裡。後來看呂后越來越不像話，就偷偷去看望陳平，試探著問：「丞相好像心事重重的樣子，在想什麼呢？」陳平也不回答，反問說：「你猜我想什麼？」「我看你沒別的可憂慮，就是擔心諸呂危害劉家天下吧？」「是的，」陳平實言相告說：「你有什麼好主意？」陸賈說：「一個國家能不能穩定，就看丞相和大將是不是相處和睦，同心協力。現在國家的安危全在您和周太尉身上，您怎麼不去主動結交周太尉呢？」

陸賈這樣說是有理由的。原來陳平投靠劉邦時，周勃背地裡說過他不少壞話，兩人關係一直不好。這會兒陳平想想陸賈的話很有道理，就主動

獻上一筆錢給周勃祝壽，又備下豐盛的酒席，請周勃來家痛痛快快地喝了一天，周勃也同樣回請了陳平。從此，陳平、周勃兩人結成盟友，決定共同對付諸呂。

西元前 180 年 7 月，呂后病重。她估計自己死後大臣們會起來消滅諸呂，就任命呂祿做了上將軍，讓他統領北軍，讓呂產統領南軍。又囑咐他們一定要掌握軍隊，保衛皇宮，不要讓人有機可趁。過了幾天，呂后過世，呂產當了相國，呂祿的女兒被立為皇后。

呂后死後，諸呂掌握了大權，想要製造動亂，篡奪劉家的天下，朱虛侯劉章的妻子是呂祿的女兒，把這消息告訴了劉章。劉章忙派人給自己的哥哥齊王劉襄送信，讓劉襄發兵來攻打長安，自己在皇宮裡做內應。劉襄接到信後，就找來舅父駟鈞、郎中令祝午、中尉魏勃暗中商量發兵的事。這消息被齊王的國相召平知道了，他立即帶兵包圍了王宮。魏勃去見召平，騙他說：「大王想要發兵，卻沒有朝廷的虎符，您把王宮包圍起來，做得真對！不過您是相國，還有好多大事要處理，要是您信任我，就把包圍王宮這差事交給我吧！」

召平覺得魏勃說得那麼誠懇，就把兵權交給了他。魏勃接過兵權，立即帶著部隊，反把相府包圍起來，召平後悔莫及，只得自殺。劉襄就任命駟鈞為相，魏勃為將軍，祝午為內史，徵發齊國境內的所有部隊。又讓祝午把琅邪王劉澤騙來齊國，把琅邪國的兵馬也奪了過來，兩支人馬合成一支，向長安殺去。

呂產等人聽說齊王打過來了，連忙派將軍灌嬰帶兵去迎戰。灌嬰走到滎陽，心裡暗暗思量：「諸呂把持著朝廷大權，想要篡奪劉家的天下，我要是打敗了齊軍，不是正幫了呂家的忙嗎？」他這麼想著，就讓部隊停下來，派人送信給齊王和其他諸侯，大家聯合起來，等機會一起消滅諸呂。齊王接到信，也將軍馬原地駐下，等著灌嬰的消息。

這時在長安城裡，陳平、周勃也正在商量著動手滅呂的計畫。陳平想來想去想了一條計策，派人劫持了呂祿的好朋友酈寄的父親酈商，讓酈寄

去騙呂祿說：「如今太后去世，皇上年幼，趙王和梁王都不趕快回自己的封國去，卻呆在京城裡當將軍，讓別人懷疑你想要篡權，這多不好！您和梁王不如都把兵權交給太尉，跟大臣們訂立盟約，然後回自己封國去，那麼齊王一定會退兵，大臣們也沒什麼好說了。您安安心心地做自己的趙王，多麼快活呀！」呂祿聽了，猶豫不決。

到了8月，呂產得知灌嬰已經跟齊國聯合，忙趕著進宮去劫持皇帝。陳平、周勃聽到這消息，派人拿著皇帝的使節假傳命令，讓周勃統領北軍；又讓酈寄再去勸說呂祿：「皇上已經派太尉接管北軍，讓您趕快回趙國去，您再不走可要倒楣了！」呂祿素來相信酈寄，立刻解下官印，把兵權交給了周勃。周勃佩著大印進入軍門，又派劉章帶1,000多名士兵趕去保衛皇帝。劉章趕到未央宮，正遇上呂產，經過一場戰鬥，呂產被劉章殺了。

次日，陳平、周勃又派人四處搜捕呂家的人，把呂祿、呂嬃等全都殺了。然後，大臣們合謀，擁立劉邦的第三個兒子代王劉恆做了皇帝，劉恆就是歷史上有名的漢文帝。

陳平、周勃等人經過多年的忍耐和準備，終於抓住時機，消滅諸呂，保住了漢朝的天下。陳平、周勃是有勇有謀的智者，他們能夠最後剷除對手，是善於忍耐的緣故。政治鬥爭中要善於保護自己，等待時機，在其他事情上也是如此。

為人處世要善於忍耐

善於忍耐，是一種本領。不會忍耐，就不會進步，而且有可能失去朋友。

事實上，不論是做什麼：政治、軍事、經商、科學研究⋯⋯要想成功，都離不開「忍耐」二字。世界確實很大，但如果沒有忍耐力。在什麼地方都做不久，就等於沒有你的安身之地，更談不上升遷了。

拿經商來說，有句老話：「急不入財門」。你越是急著賺錢，倉促入市，越是賺不到錢。正如老約翰‧洛克菲勒（John D. Rockefeller）所說：「在商場上，成功的第一要素是耐心。」

在軍事上，因為不會忍耐而導致失敗的例子很多。

戰國時期，秦昭襄王四十七年，秦國派軍隊攻打趙國。趙孝成王派老將廉頗率兵抵抗。秦軍強大，趙軍連連失利。廉頗堅守壁壘，不論秦兵如何挑戰，皆不出兵。秦軍久攻不下，秦昭襄王十分著急。這時秦國相國范雎設了一個反間計，誘使趙王撤了廉頗，換上青年將領趙括。趙括年輕氣盛，一到任，就忍耐不住，出城反擊秦軍。此舉正中秦軍下懷，佯裝敗走。趙括親率大軍追擊，被秦軍一分為二，團團圍住。趙軍被圍兩個多月，斷了糧草，軍人互相殘殺而食。趙軍幾次突圍都被秦軍攻回去。趙括急了，親自率領士兵與秦軍搏鬥，被秦兵用亂箭射死。趙軍大敗，四十多萬將士被秦將一起坑殺（即活埋）。趙國從此一蹶不振。

俗話說：「忍字心頭一把刀。」忍耐，無疑是痛苦的。誰不想痛痛快快、速戰速決。可是，事物的發展、變化需要時間。時機不成熟勉強去做，難免碰釘子。人只有因勢利導才能成功。

連動物也懂得忍耐。懂得等待時機。在印度境內的一個自然保護區，有一次工作人員觀察到，一隻母虎為了捕獲獵物，在草叢中潛伏了整整八個小時。如果牠不懂得這一點，就要餓肚子。

可以說，古今中外，凡能成大器者都善於忍耐。

趙王勾踐「臥薪嚐膽」的故事是人們熟悉的，那不也是忍耐的巨大作用嗎？能夠有所成就者，當初，大多要承受一段艱苦的忍耐時期。

忍耐，並不是消極地等待。而是審時度勢，在不動聲色中，積極地為日後騰飛做準備。

著名的人際關係專家戴爾‧卡內基指出：「成功的人士當中，只有極少的例子是由於個人不平凡的才氣。大部分的人都是由於持續不斷地努力，才獲得成功。」

升遷之路與其他事業一樣，進展總是波浪式的、漸進式的。有時停滯不前，有時突飛猛進，然後又是緩緩前進……你必須有耐心。班傑明‧富蘭克林（Benjamin Franklin）說得好：「也許你笨手笨腳，可是只要持之以恆，你就會看到效果不凡。」

吃得苦中苦，方為人上人

艱苦的生活對人是一種磨練，是對意志力的考驗，也是培養自己遠大理想和浩然正氣的途徑。只有能夠忍受住這種生活中的艱苦，也就不怕前進道路中的任何障礙了。

明朝宋濂字景濂，是浦江人，官至士，承旨知制誥。主修《元史》，參加了明初許多重大文化活動，參與了明初制定典章制度的工作，頗得明太祖朱元璋器重，被人認為是明朝開國文臣之中的佼佼者。

宋濂年幼的時候，家境十分貧苦，但他苦學不輟。他自己在《送東陽馬生序》中講：「我小的時候非常好學，可是家裡很窮，沒有什麼辦法可以取得書，所以只能向有豐富藏書的人家去借來看。因為沒錢買不起，借來以後，就趕快抄錄下來，每天拚命地趕時間，計算著到了時間歸還給人家。」正是這樣他得到了豐富的學識。

有一天，天氣特別寒冷，冰天雪地，北風狂呼，以至於硯臺裡的墨都結凍了，由於家裡窮困，沒有火可以取暖，手指凍得都無法伸直，但宋濂仍然苦學不敢有所鬆懈，借書堅持要抄好送回去。抄完了書，天色已晚，無奈只能冒著嚴寒，一路跑著去還書，一點都沒有超過約定的還書日期。因為守信用，所以許多人願意把書借給他看。他也就因此能夠博覽群書，增加見識，為他日後的才學奠定了基礎。

面對貧困、飢餓、寒冷，宋濂不以為苦，而他所追求的是成大業，努力向學。到 20 歲，他成年了，就更加渴慕向賢達之士學習，他常常跑到幾百公里以外的地方，去找自己同鄉中那些已有成就的前輩虛心學習。有

一位同鄉位尊名旺，他那裡的名人來往的很多，名氣也很大，有不少人趕來他那裡學習，他的言辭和語氣很傲慢，一副盛氣凌人的樣子。宋濂就跟隨在他旁邊，手拿著儒家經典向他請教，俯下身子，側耳細聽，唯恐落下什麼沒有聽明白。有時候這位名氣很大的同鄉，對他提出的問題感到不耐煩，大聲叱責他，他反而更加恭敬，禮節愈加地周到。看到老師高興的時候，又去向他虛心請教。他還自謙地說：「我雖然很愚笨，但也學到了許多東西。」

後來他認為這樣學習不是長久之計，於是就到學校裡拜師。一個人背著書箱，拖著鞋子，從家裡出來，走在深山峽谷之中，寒冬的大風，吹得他東倒西歪，數尺深的大雪，把腳下的皮膚都凍裂了，鮮血直流，他也沒有知覺。等到了學館，整個人四肢僵硬得不能動彈，學館中的僕人拿著熱水把他全身慢慢地擦熱，用被子蓋好，過了很久，他才恢復知覺。

為了求學，宋濂住在旅館之中，一天只吃兩頓飯，什麼新鮮的菜，美味的魚肉都沒有，生活十分艱辛。和他一起學習的同學們，個個衣服華麗，戴著紅色帽纓鑲有珠寶的帽子，腰間佩著玉環，左邊佩著寶刀，右側戴著香袋，光彩奪目，但是宋濂不以為意，絲毫也沒有羨慕他們，而是穿著自己樸素無華的衣服，不卑不亢，照樣刻苦學習，因為學問中有許多足以讓他快樂的東西，那就是知識。他根本沒有把吃的不如人，住的不如人，穿的不如人這種表面上的苦當回事。

正是宋濂能忍受窮苦，自得其樂，才能成就一番事業。他的那些同學一個個生活得很快樂，但是又有幾人名留青史呢？

不爭一時長短，留下後路也要有勇氣

想成就大事的有志之士要學會忍耐生活的艱難艱辛，要有持之以恆的決心與毅力去面對蒼茫人生。只有學會忍耐的人，才有可能與成功攜手前行。歷史上，總有人為了長久的目的，而忍受了巨大的痛苦的。武則天年方 14，便已豔名遠播，被唐太宗召入宮中，不久封為才人，又因性情柔媚

無比，被唐太宗暱稱為「媚娘」。當時宮中觀測天象的大臣紛紛警告唐太宗，說唐皇朝將遭「女禍」之亂，某女人將代李姓為唐朝皇帝。種種跡象表明此女人多半姓武，而且已入宮中。唐太宗為子孫後代著想，把姓武之人逐一檢點，作了可靠的安置，但對於武媚娘，由於愛之刻骨，始終不忍加以處置。

唐太宗受方士蒙蔽，大服丹鉛，雖一時精神陡長，縱欲盡興，但過不多久，便身形枯槁，行將就木了。武則天此時風華正茂，一旦太宗離世，便要老死深宮，所以她時時留心擇靠新枝的機會。太子李治見武則天貌若天仙，仰羨異常。兩人一拍即合，山盟海誓，只等唐太宗放手，便可仿效比翼鴛鴦了。

這時的武則天當然不會考慮「撤退」，她還在安排如何大舉進攻，攀附上未來的天子。

當唐太宗自知將死時，還想著要確保子孫們的皇帝位置，要讓頗有嫌疑的武則天跟隨自己一起去見閻羅王。臨死之前，他當著太子李治之面問武媚娘：「朕這次患病，一直醫治無效，病情日日加重，眼看著是起不來了。你在朕身邊已有不少時日，朕實在不忍心撇你而去。你不妨自己想一想，朕死之後，你該如何自處呢？」

武媚娘冰雪聰明，哪還聽不出自己身臨絕境的危險。怎麼辦？武媚娘知道，此時只要能保住性命，就不怕將來沒有出頭之日。然而要保住性命，又談何容易，唯有丟棄一切的一切，方有一線希望。於是她趕緊跪下說：「妾蒙聖上隆恩，本該以一死來報答。但聖躬未必即此一病不愈，所以妾才遲遲不敢就死。妾只願現在就削髮出家，長齋拜佛，到尼姑庵去日日拜祝聖上長壽，聊以報效聖上的恩寵。」

唐太宗一聽，連聲說：「好，」並命她即日出宮，　「省得朕為你勞心了」。原來唐太宗要處死武媚娘，但心裡多少有點不忍。現在武媚娘既然勇於拋卻一切，脫離紅塵，去做尼姑，那麼對於子孫皇位而言，活著的武媚娘等於死了的武媚娘，不可能有什麼危害了。

武媚娘拜謝而去。一旁的太子李治卻如遭晴空霹靂，動也動不了。唐太宗卻在自言自語：「天下沒有尼姑要做皇帝的，我死也可安心了。」李治聽得莫名其妙，也不去管他。借機溜出來，去了媚娘臥室。見媚娘正在檢點什物，便對她嗚咽道：「卿竟甘心撇下了我嗎？」媚娘道：「主命難違，只好走了。」「了」字未畢，淚已雨下，語不成聲了。太子說：「你何必自己說願意去當尼姑呢？」武媚娘鎮定了一下情緒，把自己的計策告訴了李治：「我若不主動說出去當尼姑，只有死路一條。留得青山在，不怕沒柴燒。只要殿下登基之後，不忘舊情，那麼我總會有出頭之日……

太子李治佩服武媚娘的才智，當即解下一個九龍玉佩，送給媚娘當作信物。太子登基不久，武媚娘果真再次進宮，之後成為中國歷史上聲名赫赫的一代女皇。

忍耐到底才能反敗為勝

學會用理智克制心中的情感，只有這樣才能辦成大事。

日本礦山大王古河市兵衛就說過：「忍耐即是成功之路」。古河市兵衛，小時候是一名豆腐店的工人。後又受雇於高利貸者，當催收員。有一天晚上，他到客戶那裡催討債款，對方毫不理睬，並且乾脆熄燈就寢，一點兒都不把古河放在眼裡。古河沒有辦法，忍飢受餓，一直等候到天亮。早晨，古河並沒有顯出一點憤怒，臉上仍然堆滿笑容。對方被古河的耐性所感動，立即態度一變，恭恭敬敬地把錢付給他。他的這種認真隨和又富有耐性的工作精神，誠懇的待人態度，讓老闆大為欣賞，沒有多久，老闆就介紹他去財主古河家做養子。之後，他便進入豪商小野組（組等於現在的公司）服務。因工作表現優異，幾年後就被提升為經理。

發跡後的古河買下了廢銅礦——足尾銅礦。這個足尾銅礦山是個早已被人遺棄的廢銅礦山。因此，他一進行開採，就有人嘲笑他，視他為瘋子。

　　但是，古河對此根本不在乎。就這樣，一年過去了，兩年過去了，卻不見銅的影子，而資金卻一天一天地在減少。但他一點都不氣餒，面對困境，咬緊牙關，抱著誓死要和礦山共存亡的決心，跟礦工們同甘共苦，慘澹經營，四年如一日，就在一萬兩金子的本錢幾乎要化為烏有時苦盡甘來，銅礦石，終於挖出來了。

　　他這種倔強和不達目的絕不甘休的忍耐性，便是別人所做不到的。有人問古河成功的祕訣，他說：「我認為發財的祕方在於忍耐二字。能忍耐的人，能夠得到他所要的東西。能夠忍耐，就沒有什麼力量能阻擋你前進。忍耐即是成功之路，忍耐才能反敗為勝。」

　　在現實中，必須隨著時代的進步，追求新的知識，創造新的環境，才能自求生存。在生活之中，不能因物質的文明，為物欲所刺激，恣情狂妄，重利忘義，否則會喪失自己的良知，損害人類利益。為人者，事事後退一步，處處讓人一著，忍一時風平浪靜方可領會人生的真諦。

為求學問忍受清苦

　　我們現在無從考證小小年紀的和珅從哪裡知道了讀書的重要性，和珅下定決心，哪怕要忍受多麼大的困窘，無論如何也要把咸安宮官學的學業繼續下去。

　　和珅為了籌措生活費用，強壓住心頭的羞愧，四處舉貸。在家人劉全的陪伴下，向父親生前的故友借錢。俗話說：「人走茶涼」，常保生前的故友，在他在世時，常來常往，非常熟絡，及至常保病逝，所有的交情在一夜間就蕩然無存了。和珅家中早已是門庭冷落車馬稀，無人上門探望。和珅原本以為他們看在與父親相交多年的分上，不會見死不救，於是滿懷希望地登門造訪，誰知迎接他的不是冷冰冰的閉門羹，就是惡狠狠的猛犬。一次次的乞求，換來的只是無情的嘲弄與奚落，和珅小小年紀就要在冷眼與屈辱中生活。

在向自己的親戚以及父親的故舊告貸無門的情況下，和珅只能去向管理自己家十五頃官封地的賴五去討要。

賴五本是常保的部下，是常保非常信任的人，因此，常保將自己家的官封地交給賴五管理。由於常保常年在外，賴五向和珅家所交租銀很少，常保也不逼問。常保死後，賴五交給和珅家的租銀就更少了。

賴五也許是覺得和珅年幼好欺負，非但不給租銀，反而將和珅趕了出來。

和珅無奈，將賴五一紙告到保定府，結果保定知府不但不主持公道，反將和珅一頓痛斥。

為了能夠活下去，並且繼續自己在咸安宮官學的學業，和珅當機立斷── 賣地。

和珅忍受屈辱，作出賣地的決定時，年僅 13 歲。

和珅的決定是正確的，靠著賣地所得的銀兩，他與和琳在咸安宮官學的學業才不至於中斷。在這裡，和珅受到了傳統文化與軍事的最好的教育，成為他日後為官能充分施展才能的基礎。

曲意逢迎，阿諛諂媚當然是和珅後來少不了的法寶，但是，倘若沒有真才實學的積澱，他也不能在以後博得乾隆的信任，將國家大權玩弄於股掌之中。

機會只青睞那些有準備的人，和珅在咸安宮官學裡刻苦攻讀，為他以後的飛黃騰達打下了扎實的基礎，只要等待機會的來臨，和珅是無論如何都願意忍耐。

忍受吃虧，吃虧是福氣

一家日用品百貨商店的老闆學歷不高卻經營有方，在人才輩出的商場上，竟然打敗了眾多的競爭對手，生意興隆，蒸蒸日上。有人問他的經營

祕訣是什麼，他笑著說：「不字加一點，一人一塊田，家家日子好，人人笑連連。」

原來他說的是一個「福」字，他接著解釋到：「福就是吃虧，我寧願少賺點錢，也絕不讓顧客吃虧。在我這裡買東西，百挑不厭，包退包修，上門服務，負責到底，上門購物的人自然就絡繹不絕了，而且大都是回頭客。也許，在某些商品上，我少賺了或者虧了本，但從長期、總體看，我肯定賺了錢，而且還能長久賺錢。所以吃虧不一定是壞事，我就肯吃虧，心甘情願地吃虧。」

「吃虧是福」並不是新的阿Q精神的翻版，而是福禍相依、付出與得到的人生哲學，不論是為人、處世，還是做生意，吃點虧、肯吃虧都是深含道理的。

人都有趨利的本性，自己吃點虧，讓別人得利，就能最大限度調動別人的積極性，別人才會願多與你交往，你便可以廣結良緣。古人有「滴水之恩，湧泉相報」的傳統美德，凡事都願意吃點虧來幫助他人、奉獻於社會的人，必定善有善報，在日後肯定會得到同樣的回報。

一個在倉儲公司管庫房的老李，不僅對工作一絲不苟，而且向來對自己嚴格要求，沒有像其他人那樣「順」點小東西回家。一次他家的平房漏水，當時倉庫的油氈一大堆，要是他拿一塊回家也沒人說什麼，因為有「廚師不會餓死」這個道理嘛！但他出於良知，覺得拿公司的東西虧心，所以寧肯花錢在外面購買。

他這樣做，身邊幾個同事都不理解，還有人諷刺他是「不會占便宜的傻大哥！」可是在後來公司有了發展，搬遷新址的時候，他的這種「傻」幫助他繼續工作。2008年底經濟危機嚴重，老李所在公司業務減少、利潤下滑，公司開始裁員。老李已經四十五歲了，文化不高，又沒技術、沒特長，按說會是裁員的重點對象。可經理說：「只要全公司有一個職位，他就不會給裁了的！」原因嘛，不說大家都知道。

　　害怕吃虧的人，最後往往卻難以占到便宜。因為哪個老闆不精明？身邊人的眼睛也是雪亮的。想一想，如果你時時事事都怕吃虧，都想著占便宜，你占了便宜，別人、公司就會吃虧。便宜都讓你占了，誰還會與你交往呢？公司也不能再信任你。日久你必然成了孤家寡人了！

　　西漢時期，有一年過年前夕，皇帝一時高興，就下令賞賜每個大臣一頭羊。在分羊時，大臣們卻犯了難，因為羊有大有小，有肥有瘦，不知怎麼分。

　　正當大家束手無策時，一位大臣從人群中走了出來，說：「這羊很好分。」說完，他順手牽了一隻瘦羊，高高興興地回家了。眾大臣見了，也都紛紛仿效他，不加挑剔地牽了一頭羊就走。該大臣這樣的舉動，不僅得到了同僚們的尊敬，也得到了皇帝的器重。這不是天大的福分嗎？

　　「一個人心胸有多大，他做成的事業就有多大」。凡那些取得了巨大成就的人，無一不是胸懷寬廣、肯吃虧的人。相反，那些一事無成、庸庸碌碌的人，多半是心胸狹窄、斤斤計較、不肯吃虧的傢伙。這不是也說明了吃虧是福嗎？

　　自己吃虧，朋友便會得利；個人吃虧，公司就會得利。反過來說，選擇自己吃虧的人，會贏得更多的信賴和支持，為日後的成功打下人脈基礎。你一定要記住這個道理：吃虧肯定不是壞事。

著眼全域，不怕吃虧

　　我們的社會和家庭都在教育或者潛移默化地引導著人們如何學會競爭，如何學會贏得財富和名利，如何學會在未來的發展中不吃虧。實際上注入我們頭腦中的這些觀念都不能說是不正確，但是，更重要的是我們應該如何正確思考、如何正確處理和對待發生在生活中的事物。在生活中，總會有比你卓越的人，你總會不如別人，你遇到的人或事總有不公正的時

候。在現實當中，誰也不能保證對每件事情都給予絕對的公平。公平是相對的，吃虧與享福也是相對的。有得必有失，有失必有得。

不要只看別人經常獲取，其實，那是你沒有看到他曾經的艱苦付出。不要只看有錢人整日養尊處優，其實在背後還不如普通人活的輕鬆自在。如果從身心健康的角度上來講，那些處心積慮、想盡辦法去獲利的人，是以犧牲自己的時間、精力、智慧乃至健康生命為代價的，他比一般人付出的不知多出多少倍。現在的得到，就是從前和以後的失去，他們是在早年就透支了自己的生命，多年以後很可能會得難以治癒的疾病，守著大把的金錢和優越的物質條件痛苦地生活著。所以說何為吃虧，何為享福這都是相對的。如同幸福一樣，幸福不幸福只是一個人內心的感受，與自己生活的富貴貧賤無關，只是對自身和自身以外世界的認知罷了。

我們在生活中難免會遇到痛苦的失去，包括愛情、金錢、地位、權勢、健康等，如果一味地放不下這些，不能從失去的痛苦中解脫出來，那麼就會感覺生活沒有意義，生命的蒼白無力。顯然，失去後的感覺是痛楚、苦澀和無奈，不會像擁有得到時的那樣滿足和幸福，但畢竟已經失去了，痛苦和消沉於事無補。我們認為，聰明的人以通觀全域的眼光肯於吃虧，是一種精明睿智的妥協，是大智若愚的氣度，從而獲取更大更長遠的利益，是為了拓展自己前進的道路。謀大事者，一般都善於包容，「海納百川，有容乃大」。包容別人一定會換位思考，能夠以退為進，使別人心存感激，從而把自己腳下的路拓展成為陽光大道。「吃虧」可以理解為放長線方能釣大魚，是一種精明睿智的妥協，是一覽眾山小的博大，更是一種運籌帷幄的偉岸策略。捨得一些小利去謀求大的利益，是甘於付出的健康心態，多付出一點就會贏取得更多。吃虧是以退為進，不去強爭的氣度，是看透人生的豁達。

吃虧是一種智慧和對他人的一種理解和包容。能吃虧的人更能交到知心朋友，更會贏得廣泛的人脈資本，更有發展的機會，更有可能取得成功。

接下來的故事讓人很受啟發。有一個人從出生就非常不幸，少年喪母，青年喪父，後來又在一次車禍中失去了雙腿，娶了妻子，妻子卻因難產死亡。他痛苦萬分，實在難以忍受命運對他的不公平，就責問上帝為什麼要讓他的一生在痛苦和失去中度過，上帝把他帶到一個剛升天不久的靈魂前，這個人一生都很順利，家庭富裕，生活美滿，從來沒碰到過不幸的事情，更沒有失去什麼，但他唯一一次生意失敗就自殺來到了這裡。他聽完上帝的解釋恍然大悟，失去原來也是一種財富，否則別人怎麼會選擇死亡，而我卻堅強地活著，因為經歷太多的失去，所以變得堅強無比。 由此看來，要坦然面對失去，關鍵是調整自己的心態，在內心的深處真正能夠吃得了虧。有時候為了得到，我們就不得不品嘗失去的痛苦。吃虧不一定就是損失，而是為了生存和發展的悲壯選擇。

將欲歙之，必固張之；將欲弱之，必固強之；將欲廢之，必固興之；將欲取之，必固與之。

在現實生活中，當你的資本不夠雄厚，人際關係貧乏，實力不夠強大時，想要實現自己的願望或目的，就可以採取迂迴策略，達到「峰迴路轉，曲徑通幽」的境界。該退讓的時候就要退讓，該吃虧的時候就要吃虧，所做的這一切都是為了更好的前進和發展。在現實中，只要我們能夠洞察先機，判斷事物的發展趨勢，正確決策，以平靜的心態應對，那麼許多事情都會迎刃而解，取得主動權，就可以贏得成功和勝利。

秦時明月漢時關，萬里長征人未還。但使龍城飛將在，不教胡馬度陰山。說的是漢代民族英雄李廣的高尚品德，他不顧自己年老，仍然不辭辛勞，承擔起為安定邊疆而戰的任務，這種顧全大局的精神令後人欽佩。他本可以不去出征，在家頤養天年，可他為了國家的安定，捨棄了自己的生命，卻得到了名垂青史的輝煌。

忍受清冷，厚積才能薄發

厚積，指大量地、充分地積蓄；薄發則指少量地、慢慢地放出。多多積蓄，慢慢放出。形容只有準備充分才能辦好事情。再從拆字上理解，「薄」的意思同日薄西山的意思是相同的，在動態上又有接近、逼近之意。古人原語是「君子厚積而薄發」，意思就是有才能的聖人是經過長時間有準備的累積而成就事業的。

近代史上著名的晉商和徽商，其成功的共性就是有錢不張揚，厚積而薄發。美國前總統富蘭克林在早年的時候十分自負，

但遭到一次朋友的當場羞辱後，使他長出了低調做人、厚積而薄發的心眼，後來終於成了一個了不起的人物。

那麼怎樣才能做到厚積薄發呢？

第一，要保持平靜的心態。有了平靜的心，才能在拿得起放得下中不斷砥礪自己，並且在冷靜中突破逆境的重圍，從容而自信地面對未來。

幾年前的家電業市場競爭趨於白熱化，大家都紛紛捲入技術戰、人才戰、價格戰、行銷戰之中，每個企業都想無限度地創造知名度，以為高調就能把自己打造成行業旗艦，結果誰都成了困獸之鬥。事實上只要能保持低調，用平靜的心態來調整自己，或許就能衝出重圍，為自己獲得更多的成功機會。

後來人們發現，一家電器公司成功了。一家電器公司怎麼可能突然冒出大客車生產線？可是這家電器公司就做到了，並且轉型的非常成功，他們靠的是什麼？當然是厚積薄發。即：當初同行各個爭先恐後時，他們卻比誰都平靜，這種平靜也叫拿得起放得下，在平靜中顯平和，在平和中找出路。

在職場中，最難能可貴的同樣是那些和為貴、謙為上的低調職員。這種低調表現在行動上，通常是耐得住工作的寂寞與枯燥，在平凡中踏踏實實、平平和和地醞釀著來日厚積薄發。

當然，人往高處走，水往低處流，在職場求上進，愛表現自己這不算什麼壞事。畢竟不想當元帥的士兵不是好士兵，可現實中真正能夠心想事成、平步青雲的人畢竟是少數。有時候，處處都能聽到各種對現實不滿的牢騷，尤其一些剛走出校門的畢業生，學歷不高，資歷不夠，一說起薪水要求，就「沒兩千元不做」的論調，於是或搖頭嘆息，或感慨長嘯，或怒目不語，或悲天憫人，覺得自己懷才不遇，老闆都是黑心肝。

第二，要有足夠的耐心。這樣才能在自我拓展過程中學會如何在變化中等待，在等待中變化，步步為營，循序漸進，並適時地尋找和掌握每一個最佳契機，將自己的能量厚積而薄發。

有一句話流行了很久：「艾菲爾鐵塔不是一天蓋起來的」，那些功成名就的商業巨擘同樣也不是靠高舉什麼旗幟，唱什麼高調而一夜成名的，而是靠著厚積薄發的理念，靠「把調子放低，把事情做多」闖出來的。不然的話，怎麼會有「鳥槍換炮」這麼一說呢？

第三，要有經得住坎坷，有度過危機的心理準備。希臘船王曾說過的一句話：「若是有朝一日我一貧如洗，我唯一東山再起的辦法就是到一家富人聚會的餐廳做服務小生。」一個船王尚且有這等厚積薄發的處世理念，我們大家又有何感想呢？

忍讓一步，收獲反而更大

你知道嗎？你所有的思想及言行，造就了全部的你。為他人提供良好的服務，善意地對待他人，對自己一定會有幫助；斤斤計較，吹毛求疵，處心積慮地傷害別人，自己也得不到內心的寧靜。

在狹窄的路上行走，要留一點餘地給別人走；羊腸小徑兩個人同時通過時，如果爭先恐後，兩人都有墜入深谷的危險，在這種情況下先停住腳步讓對方過去，才是有禮貌、最安全的。

遇到美味可口的飯菜時，要留出三分讓給別人吃，這才是一種美德。路留一步，味留三分，是提倡一種謹慎的利世濟人的方式。在生活中，除了原則問題必須堅持外，對小事，個人利益互相謙讓就會帶來個人的身心愉快。

一天，一戶人家來了遠方造訪的客人，父親讓兒子上街去購買酒菜，準備宴客，沒想到兒子出門很久都沒回來，父親等得不耐煩了，於是自己就上街去看個究竟。

父親快到街上的便橋時，發現兒子在橋頭和另一個人正面對面地僵持在那裡，父親就上前詢問：「你怎麼買了酒菜不馬上回家呢？」

兒子回答說：「老爸，你來得正好，我從橋這邊過去，這個人堅持不讓我過去，我現在也不讓他過來，所以我們兩個人就對上了。看看究竟誰讓誰！」

父親聆聽兒子的一席話，就上前聲援道：「孩子，好樣的，你先把酒菜拿回去給客人享用，讓爸爸來跟他對質，看看究竟誰讓誰！」

在社會上，無論說話也好，做事也好，好多人不肯給別人留一點餘地，不願給別人一點空間，到處有這對父子的影子，往往只為了「爭一口氣」，本來沒有什麼大不了的小事，非要大費周章，互不讓步，結果小事變大事，甚至搞得兩敗俱傷，何苦呢？

人在世間若是不能忍受一點閒氣，不肯給人方便，讓人一步，往往使自己到處碰壁，到處遭遇阻礙，不肯給人方便，結果自己到處不方便。

如果一個人平常在語言上讓人一句，在事情上留有餘地，肯讓人一步，也許收穫就會更大。

禮讓他人，多發生於競爭情境，由於讓人行為而使矛盾化解，爭鬥平息，對手變手足，仇人變兄弟，因此，讓人是避免鬥爭的極好方法，對個體也具有一定的價值。它具體表現在：

．得理不讓人，讓對方走投無路，有可能激起對方「求生」的意志，而既然是「求生」，就有可能是「不擇手段」，這對你自己將造成傷害，

好比把老鼠關在房間內，不讓其逃出，老鼠為了求生，會咬壞你家中的器物。放牠一條生路，牠「逃命」要緊，便不會對你的利益造成破壞。

· 對方「無理」，自知理虧，你在「理」字已明之下，放他一條生路，他會心存感激，來日自當圖報。就算不會如此，也不太可能再度與你為敵。這就是人性。

· 得理不讓人，傷了對方，有時也連帶傷了他的家人，甚至毀了對方，這有失厚道。得理讓人，也是一種積蓄。

· 人海茫茫，卻常常「後會有期」。你今天得理不讓人，哪知他日你們兩人會不會狹路相逢？若屆時他勢旺你勢弱，你就有可能吃虧！「得理讓人」，這也是為自己以後留條後路。

人情翻覆似波瀾。今天的朋友，也許將成為明天的對手；而今天的對手，也可能成為明天的朋友。世事如崎嶇道路，困難重重，因此，走不過去的地方不妨退一步，讓對方先過，就是寬闊的道路也要給別人三分便利。這樣做，既是為他人著想，又能為自己留條後路，多一個朋友多一條路。

做人要圓融變通，就要學會「讓」的藝術，讓人一步有時能讓你獲得意想不到的好效果。

第六章　心忍志堅，吃虧是福

第七章　眼毒心辣，站高望遠

眼光有多遠成就就有多大

　　凡是成功人士，在心態上是有大資本的人，他們的眼光從不短淺，他們總能站在長遠的角度考慮問題，因此有大計畫、大目標、大步驟和大行動。

　　成功人士通常具有戰略眼光，即使他們在決定眼下需要的改革時也是如此。儘管他們的許多見解是以目標、品質或價值為導向的，但把注意力集中在「下一個問題時」，這種想法為他們確定「未來」目標提供了催化劑 —— 考慮未來目標是一種來自突破性思考的遠見。有一個古老的故事，講的是三位砌磚工人對自己工作的認識的問題。

　　有人問：「你們是在砌磚嗎？」

　　第一位工人爽快地答道：「對，砌磚。」

　　第二位工人也跟著說：「對，我們是在砌磚。我們在做每小時 10 美元的工作。」

　　第三位工人則搖了搖頭，說：「你問我在砌磚吧？不，我在建造世界上最偉大的教堂。」

　　雖然這個故事沒有告訴我們 3 位工人的未來，但我們能知道在以後的歲月裡，他們會有不同的結果。很可能，前面兩位工人仍是砌磚工，他們缺乏遠見，他們只是為工作而工作，並沒有什麼動力推動他們去取得更大的成功。但可以推測的是，那位認為自己是在建造教堂的工人，不會仍然是砌磚工，也許他已經成為一個工頭或承包商，或者是一位建築師。他會不斷地因為他的遠見卓識而得到提升。

　　被譽為清代「紅頂商人」的胡雪巖曾經有一句名言：「做生意頂要緊的是：眼光看得到一省，就能做一省的生意；看得到天下，就能做天下的生意；看得到外國，就能做外國的生意。」被世界各地華裔商人奉為「經營之神」的范蠡便是一位極有眼光的人，他的成功源自他的眼光和他的長遠思考。

范蠡是越國大夫。約西元前 494 年，越國被吳國打敗，范蠡輔助越王勾踐臥薪嚐膽，發憤圖強，最終亡吳興越。恢復越國後，范蠡高瞻遠矚，不為誘人的官位所左右，而是認為「狡兔死，走狗烹；飛鳥盡，良弓藏；敵國破，謀臣亡」。他預見到官場上同越王只可共患難，不能同安樂，便急流勇退，棄官而去。

范蠡來到齊國，改名為鴟夷子皮，帶領家人，一邊在海濱墾荒、種地，養殖五畜，一邊看準機會做買賣賺錢。由於范蠡聰慧敏捷，理財有方，時隔不久便累積了巨額資產。齊國國君聞其賢名，欲請他當齊國的丞相。范蠡聽到這個消息後悄然隱退，並將家中財產盡數贈給了親戚朋友。

最後，范蠡來到山東定陶。范蠡認為定陶位於天下中心，交通便利，從而定居於此，自號陶朱公。因此，後人更多的只知陶朱公，而不知范蠡。

范蠡的成功之處在於，他從不只顧眼前利益，目光短淺，而是善於用長遠的思考技巧去指導日常活動，處處比別人棋高一著。

做事要想成功就必須把眼光放遠。成功和失敗不是一夜造成的，而是一步一步累積的結果。決定給自己制定更高的追求目標，決定掌握自我而不受制於環境，決定把眼光放遠，決定採取何種行動，決定繼續堅持下去，這種種決定做得好，你便會成功，做得不好你便會失敗。

把你的眼光放遠大些，沒有哪個人是因為短視而成功的。

站得高才能望得遠

隨著時代的進步、科技的發展，人與人之間的關係、事與事之間的關係彼此越來越複雜。怎樣將各種關係調理得清清楚楚，並適當地駕馭它，這就離不開謀略的運用。科學越發達，謀略的法門越神奇玄妙。能夠就事論事、就理論理、就事辦事、就理從理；能夠正確計劃、妥當處置，這也不失為有見識、有作為的人。

　　深事深謀，淺事淺謀，大事大謀，小事小謀，遠事遠謀，近事近謀。成功的人都具備深遠的策略和高明的見識。計謀貴在高人一籌。策略貴在高人一著。能看到別人不能看到的。能謀劃別人不能謀劃的。能思慮別人不能思慮的。能推測別人不能推測的，這才稱得上遠謀大略。

　　劉邦起兵後，蕭何擔任他的「後勤部長」，負責後方糧草供給，未有一次令劉邦失望。蕭何每到一處，十分注意收集法令制度圖書文獻，而不像其他將官那樣忙著搶掠財物。劉邦當上漢王後，請蕭何擔任丞相。當時，項羽和一些諸侯殺死秦三世子嬰後燒毀咸陽城，然後揚長而去。劉邦之所以知道天下各地的要塞、戶口的多少、形勢強弱的地方、人民的疾苦，就是因為蕭何獲得了秦朝的全部地圖、書籍等資料的緣故。

　　劉邦入關後，在張良的勸諫下，封存秦朝宮寶、府庫、財物，還軍灞上，以待項羽等各路起義軍。在此期間，劉邦集團還實施了一系列極有遠見的政治策略。劉邦召集諸縣父老豪傑，對他們宣告說：「父老們，你們在苛酷的秦法之下生活，痛苦很久了。秦法規定，如果人民有誹謗朝廷的，就滅族；人民有相聚談話的，就是犯棄市死罪。我和諸侯有約，先入關的，就為關中之王。現在我當為關中之王。今天我要和父老約法三章：殺人者，死；傷人者，抵罪；盜竊者，抵罪。此外一切秦法完全廢除。官吏都依原來位置，全不遷動。」

　　秦國人聽了約法三章大喜，爭先持牛羊酒食獻給沛公的軍士。沛公又謙讓，不肯接受所獻食物，民眾們更為喜悅，唯恐沛公不做秦王。這些安民措施為劉邦爭得了民心，對於他日後經營關中，並以此做根據地與項羽爭雄天下，奠定了良好的基礎。

　　不畏浮雲遮望眼，只緣身在最高層。做事要站得高、望得遠，要善於掌握事物的發展規律，按照事物的連續性、因果性的連繫預見它的發展趨勢。同時因為事物是多變的，所以還要根據其時間、地點不同以及整體利益與局部利益的差異來做出戰略決策。這需要有統率全域的戰略頭腦。當然，我們不是要求你能成為蕭何，我們只是強調一點，做事的眼光要放得長遠些，不要盯著腳尖走路。

腳踏實地，才能做長久打算

人的一生不管做什麼事都得實實在在。萬丈高樓平地起，夯實地基為第一；參天大樹搏風雨，扎實根基為第一；穀子低頭笑茅草，豐盈子實為第一；有志之士建功業，充實自己為第一。

在生活中常常有這種情況：有些人胸懷大志，但又有點好高騖遠，他也在思考，不過他的這種思考是在想入非非，而且還不願老老實實地學習、踏踏實實地行動。這樣長此以往，他便成為了一個空想家，最後什麼事也沒做成。

好高騖遠，就是指那種不切實際地追求過高或過遠目標的心態。你如果好高騖遠，那就在追求成功的心態上犯了大錯誤，你就會總盯著很多很遠的目標，大事做不來，小事又不做，最終空懷奇想，落空而歸。一個人能力有大小。要根據能力大小去做事和確定目標、去確立志向。如果客觀條件不允許，那麼，自己就該實事求是，確定出合適的發展目標。否則一味追求高遠，不考慮可行性，就永遠也不可能成功。

養由叔精於射箭，且有百步穿楊的本領。相傳連動物都知曉他的本領。一次，兩隻猴子抱著柱子爬上爬下，玩得很開心。楚王張弓搭箭要去射牠們，猴子毫不害怕，還對人做鬼臉，仍舊蹦跳自如。這時，養由叔走過來，接過了楚王的弓箭，於是，猴子便哭叫著抱在一塊，害怕得發起抖來。可見，連猴子都能感覺到養由叔的箭藝超群。

有一個人向來敬慕養由叔的射箭術，決心要拜他為師，經幾次三番的請求，養由叔終於同意了。收為徒後，養由叔交給學生一根很細的針，要它放在離眼睛幾公尺遠的地方，整天盯著看。

看了兩三天，這個學生有點疑惑，問老師說：「我是來學射箭的，老師為什麼要我做這莫名其妙的事，什麼時候教我學射術呀？」

養由叔說：「這就是在學射術，你繼續看吧！」於是這個學生繼續看。過了幾天他就有點煩了。他心想，我是來學劍術的，看針眼能看出神射嗎？

這個徒弟不相信這些。養由叔又教他練臂力的辦法，讓他一天到晚在掌上平端一個石頭，伸直手臂。這樣做很苦，那個徒弟又想不通了，他心想，我只學老師的手藝，他讓我端這塊石頭做什麼？

養由叔看他已經無心繼續學下去，就由他去了。這個人最終沒有學到手藝，空走了很多地方。

高超的射箭術不是一日而就，需打好扎實的基本功。跟養由叔學射箭的徒弟，如果能腳踏實地，不好高騖遠，從奠定基礎做起，他的射箭技術也許就會變得精湛。

好高騖遠，脫離實際的人，注定只能生活在虛幻之中，這種人沒有扎實的基礎，獲得的只有空中樓閣、海市蜃樓，這是人生的悲劇，也是成功的陷阱。好高騖遠的人沒有立足社會的真正能耐，只能誇誇其談。

人，不是不能遐想，不是不能展望，但想了要付諸行動。如果只遐想，而不學習、實踐，那就真成「空想」了。

追求長期效益，不可急功近利

魯迅先生說，地上本沒有路，走的人多了，也便成了路。我們都尊敬第一個吃螃蟹的人，尊敬第一個在荊棘叢中邁出步伐的人，這是因為，他們的行動一下子就掌握了成功的脈搏，他們的雙腳一下子就踏在了成功的大道上。有了第一步，就會有第二步，有了第二步，就會有第三步，這樣一直走下去，肯定會步入成功的輝煌。

一心只想急迫地追求短期效益而不顧長遠影響；總是思考追求眼前的小利而不顧全域的根本利益，這些都是急功近利的表現。

古語說，欲速則不達。急功近利是成就大事業的絆腳石。急功近利者是目光短淺的。他們只看到眼前的境況，只看到暫時的貧富盈虧。頭痛醫頭，腳痛醫腳，是急功近利者一貫的思考模式。為了治好頭而不顧腳，為了治好腳又不顧頭了。為了擺脫眼前的狀況，可以不顧未來的利益；為了求得一時的痛快，而以長遠的痛苦為砝碼。其實這都是得不償失的。

1950 年，豐田公司因破產危機導致工業公司和銷售公司分裂。但是，不久爆發的朝鮮戰爭卻給豐田帶來了商機，美軍因戰爭需要大量的卡車訂單使豐田汽車公司起死回生。這對於親身體驗了產銷分離痛苦的豐田英二來說，當然希望回到以前產銷一體的體制。但是事情並非那麼簡單，工業公司和銷售公司分離的體制已經形成，當時負責技術部門的董事豐田英二深知，即使他提出重新合併的建議，在當時也是行不通的。

豐田英二在確定豐田的未來發展方向時決策很慢，這是因為豐田英二在深思熟慮地考量各種條件的同時，還要衡量各方面的利益是否均衡。他認為條件不成熟，即使勉強行事也會失敗，他只有耐心地等待。

直到 1980 年代初，豐田的兩家公司才終於結束了長達 32 年的產銷分離，誕生了全新的豐田公司，豐田英二的等待終於有了豐碩的成果。

在處理豐田赴美建廠一事上，豐田英二也同樣小心思考，著眼長遠。豐田進軍美國，在日本汽車廠商中，是繼本田等兩家公司之後的第三家日企汽車巨頭，為此不少人抱怨已為時太晚。後來做了會長的豐田英二和社長豐田章一郎的回答是：「我們在耐心等待，我們的行動並沒有落後。」由於採取了謹慎的戰術，豐田公司最終順利地打入了美國汽車市場。

許多成功者如豐田英二和豐田章一郎，他們與失敗者的唯一區別往往不在於他們更努力、更聰明，而只在於他們能耐心等待，能多堅持一下子。

人生有很多夢是遙不可及的，但只要勇於相信並堅持到底就有可能實現。人類歷史上那些文化豐碑，曾經也是巨匠們多年嘔心瀝血建成的。

你可能不敢奢望有這麼大的成就，但不論你希望做成什麼，你只需要每天堅持進步 1%，長此以往。你一年就會進步 500%。美國著名作家拿破崙‧希爾說：「不懈努力，幸運之門就會打開。」

成就絕非一日之功。你不會一步登天，但你可以逐漸達到目標，一步又一步，一天又一天。別以為自己的步伐太小，重要的是每一步都踏得穩實，這才是通向成功的康莊大道。如果你想成功，只要你肯為此盡心盡力，你一定不會落空。

心細如髮，善於從細節中抓住機會

工作和生活中，機遇很重要，但更重要的是發現，掌握機遇。

生活中，總有那麼一些人常常哀嘆命運的不公，說上天沒有賦予自己良好的發展機遇。其實上天對待每一個人都是公平的，在給予別人機遇的同時，也在給予你同樣的機遇。也許，那些機遇的到來並不是那麼明顯，完全是在你無法預料的情況下意外出現的，這個時候，能否獲得成功，關鍵就在於你捕捉機遇的眼光和能力了。

有一個人在洪水來臨時，被困在了閣樓裡。當洪水上漲到他周圍時，他虔誠地禱告，希望上帝來救他。「上帝會救我的。」他對自己說。很快來了一艘船，船主叫這個人游到船邊來。「別擔心我」，他說，「上帝會來救我的。」船上的人很不情願地把船划走了。

洪水繼續上漲，並且很快就要淹過他的膝蓋，離閣樓不遠處又來了一艘船，船上的救生員大喊著讓這個人上船，但他仍然回答道：「上帝會來救我的。」他更加虔誠地禱告。就在洪水淹到他的下巴時，第三艘船划了過來，到了他可以跳上船的距離，但這個人仍然大叫著說：「不要管我，上帝會來救我。」那艘船也同樣無奈地划走了。

幾分鐘之後，洪水淹沒了他整個人。當他進入天堂之後，立刻要求見上帝。他謙恭地問道：「上帝，我在人間的工作尚未完成，你為什麼不救

我？」上帝一臉錯愕，納悶地說：「哎呀！我還以為你急著想來這裡呢，我已經派三艘船去了，不是嗎？」

機遇的每一次到來，都不會提前跟你打招呼，它總是悄悄地來，試圖讓你發現它、抓住它，如果你是有心人，就會理智地抓緊它；如果你心思不細，眼光不明，機遇即使在你面前，你也會視而不見，眼睜睜地看著它離去。生活中的很多人，對機遇總是抱著守株待兔的態度，等待不到就開始怨天尤人，慨嘆自己是上帝的棄兒，但實際情況卻是太多的機遇就在他們的等待過程中與他們擦肩而過了。

機遇稍縱即逝，猶如白駒過隙，它是明察善斷者不斷進擊的鼓點，是長夜中士兵即刻開拔的號角。在它面前任何猶豫都與它無緣，都不能啟開勝利的窗扉。機不可失，時不再來，在進退之間，不能掌握時機者，必將一事無成，悔恨終身。

擁有一雙慧眼，拋開優柔寡斷，抓住你應得到的機會，你才能獲得成功。抓住機會，見機而動，這個道理並不難理解。但許多人卻令人遺憾地失去了機會。失機的原因恐怕體現在兩個環節上，一個是不懂得識機，一個是不懂得擇機。

時機來到，有的人能及時發現，有的人卻視而不見，有的人雖然有所發現，但認識不清，掌握不住。對機會的認識決定了對機會的選擇。不能識機，也就無所謂擇機；識機不深不明，便會在機會選擇上猶豫徘徊，左顧右盼，不能當機立斷，最終會遺失良機。

致使良機丟失的另一個原因，是多謀少決，不能決斷，缺乏當機立斷。這固然受到對時機認識不明的制約和影響，但與決策者的心理素養也有很大關係。有的人天生意志軟弱，缺乏決斷力，面對幾種互相矛盾的選擇方案，不分良莠，不知取捨，無所適從。

可見，機遇並不是賜給每個人的。無論在社會生活和社會鬥爭中，機遇只偏愛那些有準備的頭腦，只垂青那些深知如何追求她的人，只賜給那些自信必能成功的人。

　　要想做到見機而動，必須善擇良機。良機不可能赤裸裸地放在我們的面前，它常常被複雜變幻的迷霧所掩蓋。為此，必須養成審時度勢的習慣，隨時掌握客觀形勢及其各種力量對比的變化，透過現象，發現本質，這樣方能及時抓住時機。

　　做到見機而動，還應注意培養果斷的意志力，杜絕猶豫不決的弱點。行動需要決策，任何決策都或多或少存在風險。具有百分之百的成功把握的決策，算不上決策，在一般情況下，有七分把握，三分冒險，就應該當機立斷。而人們面對來臨的機會，易犯的錯誤就是患得患失，猶豫不決。有句古話：「捨不得孩子，套不住狼。」不肯冒風險，必將一事無成。

　　清代王士禎曾講過這樣一則寓言：

　　一個從西域來的經商的胡人，看見一戶人家的小桌上放著一塊石頭，就想買下來。去了好幾次，主人都故意抬高它的價錢，總也不肯賣。有一天主人將這石塊重新打磨了一番，希望能提高售價。第二天經商的胡人又來了，見了新磨出的石頭，非常惋惜地說：「這是一塊至寶，可惜現在已經沒用了。這塊石頭上原有十二個小孔，按十二時辰排列，每交一時，就會有一隻紅蜘蛛在小孔上結網；後網結成，前網就消去，這是天然的計時儀。如今有紅蜘蛛的小孔磨壞了，這石頭又有什麼用呢！」說完，轉身就走了。買者失去機會，沒能買到奇寶，賣者也失去了機會，未能得到一分錢。

　　這個故事告訴人們：機會只敲一次門。機會老人先給你送上它的頭髮，如果你沒抓住，再抓就只能碰到它的禿頭了。

　　生活中，每個人都希望能轟轟烈烈地做一番事業，不想碌碌無為地了此一生，可是有的人總覺得想做事情卻無從下手，渴望聲名、財富和權力，可是取之無門，因此他們常常抱怨，那個著名的蘋果為什麼要砸在牛頓的頭上，而不是掉在你的頭上？他們常常感嘆自己生不逢時，如果身處戰爭環境中，自己一定已經成為了威震四海的名將了。他們常常遺憾：命運既然讓自己這匹千里馬降臨人間，可是為什麼總也不讓伯樂出現呢？

其實，不是機遇沒有到來，而是你缺乏捕捉機遇的那種敏銳，沒有了這種敏銳，即便蘋果接連不斷地落下，將你砸得頭破血流，你也發現不了科學定律；沒有了這種敏銳，即便你身經百戰，你也總是成就不了功名；沒有了這種敏銳，即使有人慧眼識才，你也覺得他是庸人一個，讓他帶著失望離開你。總之，在你尋找機遇的時候，也許它就在你的身邊。你之所以沒有發現它，是因為它出現得太意外了。只有不坐著等待，而是主動地去捕獲那些意外而來的機遇，才能取得成功。克利斯蒂安娜·阿曼波爾的姐姐報名參加了一個新聞培訓班，可是才兩個月的時間她就再也不想接觸新聞了。阿曼波爾覺得姐姐這樣做是一種浪費，便獨自一人跑到學校去，試圖討回姐姐所交的那些學費。可是意外的是，校方堅持拒不退還學費。阿曼波爾心想：交了學費卻不來學習，太不划算了。於是，她便代替姐姐去上了這個新聞培訓班。

後來，阿曼波爾成了世界上著名的女記者，成功後的她說：「說起來這就像一次盲目的約會演變成了一場真正的戀愛，完全是一個意外。」的確，如果沒有了那一次意外，也許這個世界上就少了一個著名的女記者。她的成功是因為她及時抓住了命運在她前進的道路上給她的那個機遇，而後鑽了進去，拚命努力，最終獲得了成功。其實有時我們很多人已經離成功很近了，只有一步之遙，可是卻沒能堅持下去抓住機會。

人生並不缺少機會，在通往成功的道路上，機會常常會輕輕地敲你的門，只是它們來臨的時候，常常是百無聊賴的你正處於昏昏欲睡的狀態，你忽略了那一聲聲輕微的、卻足以決定你命運的聲音，所以我們缺乏的常常是善於發現機會的能力。很多的機會好像蒙塵的珍珠，讓人無法一眼看清它華麗珍貴的本質。踏實的人並不是一味等待的人，要學會為機會拭去障眼的灰塵，然後將機會和自己的能力對比，合適的趕緊抓住，不合適的學會放棄。用理性的態度對待機會，也使用理性的態度對待人生，人生脫穎而出的關鍵在於找到合適的機會表現出自己的實力！

斐塞司博士有一個習慣，總是在午飯後坐在門前晒太陽。一隻母貓在陽光下安詳地打瞌睡，那種悠閒、舒服的樣子在斐塞司眼裡十分有趣。時

間一分一分地流走，太陽一步一步向西邊走去，漸漸被拉長的樹影，擋住了母貓身上的陽光。母貓醒了，牠站了起來，伸了伸慵懶的身軀，又踱到另一塊有陽光的地方，重新臥了下來，接著打瞌睡。

每隔一段時間，貓都會隨著陽光的轉移而不停變換睡覺的場地，這一切在我們看來是那樣的司空見慣，可是貓的這些舉動喚起了斐塞司博士的好奇心。貓為什麼喜歡呆在陽光下呢？是光和熱還是其他的因素？對，是光和熱。貓喜歡呆在陽光下，說明光和熱對牠是有益的，那對人呢？光和熱對人是不是也同樣有益？這個想法在斐塞司的腦子裡閃現。

就是這個一閃而過的想法，成為聞名世界的日光治療法的起點。不久，日光治療便在世界上誕生了。斐塞司博士，也因為了一隻睡懶覺的貓而獲得了諾貝爾醫學獎。

生活中有無數的人無數次地見過躺在陽光底下睡覺的貓，那時有很多人羨慕貓的安逸，也有很多人痛恨貓的懶惰，而能聯想到日光療法的卻只有斐塞司一個人，於是很多很多人的人依舊碌碌無為，而斐塞司卻功成名就，名揚四海。

很多時候，確實是當我們失去的時候才知過自己曾經擁有，但有沒有注意到當有些東西來臨的時候，我們已錯過。

眼光敏銳，看透人心

事因人而成，也因人而敗。好朋友，好的員工是我們人生路上的寶貴財富，相反，損友及小人則是我們的敵人和障礙。因此，在人際交往和工作中，我們要學會看人，識人的本事。

看人是一門很高深的學問，據說有的人從走路方式和表情，即可判定一個人的性情。

如果你也有這種功夫，那麼就不怕碰上心術不正的「壞人」了，不過那看人的功夫不是誰都能學得到的，也不是兩天就能學得到的。可是我們

每天都要和許多不同性情的人共事、交往、合作，對「看人」沒有一點能力還真是不行的。

不過你若無研究，千萬別把書上看來的那一套面相學搬到現實生活使用，因為這樣容易使你看錯人，把好人看成壞人，或是把壞人看成好人。把好人看成壞人對自己：來說沒有太大關係，但若是把壞人看成好人，那對自己的傷害可就太大了。

那麼我們要如何來看人呢？

有位專家談到這個問題吋，向我們提出這樣的建議：用「時間」來看人。

所謂用「時間」來看人，就是指透過長期觀察，而不是在見面之初就對一個人的奸壞下結論，因為太快下結論，會因你個人的好惡而產生偏差，從而影響你們的交往。另外，人為了生存和利益，大部分都會戴著假面具，你所見到的是戴著假面具的「他」，而並不是真正的「他」。這是一種有意識的行為，這些假面具有可能只為你而戴，而扮演的，不是你喜歡的角色，如果你據此判斷一個人的好壞，並決定和他交往的程度，那就有可能吃虧上當或氣個半死。用「時間」來看人，就是在初次見面後，不管你和他是「一見如故」還是「話不投機」，都要保留一些空間，而且不摻雜主觀好惡的感情因素，然後冷靜地觀察對方的行為。

一般來說，人再怎麼隱藏本性，終究要露出真面目的，因為戴面具是有意識的行為，時間久了自己也會覺得累，於是在不知不覺中會將假面具拿下來，就像舞臺演員一樣，一到後臺便把面具拿下來。假面具一拿下來，真性情就顯露了，可是他絕對不會想到你會在一旁觀察他。

用「時間」來看人，你的同事、夥伴、朋友，一個個都會「現出原形」。你不必去揭下他的假面具，他自己自然會揭下來向你呈現真面目，展現真實自我的。

用「時間」特別容易看出以下幾種人：

1. **不誠懇的人**：因為他不誠懇，所以對人、對事會先熱後冷，先密後疏
   國。用「時間」來看，可以看出這種變化。

2. **說謊的人**：這種人常常要用更大的謊言去圓前面所說的謊話，而謊話
   一說多說久了，就會露出首尾不能兼顧的破綻，而「時間」正是檢驗
   這些謊言的利器。

3. **言行不一的人**：這種人說的和做的是兩回事，但透過「時間」，便可
   發現他的言行不一。事實上，用「時間」可以看出任何類型的人，包
   括小人和君子，因為這是讓對方不自覺的「檢驗師」，最為有效。

　　至於多久的時間才能看出一個人的真性情真本質，如果是許多年，這
似乎是長了些，但如果說就需一個月又短了些。那麼到底多長的時間才算
「標準」？這並不能做出規定，完全因情況而異，也就是說，有人可能第二
天就被你識破，而有人二三年了卻還讓你摸不清楚。因此與人交往，千萬
別一頭熱，先要後退幾步，並給自己一些時間來觀察，這是最起碼的保護
自己的方法。

多個心思，玩轉職場

　　在職場工作者，那些眼疾手快，心思敏銳的人，更容易獲得晉升和嘉
獎的機會。其實，只要你注重一些職場的細節，這些細節將為你鋪平以後
的道路。在職場中有很多細節是可以創造的，而你一旦學會創造和保持它
們，也許贏得考官或上司的讚許的目的將輕鬆達成。

・**帶個公事包上班**：如果你每天夾個公事包來上班，那一定能讓同事們
　認為，你專注於工作。可能你的公事包一到辦公室就被扔到一邊，或
　許你的公事包每天僅僅出現在你去吃午餐的時候，但你的資訊已經被
　傳達到了。

- **坐直了，站直了**：站得直、坐得直可以讓你看上去一直精神飽滿、充滿自信。你肯定不希望同事們看到你無精打采地縮在自己的電腦前吧！除非你昨天熬了一夜要完成一個報告。

- **開心一點，面示笑意**：盡量保持心情愉快，以笑臉示人。微笑不僅可以傳染給周圍的人，還能讓別人的悲傷不那麼容易就傳染給你。

- **注意氣味和穿著**：隨身帶點香口膠可能會在某個時刻幫上你。此外，人們一般都是從他們所看到的來評價一個人，所以在週末你可以穿得隨便一些，其他工作時間，請保持嚴謹。

- **遠離閒談，惜時**：無論談的內容多麼有趣，辦公室閒談都是終結你職業生涯的致命武器。什麼是有用的，什麼是沒用的，你應該分清楚。

- **學會閉嘴、多傾聽**：讓人覺得你很聰明的最好辦法就是知道什麼時候該閉嘴。參與討論當然是好事，但如果你總是在說些過時或者被提過的東西，那你還不如什麼都不說。

- **保持工作區域秩序、整潔**：讓你的辦公桌時刻保持整潔，檔案都放在抽屜內，每樣東西都井然有序。你的老闆一定會認為你在其他方面也是有條理的。 職場中細節無處不在。現在，越來越多的人已經開始意識到細節的重要性，它有時會讓略處劣勢的求職者順利通過面試，有時會讓業務並非最優秀的職工得到意外晉升。而對於失意者來說，也許他們就是倒在這小小的細節上了。

眼光毒辣，看透人性

一個人一個性格，而讀懂他人的性格，你才能在人際交往中掌握主動，心中有數。

事實上，人類的性格是無法定性的，而是一個有機的統一體，會有各種不同的表現。

從心態的外在表現上看，人的性格可以分得更概括一些，這實際上也是心理學經常採取的研究方法，按照理智、情緒、意志在性格結構中比例分布的情況，把人的性格分為理智型、情緒型、意志型。屬於理智型的人以理智來衡量一切並支配行動。德國古典哲學家康得就是一個代表。他極其推崇理性並且按理性行事，反對人成為情緒的奴隸。他的生活極有規律，每天下午五點散步，幾十年如一日，以至於人們把他看做準確的時鐘，比教堂的鐘聲還準時。屬於情緒型的人，情緒體驗深刻，舉止受情緒左右，這在文學家、藝術家中最為多見，有些人為了滿足情緒的願望，不惜貽笑大方，他們認為，一個人不應該過多壓抑自己的情緒。屬於意志型的人具有較明確的目標，行為主動。法國前總統戴高樂可以說是意志型的典型。他把意志看做是權力的象徵，他的一舉一動，甚至一顰一笑，都是有意安排和作出的，很少有下意識的舉動，更不可能看到他隨隨便便的親熱樣子，他認為那有損總統的尊嚴。

所謂理智型、情緒型、意志型是相對而論的，只不過是說某種特性更明顯就是了。一個人不可能只有理智，沒有情緒和意志；或者只有情緒、意志而沒有理智。這樣的人是不存在的。

瑞士一位心理學家感到這種分法，未必能夠很好地解釋現實生活中人們性格與心理狀態關係。於是他把人的性格機能特性分為 4 種類型，即敏感型、情感型、思考型和想像型。

- **敏感型**：敏感型的特徵是精神飽滿，好動不好靜，辦事速戰速決，但行為常有盲目性。與人交往，往往會拿出全部熱情，但受挫時又容易消沉失望。這類人最多，約占總數的 40%，在運動員、行政人員中較多，其他各種職業中也都有。

- **情感型**：情感型的特徵是情感豐富，喜怒哀樂溢於言表，別人很容易了解他的經歷和困難；不喜歡單調的生活，愛尋找刺激，愛感情用事；講話寫信熱情洋溢，在生活中喜歡鮮明的色彩，對新事物很有興趣。在與人交往時，容易衝動，有時會表現出反覆無常，傲慢無禮，所以

與其他類型的人有時不易相處。這類人占總數的 25%，在演員、活動家、護理人員中較多。

- **思考型**：思考型的特徵是善於思考，邏輯清楚，有較成熟的觀點，一切以事實為依據，一經作出決定，能夠持之以恆；生活、工作有規律，愛整潔，時間觀念強，重視調查研究和精確性。但這類人有時思想僵化、教條，糾纏於細節，缺乏靈活性。這類人約占總數的 25%，在工程師、教師、財務人員、統計人員中較多。

- **想像型**：想像型的特徵是想像力豐富，憧憬未來，喜歡思考問題；在生活中不太注意小節，對那些不能立即了解其觀點價值的人往往很不耐煩；有時行為刻板，不易合群，難以相處。這類人不多，大約占總數的 10%。在科學家、發明家、研究人員和藝術家、作家中居多。

全面、準確地了解自己的性格，對於發揚其中積極的，優秀的方面，克服、改造其中消極的、不良的方面，從而使自己更快地走向成熟，對一個人的工作和生活有很大的作用。

事實上，一個人性格中的各種因素是不可能機械分割的，但人是理性動物，能夠揚長避短，也能夠取長補短，最終達到完美性格的目的。

第七章　眼毒心辣，站高望遠

第八章　眼疾心狠，敢想敢做

成功的機會就在身邊

我們都渴望成功和榮耀，然而我們總是抱怨生活太累，成功來得太遲，或者根本就看不到成功的端倪。其實，成功的天使從來都沒有放棄過對我們的期望，只是我們自己放棄了努力，不願意去做那些看起來微不足道的事兒，而那些事正是促使個人成功的基石。

1. 從賣牙刷開始

有一位家境貧寒的男孩，為了養家糊口，小小年紀的他不得不輟學，去推銷利潤極低的牙刷。想想看，一把牙刷賺 10 美分，他一個月要賣近萬支的牙刷才能勉強養家。然而，他還是走過來了，3 年間他賣了數個 10 萬支牙刷。也許他沒有賺到更多的錢，但他賺到了寶貴的行銷經驗。

不久以後，這個男孩以 3,000 美元起家，從與人合作。起初他借助別人的品牌起步，然後利用他的推銷才能，創立了自己的品牌，並不斷擴大行銷連鎖店。在短短的 5 年間，他就把自己公司生產的牙刷銷售到了 20 多個國家，自己成了千萬富翁。

他就是美國的牙刷大王詹姆斯。正是他堅持做了許多的牙刷推銷工作，熟悉了牙刷從生產到行銷的各個環節，才堅定了他在這一領域施展才能的信心，才最終獲得了成功。

沒錯，「不要輕視一枚小小的紐扣，它也能幫你走上輝煌的領獎臺。」一位世界級服裝設計師在一次頒獎大會上這樣感嘆。那些看似不起眼兒的工作，卻蘊藏了成功的基石和品性。

2. 玻璃瓶中的機遇

別涅迪克博士是法國一家化學研究所的高級研究員。一次，在實驗室裡，他準備將一種溶液倒入燒瓶，一不小心燒瓶落在地上，糟糕！還得費時間打掃玻璃碎片，別涅迪克博士有些懊惱。

然而，燒瓶並沒有破碎，於是他彎下腰撿起燒瓶仔細觀察，這只燒瓶和其他燒瓶一樣普通，以前也曾有燒瓶掉在地上，但無一例外地全都破成了碎片，為什麼這只燒瓶僅有幾道裂痕而沒有破碎呢？別涅迪克博士一時找不到答案，於是他就把這只燒瓶貼上標籤，註明問題，保存起來。

不久後的一天，別涅迪克博士看到一張報紙上報導說市區有兩輛公車相撞，車上的多數乘客被擋風玻璃的碎片劃傷，一塊碎玻璃還刺穿了司機面部且插入口腔。別涅迪克博士想到了那只裂而不碎的燒瓶。

他走進實驗室拿過那只燒瓶，只見那只燒瓶的瓶壁有一層薄薄的透明的膜。別涅迪克博士用刀片小心地取下一點進行化驗，結果表明，這只燒瓶曾盛過一種叫硝酸纖維素的化學劑液，那層薄薄的膜就是這種溶液蒸發後殘留下來的，遇空氣後產生了反應，從而牢牢黏貼在瓶壁上起到保護作用。因為無色透明，所以一點兒也不影響視覺。「如果這種溶液，用於汽車玻璃的生產中，以後再發生類似的交通事故，乘客的生命安全不是更有保障嗎？」

別涅迪克博士因為這個小小的發現而榮登西元 1900 年代法國科學界突出貢獻獎的榜首。

每一種成功都始於一雙善於發現的眼睛，更始於執著探索的心靈。常常我們慨嘆沒有機遇，但許多時候，機遇來臨時並不是敲著鑼打著鼓，而是悄悄從你身邊溜過。

有心還是無意，是決定能否抓住機遇的關鍵。

3. 機會只有 3 秒

名牌大學畢業的她，卻一時間找不到工作，好不容易找了份戲劇編輯助理的工作，卻發現整個公司除了老闆外只有她一個員工，累死累活做了三個月。只拿到一個月的薪酬，於是只得炒了老闆魷魚。

她開始遊蕩，幫人寫短劇，寫電影，只要按時收到錢就好，前路茫茫，她希冀著發生奇蹟。

一次機緣巧合，她應聘到某電視臺當了一個節目編劇。半年後，一次在製作節目時，製作人不知為什麼突然大發雷霆，說了句：「不錄了！」轉身就走了。

幾十個工作人員全愣在那裡，不知怎麼辦，主持人看了看四周，對她說：「下面的我們自己錄吧！」

機會只有 3 秒鐘，3 秒鐘可以改變一個人的一生。她拿起製作人丟下的耳機和麥克風，那一刻，她清楚地對自己說：「這一次如果成功了，就證明你不僅是一個隻會寫寫小劇本的小編劇，還可以是一個優秀的製作人，所以不能出醜！」

這件事情以後，她開始學做執行製作人，當時，像她那個年紀的女生能做製作人，在影視界還是相當罕見。

幾年後，這個小女生成了 3 度獲得金鐘獎的王牌製作人，接著一手製作了紅極一時的電視劇《流星花園》，她就是被稱為臺灣偶像劇之母的柴智屏。

機會只有 3 秒，就是在別人丟下耳機和麥克風的時候，你能撿起它。

挑戰「禁區」，走向巔峰

阻礙我們成功的往往不是不知道的事，而是一些司空見慣的事情，自身固有的觀念、前人的經驗、世俗的眼光，這一切都會成為枷鎖套住我們的思想，讓我們不敢跨出一步，成功、創新首先要做的就是拿出打破一切常規的勇氣。

成功的人往往是那些能夠擺脫條條框框的束縛，在工作中有所突破的人，這種人才是各個公司都想錄取的對象。

在一家公司裡，總經理總是對新來的員工強調一件事：「不要走進 8 樓那個沒掛門牌的房間。」

他沒有解釋原因，也沒有員工問為什麼，員工們只是牢牢地記住了這個規定。

又有一批新員工來到公司，總經理重複了這樣的規定。這次有個年輕人小聲嘀咕了一句：「為什麼？」

「不為什麼。」總經理滿臉嚴肅地說，依舊沒有做任何解釋。

回到公司，年輕人在思考著總經理的這個令人費解的規定，其他同事勸他別瞎操心，遵守這個規定，做好自己的工作就行了，但年輕人卻執意要進入那個房間看個究竟。

他輕輕地敲了一下門，沒有反應，再輕輕一推，虛掩的門開了，只見屋裡有一個紙牌，上面寫著 ——「把這個紙牌送給總經理」。

聽聞年輕人擅闖「禁區」後，同事勸他趕快把紙牌放回房間，他們會替他保密的，但年輕人拒絕了，他拿著紙牌走進了 15 樓總經理的辦公室。

當他把那個紙牌交到總經理手中時，總經理宣布了一項驚人的決定 ——「從現在起，你被任命為銷售部經理。」

「就因為我拿來了這個紙牌嗎？」年輕人詫異地問。

「對，這一刻我已經等了快半年了，相信你能勝任這份工作。」總經理自信地說。

只有勇於向禁區挑戰的人，才能獲得更多成功的機會。

勇敢走向舞臺，不要躲在陰影處

一個人如果總感覺自己不如別人，儘管他實際上可能是有能力的，但他的表現也確實不如別人，因為其自卑的思想主宰行動。

一個人心裡是怎麼想的，他的行為就會反應出來，沒有任何偽裝能夠長期掩飾這種感覺。

也就是說，一個人如果覺得自己沒有獨立做事的能力，不可能超越其他的人，那麼他就真的不會獨立，只能跟在別人的身後。

有位很有才能的女大學生在校時不但琴棋書畫無所不通，口才與文采也是無人可比。

大學畢業後，在學校的極力推薦下，才女去了一家小有名氣的雜誌社工作。誰知就是這樣的一個讓學校都引以為自豪的人物，在雜誌社工作不到半年就被炒了魷魚。

原來，在這個人才濟濟的雜誌社內有這樣一個慣例：每週都要召開一次例會，討論下一期雜誌的選題與內容。

每次開會很多人都爭先恐後地表達自己的觀點和想法，只有才女總是悄無聲息地坐在那裡一言不發。

她原本有很多好的想法和創意，但是她心中有些顧慮，一是怕自己剛剛到這裡便「妄開言論」，被人認為是張揚，是鋒芒畢露；二是怕自己的思路不合主編的口味，被人看做幼稚。

就這樣，在沉默中她度過了一次又一次激烈的討論會。有一天。她突然發現，這裡人們都在力陳自己的觀點，似乎已經把她遺忘在角落裡了。

於是她開始考慮要扭轉這種局面。但這一切為時已晚，沒有人再願意聽她的聲音了，在所有人的心目中，她已經根深蒂固地成了一個沒有實力的花瓶人物。

最後，她終於因自己的過分沉默而失去了這份工作。

思考模式與勇氣的重要性，「沒有做不到的，只有想不到的」，敢想、會想，你才有可能成功。

如果在此之前膽怯心理阻礙了你超越他人，那麼現在只需改變一下自身的思考方法，大膽放飛自己的思想，去做你想做的事。

我們每個人都有願望，我們都想有朝一日成為什麼樣的人物，但事實上，大多數人都因為沒有勇氣而違背了它，他們常用下面的藉口扼殺自己的願望：

- 「我做不到」、「我缺乏頭腦」、「我肯定會失敗」，這種消極的自我降低是導致他們永遠站在別人身後的罪魁禍首；
- 「我現在的狀況很有保障」，這種安於現狀的想法扼殺了他們真正的願望；
- 「能幹的人太多，根本不會有我的機會」，害怕競爭令他們不敢多想；
- 「這不是我真正想要的，而是父母讓我做這個，我不得不做」；「有了家，沒法再變動了」。這一類的托詞讓他們相信自己不該再有夢想。

讓自己僅僅是跟在別人身後的理由真是太多了，但是如果沒有嘗試創造的勇氣，不做自己想做的事，只會成為平庸者。而敢想就會有欲望，欲望一旦利用就會成為強大的力量。

成功屬於主動出擊的人

商業界大人物卡羅‧道恩斯，原本只是一家銀行普通的職員，為了更好地發揮自己的才能，他跳槽到杜蘭特公司，也就是後來的美國通用汽車公司在那裡工作了 6 個月後，道恩斯就給杜蘭特（William C. Durant）先生寫了一封信，並在信中問道：「我可否在更重要的職位上從事更重要的工作呢？」

杜蘭特決定給他一個機會：任命道恩斯負責監督新廠機器的安裝工作，但不保證升遷或加薪。他給了道恩斯一張施工圖，說：「請你依圖施工，再看你執行狀況如何。」

面對一張陌生的施工圖紙，從未接受過類似訓練的道恩斯並沒有退怯，他找來了相關人員，經過努力，提前完成了任務。當他向杜蘭特彙報工作時，卻發現緊鄰杜蘭特的一間辦公室的門上寫著「卡羅‧道恩斯總經理」。原來杜蘭特給他這些圖紙時，知道他看不懂，他就是要考驗他如何處理這些問題。終於，他發現道恩斯非凡的領導能力，並且杜蘭特特別欣賞道恩斯勇於直接向自己要求更高職位與薪水的勇氣。道恩斯成功了！

勇於冒險，就能贏得機遇

夜很黑，由於主人在桌子中間點燃了一根蠟燭，所以引來了許多飛蛾圍著燭光跳舞。

有一隻黑蜘蛛和一隻灰蜘蛛躲在角落裡，牠們已經很久沒有吃到食物了。

灰蜘蛛指著火焰旁邊飛來飛去的飛蛾對黑蜘蛛說：「如果可以在那裡織一張網，就可以享受美餐了。」灰蜘蛛剛剛說完，就有一隻飛蛾撞上了火焰，掙扎了幾下就死了。

黑蜘蛛心有餘悸地說：「那裡很危險啊！說不定就像剛才那隻飛蛾一樣。」

「與其在這裡等著餓死，還不如去拚一下。」灰蜘蛛說：「我們一起去吧！」

「說不定會有哪只喜歡黑暗的飛蛾撞到我的網子上呢。」黑蜘蛛說完，便爬到牠的破網中間，閉上眼睛等待著。

灰蜘蛛勸不動黑蜘蛛，只好自己一個人去了，牠努力爬近火焰，在桌子和蠟燭之間織起了一張網。

那天晚上灰蜘蛛飽餐了一頓，而且整個冬天牠再也不用為食物煩惱了，牠準備回去和黑蜘蛛一起分享。可是，牠匆匆趕回屋角的時候，才發現黑蜘蛛已經餓死了，只留下那張破網無助地在風中飄動著。

成功就在於當機立斷，勇於出手。成功的人生須經風浪洗禮，理想的目標要腳踏實地，是一步一步丈量出來。商場就好比戰場，競爭又是千變萬化，所以，因循守舊、墨守成規注定要失敗。

魯冠球出生在浙江省蕭山市寧圍鄉，父親在上海一家醫藥工廠工作，薪酬收入微薄，他和母親在貧苦的鄉村生活，日子過得很艱難。初中剛畢業，為了減輕父母沉重的生活負擔，魯冠球想靠自己養活自己，就回家種

起了莊稼，過起了普通農民的生活。十四五歲本來是讀書的大好時光，選擇種田告別學校的魯冠球是下了很大決心的，但他的內心卻很痛苦。

後來，經人幫忙，魯冠球被介紹到蕭山縣鐵業社當了個鐵匠的小學徒。此後，魯冠球就做起了鐵匠。他慶幸自己終於告別了種田的生活，有了一份不錯的工作。然而，命運往往捉弄人，就在魯冠球學成師滿，有望加薪時，遇上了國家三年困難時期。這幾年，企業、機關精簡人員，由於他家在農村，自然被「下放」回家了。魯冠球感到自己又一次陷入了失敗的境地。

經過一段時間的思索，魯冠球買了一臺磨麵機、一臺碾米機，默默開始經營一個沒掛牌的米麵加工廠。

然而，當時是禁止私人經營的，所以，魯冠球經營米麵加工廠的消息傳到某上級官員那裡後，就給他扣上一個「不務正業，辦地下黑工廠」的罪名，然後立即派人查封。魯冠球負債累累，只能賣掉剛過世的祖父的三間房子。魯冠球自己尚未成家，就消耗完了祖傳的家業，落得傾家蕩產的地步。

魯冠球幾乎被這無情的打擊擊垮了，很長時間都吃不下飯、睡不好覺，整日閉門不出。讓他感到特別痛苦的不僅是這次嘗試創業本身的失敗，而是由失敗給家裡帶來的巨大壓力，父母親用血汗換來的少數錢財就這樣化為烏有，使他成為了「敗家子」。但是，魯冠球沒有消沉，沒有埋怨命運，沒有抱怨生活，而是獨自咽下了生命的苦水，重新挑起自己生命的重擔，奮然前行。沒過多久，魯冠球又撲了空，「罷工事件」使得鐵鍬、鐮刀都買不到，自行車也沒地方修理，收了五個合夥的徒弟，掛了大隊農機修配組的牌子，在童家塘小鎮上開了個鐵匠鋪，為附近的村民打鐵鍬、鐮刀，修自行車。這唯一的鐵匠鋪解決了不少人的實際困難，也吸引了周圍的許多男女青年。自此，魯冠球的農機修配組的生意越做越興旺。

到了西元 1969 年，魯冠球接管了「寧圍公社農機修配廠」。

　　魯冠球接手的前幾年，寧圍公社農機修配廠生產的萬向接頭產品，一直由浙江省汽車工業公司壟斷，吃的是「大鍋飯」，雖然經濟不景氣但業績還過得去。後來遇到各地汽車大量封存，配件無人問津，工廠又陷入了重重困難之中。萬向接頭大量囤貨，沒有銷路，工廠有半年不能按時員工發薪了。那一年春節前，他四處奔走，「求神拜佛」，總算借了些錢，讓員工度過了「年關」。由於銷路上的困境，當時廠內人心惶惶，生產直線下降，員工無精打采。各種傳聞和八卦充斥，特別是「繼續經營」還是「結束營運」的議論，使魯冠球彷彿得了心病，臉色難看得嚇人，頭腦像要爆炸了。他只好把自己關在辦公室裡，對自己的頭腦進行「冷處理」：難道又要走回傾家蕩產的老路？但出路又在哪裡？

　　後來，魯冠球終於探聽到令人鼓舞的資訊：全國汽車工業將要有大幅發展，全國汽車零部件訂貨會將要在山東膠南縣召開。

　　於是，魯冠球租了兩輛汽車，帶了銷售科長，滿載「錢潮牌」萬向接頭產品直奔膠南，期待著去訂貨會上拿到一大批訂單。但到了膠南，主辦方因為是鄉鎮企業，根本無法進場洽談業務。魯冠球說：「那我們就在場外擺地攤」。他與銷售科長就把帶去的萬向接頭，用塑膠布攤開，擺滿一地。連續三天，那些進進出出的汽車客商，連正眼也不看一下。魯冠球想著如何吸引顧客，就派出幾人到裡面訂貨會上探個究竟。打聽之下，原來買方與賣方正在價格上僵持著，誰也不肯讓步。這時魯冠球開始計算著：假若自己的產品降價20%，也還有薄利。「好！那我們降價。」他立刻拍板決定。銷售人員貼出降價廣告後，攤前顧客馬上蜂擁而至，發現「錢潮牌」萬向接頭品質不比訂貨會上的差，而且還比許多廠的產品優良，價格卻比其他廠商低20%，一下就增加了不少要貨單、訂貨單。傍晚，他們回旅館統計訂單金額，總共210萬元，「錢潮牌」萬向接頭自此一舉成名。

　　就這樣，魯冠球終於從失敗中站起來了。然而，他的目光沒有停留在這些成績上，他看得更遠，籌謀更深了。西元1983年3月，為了獲得自主創業、自主經營的權力，魯冠球承包下了萬向接頭工廠。

當魯冠球把印章蓋在了合約上，魯冠球家人都為他擔心。蒼老的母親說：「我剛過沒幾天好日子，你又要讓一家老小為你擔心受怕！」前幾次事件遭遇至今在老人心裡仍有陰影，她生怕兒子「好了傷疤忘了痛」，又走回傾家蕩產的老路上去。魯冠球安慰母親說：「過去是政策不完善，不是我沒處理好；現在政策健全了，我一定能做好！」

魯冠球沒有錯，承包的第一年，企業就超額完成 154 萬元，西元 1984年、1985 年，年年都超額完成。

西元 1984 年春，美國派熱克斯公司（Pyrex）亞洲經銷處的多伊爾公司總裁多伊爾先生和美國席柯鍛造公司經理奧尼爾先生到萬向接頭工廠考察。他們來到工廠，不時地從成品堆裡拿出萬向接頭，用儀器認真地檢測。經過嚴格的現場檢測以後，他們滿意地笑了：「OK！馬上簽約」。就這樣，3 萬組、5 萬組錢潮牌萬向接頭，不斷地運往美國、歐洲等國家。

經過多方努力，1994 年，經國家對外貿易經濟合作部批准，萬向美國公司在美國註冊成立。1997 年萬向順利與通路公司接軌。

魯冠球帶領萬向集團終於開啟了通路，為其走向國際邁出了強而有力的一步。

每個人都有自己的成功夢想。用實際行動去追求理想才是成功的關鍵。觀察一下像魯冠球那樣從逆境中奮起的成功者，他們成就自己生命輝煌的起點，無一不是從下決心為人生目標不懈追求、勇於冒險開始的。人類生命的成功基因正是對信念的執著與追求，對事業的不畏艱險的勇氣。

勇於執著追求自己的信念

西元 1883 年 8 月 19 日，嘉布麗葉兒·波納·香奈兒（Gabrielle Bonheur Chanel）誕生於法國西南部的索米埃小鎮。身為一個私生女，香奈兒和母親一起飽受羞辱。6 歲時，母親撒手人寰，香奈兒被迫進入孤兒院。在孤兒院裡，除了延續了屈辱、清苦的生活之外，香奈兒還練就了一手好

縫紉活，這為她以後成為傑出的服裝師打下了扎實的基礎。16歲那年，香奈兒終於設法逃離了孤兒院，來到另一個小鎮莫爾，並設法得到了一份服裝用品商店的工作。

香奈兒在小用品店裡簡直是如魚得水。手邊都是供縫紉用的各種用品，可以別出心裁地在自己的服裝上做出一些小革新，變化出許多新花樣。

但莫爾小鎮似乎容不下香奈兒橫溢的才華了。她想出去走走，她不是一個輕易滿足於現狀的人。

她和富家子弟艾迪安・巴爾桑到了世界最大的城市之一 —— 巴黎。

巴黎街道的繁華令香奈兒目不暇接。

但是，最令香奈兒感興趣的是巴黎婦女們的著裝穿戴。

她一路打量，反覆思考，有時盯上一個婦女，就目不轉睛地看。

好在巴黎婦女都較前衛，不太在乎別人的「無禮」。巴爾桑卻為此不高興了。

兩人越來越顯得格格不入，經常發生口角。最後他們分手了。

與巴爾桑分道揚鑣，香奈兒失去了經濟依託，但她想在巴黎服裝業上一展才華的決心沒有絲毫的改變。相反，她的信念更堅定了：當一名拓荒者，就不要指望走平坦的路。

香奈兒首先在巴黎開了一家「香奈兒帽子店」，儘管規模很小，但香奈兒善於經營。她從大商店裡購買一批滯銷女帽，這種帽子的樣式不好看，但可以改製。

先去掉帽子上俗氣的飾物，然後適當加以點綴，改製以後的帽子，線條簡潔明快，透著新時代的氣息，非常符合大眾的喜好。

香奈兒把這種帽子落落大方地戴到街上去，帽子的前沿低低地壓到眼角上，樣子很帥氣，給人耳目一新的感覺。

　　巴黎婦女很快就喜歡上了「香奈兒帽」，紛紛跑來購買，照著香奈兒的樣子戴出去。那種戴法竟在巴黎的大街小巷流行開來，成為時尚。

　　後來，香奈兒又把帽子店改成了時裝店，她從生產工廠直接購買一大批純白色的針織布料，用這種價格低廉的布料設計成最新樣式的女式襯衫。

　　這種襯衫的最大特點是：寬鬆、舒適，線條簡潔，沒有翻上覆下的領飾，沒有層層疊疊的袖口花邊，也沒有彎過來扭過去的綴物，領口開得較低，袖長與肘下齊長⋯⋯

　　香奈兒給這種服裝起了個別緻的名字叫「窮女郎形象」。

　　「窮女郎」往身上一套，一個輕鬆、愉快、活潑、大方、富有朝氣的時尚女郎便出現在人們面前。

　　「窮女郎」很快得到了巴黎人的認可。香奈兒服裝店有了好的起步。從此，她的信心更充足，膽子也更大了。

　　把女裙的尺寸盡量縮短，從原來的著地到後來的齊膝，解放了女性的下半身。有名的「香奈兒露膝裙」誕生了。

　　與此同時，她還設計出褲擺較寬的長褲（就是現在的喇叭褲）。香奈兒是喇叭褲的設計發明者。

　　另外她還推出成套的女裝，線條流暢的連身裙，像短披一樣的風衣，法蘭絨運動服和馬甲式禮服等等⋯⋯以喬賽織物為基底布料，兼用其他便宜實惠的配料，使服裝樣式不斷翻新。

　　在顏色的選用上，她選用黑色與米色，向當時各種顏色充斥女裝習俗挑戰。她說：「黑色玄妙，米色素雅，用這兩種顏色布料加工成香奈兒服裝，最能體現女性之美。」

　　當然，她也不排除其他好看的顏色，如純白和純海軍藍。她用純海軍藍布料做出的女式套裝，也是香奈兒服裝中的一絕。

香奈兒用自己脫俗的風格，在巴黎時裝界開拓出一片新天地。

香奈兒的服裝在短短幾年內轟動了整個巴黎。

大街上，到處都能見到「窮女郎」，──上身是「香奈兒寬鬆衫」，下著「香奈兒喇叭褲」，頭戴一頂「香奈兒帽」，手提一個「香奈兒小拎包」……「窮女郎」們彼此碰面時，總是會心一笑，香奈兒讓巴黎婦女們變得親近。

香奈兒很樂意別人模仿她，也始終站在了服裝革新的最前端，香奈兒雖然從只有 6 名店員的小老闆，變為擁有 3,500 名職員的大企業家，但是直到西元 1953 年，她已是 70 多歲的老人時，仍在孜孜不倦地工作。

在此期間，世界服裝業蓬勃發展，時裝設計新秀如雨後春筍般層出不窮。但是，香奈兒服裝一直走在時裝界的最前端，引領時裝新潮流。

香奈兒成功了，憑藉創新的設計和果敢的決心讓時裝之都巴黎更加著稱於世。毫無疑問，她摘下了藍天上的皓月，實現了兒時的夢。

世上沒有穩賺不賠的行業。試想，現在整個世界都在發展變化，大多數商人都在做著發家夢，市場成為創業者注目的焦點。而市場又是變化不定的，彷彿是氣象萬千、險象叢生、波濤洶湧的大海。任何一個人或是行業想投身市場、駐足市場，並可以占據一席之地非有冒險的勇氣不可。

傳統觀念向來注重做任何事都以「安全」為重，絕對不冒險。做生意更是如此，尋求做四平八穩的生意。一個敢冒風險，敢面對重大損失的人，就會被人們不重視「安全」的人。

做生意時，越是依賴安全的人就越能避免冒險，而事實上避免冒險也可能錯過一次發財的機會。有人認為，人在商場上進步的主要因素就是冒險，因此，必須理解冒險的正面意義，並將它視為賺錢的重要一步。

在成功者的心目中，人在商場上就是一項挑戰。假若一個人不願冒險去嘗試在自己面前一閃即逝的機會，那麼，他永遠只能看人成功，賺些小錢。過度謹慎與粗心大意、漫不經心同樣糟糕，因為，過度謹慎會失去機會，可能成為賺不到錢的人。

勇於冒險，智慧為先

人們的冒險精神並非與生俱來，多半經由冒險、失敗、再冒險、再失敗，一步一步體驗和訓練而來。

其實，每個人都是敢冒險的，每個人也都曾經有過大膽冒險的經驗。在嬰幼兒時期，我們敢冒險地站起來學走路，都是經由不斷地跌倒、爬起，才能學會走路。年紀稍大些，學騎自行車，也是不斷地摔倒、爬起、再摔倒、再爬起，最後才能隨心所欲地駕馭自行車的。人生的大部分技能，例如：游泳、上網、開車、公開演講……沒有一項是與生俱來的本能。想學會這些技能，一定要經過冒險的階段，並遵循「越挫越勇」的精神，嘗試、再嘗試才可能學會。

想學好投資經商亦不例外，一定得經過各種各樣的冒險過程。今天想成為一個成功的投資人，就必須先摒除規避風險的習慣，重新拾回失去的冒險本能，進而培養自己具有一種健康的冒險精神。

難道經商一定會冒極大的風險嗎？事實上，經商所冒的風險並沒有比上述所舉的例子大，只是當人們到了自認為有資格經商的年齡時，冒險精神已大不如前。小時候，幾乎所有的人都能學會走路，稍長一點，學會騎自行車的也不在少數。可是年紀再大一點，學會游泳、溜冰等較具冒險性活動的人就明顯減少。成年之後，敢當眾演講的人當然就更少了。

人們的冒險精神似乎是隨著年齡增長而逐漸消退了，一方面是由於人們在經歷失敗以後，產生挫折感而洩了氣。如果沒有適度的激勵因素，就會傾向減少冒險嘗試，以減少失敗的打擊；另一方面是傳統的教育觀念使然，長者基於保護幼者的心理 —— 小孩子一旦做出任何危險行為，馬上會受到大人們的譴責 —— 成人後而養成安全至上、少錯為贏的習慣，立志當個不做錯事的乖孩子。隨著年齡的增長，當人們的冒險精神逐漸消退之際，逃避風險便成為一種習慣。雖然規避風險並不是壞事，但過度的規避風險就會成為投資致富的嚴重阻礙。

當一個人能夠控制恐懼時，他便能控制自己的思想與行動。他的自制力能讓他在紛亂的環境下仍然處變不驚，並能無懼於結果的不確定性而做出該做的決定。若結果並不如所願，他隨時準備承擔失敗的局面。而這種臨危不亂的勇氣與冒險的精神，正是商人所應具備的特質。

勇於冒險的人並非不怕風險，只是因為他們能認清風險，進而克服對風險的恐懼。勇氣源自於控制恐懼，而培養冒險精神始自於了解風險。

非洲有句俗語說：「只有傻瓜才會同時用兩隻腳去探測水深。」善於冒險者，絕不會把兩隻腳一起踏到水裡試探水的深淺，他們會先伸出一隻腳試試，一發現情況不妙，迅速把腳抽出來。同樣地，只有笨蛋才會在沒有經商經驗的一開始時就孤注一擲。

有智慧的將領不會讓自己的主力部隊暴露在不必要的危險下。但是為了獲得敵情，他們會派出小型偵察部隊深入戰區，設法找出風險最小、效果最佳的攻擊策略。

經商的冒險策略亦是如此，對於不熟悉的投資或狀況不明、沒有把握的情況，切忌傾巢而出，此時以「小」為宜，利用小錢去取得經驗、熟悉情況，待經驗豐富、對情況有把握時，再投入更多資金。

俗語說，「萬事開頭難」，克服恐懼的最佳良方，就是直接去做你覺得害怕的事。冒險既然是投資致富中不可或缺的一部分，就不要極力逃避。從小的投資做起，鍛鍊自己承擔風險的膽識。有了經驗以後，恐懼的感覺會逐漸消除，在循序漸進地克服小恐懼之後，你可以去面對更大的風險。很快地你將發現，冒險精神帶給你的歷練正協助你一步一步接近夢想。

規避風險是人類的本性，但千萬不要因為一次投資失敗就喪失信心，不敢再次投資，從而成為永遠的輸家。也不要因為一時「運氣」好便忘記風險的存在。多方借錢大舉投入，造成永難彌補的損失。成功者與失敗者同樣對風險都感到畏懼，只是他們對風險的反應不同而已。

當人們在投資時遭遇到最大的問題，就是無法正視風險。人們不知道如何面對風險，如何冒險，甚至不敢冒險。殊不知阻礙投資最大的障礙，

就是害怕冒險。當然這種心態可以理解，因為大部分的投資決策都是在「不確定」和「變動」中作出的。

總之，要想經商致富，就要勇於冒險，而且要有智慧地冒險。

大膽想人所不敢想

機遇在人面前是平等的。只是當機遇出現在面前時，有的人遲疑了，猶豫了，結果與之擦肩而過；有的人卻能主動上前，大膽追求，於是便贏得了機遇的傾心。如果一個人不相信自己能夠完成一件別人從未做過的事時，他就永遠不會實現它。

如果你能感覺到外力不足，而把一切都依賴於你的內在能力時，不要懷疑你自己的見解，在膽去信任你自己表現出的個性。

能夠成就事業的，永遠是那些信任自己的見解的人，勇於想他人之不敢想，為他人之不敢為的人，不怕承受孤獨的人。他們勇敢而有創造力，並且勇於向規則挑戰。

有三個普通人，一天晚上聚集在一家酒店裡，互相談論一些有關未來工作、願望等的話題。

一個人說，他希望有一部跑車，另外一個人希望存夠了錢能出國旅遊，第三個人沉思片刻之後說道：「我希望一年之內賣出一億元的商品。」

其他兩人聽了哈哈大笑，認為他不是在開玩笑就是頭腦有些不正常。但是這個人沒有理會他們的嘲笑。幾年之後，他成為了一位超級市場的經營者，擁有多家連鎖店，年營業額超過億元。

要實現我們心中的「夢想」或者說是「奢望」也許是極為困難的事，然而正因為你追求的是一個高目標，比起降低你的野心，停頓自己的進步，更能接近成功。

有膽略、有創造精神的人，從不互相抄襲，他們往往是先例的破壞者。

要知道，成功是創造的，是自我的表現，即使你抄襲的是成功的人，你也只是模仿，不能得其精髓。

有獨到見解的人到處有出路，而一味模仿者、尾隨人後者、循規蹈矩者，都不會有大成就。

打破常規、表現自我最重要的是勇氣，無畏者方能前行。

「膽怯」足以阻礙人的成功。許多人都有志於向前，有志於表現自己，但卻被過度的膽怯與缺乏自信兩者所束縛、阻擋，他們感覺得到內在的力量在躍躍欲試，卻不敢行動，因為害怕失敗。

他們害怕別人的譏諷和嘲弄，害怕流言蜚語，害怕付出沒有回報，這種恐懼心理，令他們不敢說話，不敢做事，不敢冒險，不敢向前衝。

他們只會等待，寄希望於出現一股神祕的力量釋放他們的勇敢和能量，並給予他們信心與希望。

有願望而不滿足，有志願而被阻礙，這是最令人喪氣的事。它會摧殘人的能力，破滅人的希望，甚至吞噬人的理想，使人的生命成為一個空殼，一張永遠無法兌現的支票。

黑格爾曾經一針見血地指出：世間最可憐的，就是那些遇事舉棋不定、猶豫不決、彷徨歧路、不知所趨的人；就是那些沒有自己的主張、不能抉擇，唯人言是聽的人。

這種主意不定，自信不堅的人，缺乏的就是敢想敢做的膽略。

在我們決定某一件事情以前，將那件事情的各方面都顧及到並且鄭重考慮各個細節是正確的，在拍板決斷之前，運用自己的全部經驗與理智做指導也是沒錯的。

但是最終你必須做出決斷，不應再有反覆，不應重新考慮，否則會一事無成。

有一個貼切的例子可以說明這個議題：

一位婦人要買帽子，她希望這頂帽子具有如下優點：戴起來不要過於悶熱但一定要保暖，不可過於沉重，這頂帽子要晴雨咸宜，莊重、休閒的場合皆可戴。

於是她為了這個標準跑遍城市中所有販售衣帽的商場、店鋪，從一個櫃檯到另一個櫃檯，她幾乎把所有店鋪中的帽子都試戴一遍，反覆檢視、反覆比較，並且逼問得店員都不耐煩了。即使終於選中一頂，她仍然沒有把握，究竟是買對了還是買錯了，於是又更換了兩三次，但結果還是無法完全使她滿意。結果就是空手而歸，什麼也沒買到。

如果你有優柔寡斷的習慣或傾向，應該決然斬斷，因為它足以破壞你人生的種種機會。

有些人能力很強，頭腦敏捷，人格很好，但就是因為有優柔寡斷的習慣，一生也就被虛度了。

可見，剷除一切阻礙、束縛我們的東西，喚回失落的勇氣是多麼重要，一個敢想敢做的普通人可以勝過一個處處受束縛的天才。

西方流行這樣一個小故事：

一個人死後來到地獄之門，撒旦問他：「你最害怕的是什麼？」他回答：「我什麼也不怕。」

「那麼，」撒旦說，「你一定走錯地方了，我們只接受那些被恐懼所縛的人。」

成功，只怕你沒有理想，只怕你沒有能耐，只怕你空有抱怨。否則，現在開始做，為時也不晚。

第九章　心方智圓，靈活處事

心方智圓，靈活做人與做事

眾所周知，古老的銅錢是內方外圓的，有人認為，它是辯證哲學的集中體現，做事要方，為人處世要圓。

人活在世上，不外乎是面對兩大世界，身外的大千世界和自己的內心世界。人，一輩子不外乎是做兩件事——做事和做人。怎麼做事和怎麼做人？從古到今都是人類探討的課題。多少人一輩子都在哀嘆做人難，難做人，人難做，但一枚小小的銅錢卻將一切變得那樣簡潔，那樣明白。

先說方，做事要方，便是說做事要遵循規矩，遵循法則，絕不可亂來，絕不可越雷池一步，這個道理已流傳了上千年。

古人常說的「沒有規矩不成方圓」、「有所不為才可有所為」。就是「方」這個道理。

每一個行當都有自己絕不可逾越的行規。比如說做官就絕對要奉守清廉的原則，從一開始就要做好承受清貧的思想準備，人必是以誠行天下，以誠求發展，絕不能以狡詐、欺騙之伎倆，為一些蠅頭小利或眼前得失而失信於天下。

做學問信奉的是一個「實」字。一步一個腳印。一天一點長進方能積少成多，積薄成厚。那些虛假的沽名釣譽之輩終將會成為人類的笑柄。

為人處世要圓。這個圓絕不是圓滑世故，更不是平庸無能。這種圓是圓通，是一種寬厚、融通，是大智若愚，是與人為善，是居高臨下、明察秋毫之後，心智的高度健全和成熟。不因洞察別人的弱點而咄咄逼人。不因自己比別人高明而盛氣凌人，任何時候也不會因堅持自己的個性和主張讓人感到壓迫和懼怕，任何情況都不會隨波逐流，要潛移默化別人而又絕不會讓人感到是強加於人……這需要極高的素養，很高的悟性和技巧，這是做人的高尚境界。

圓的壓力最小，圓的張力最大，圓的可塑性最強。

　　這圓好做又不好做。好做是因為如果人真正有大智慧、大胸襟，真正能自強自信，心態平和，心地善良，凡事都往好的一面想，凡事都能站在對方的立場為他人著想，人的弱點皆能原諒，即便是遇見惡魔也堅信自己能道高一丈，如真能那樣，人還有什麼做不好呢？

　　如若不是這樣，凡內心孤獨的人必喜虛張聲勢；內心就像曾國藩家訓「八不得」中的一條：為官要清貪不得一樣。如果做官開始的動機就不純或慢慢變質，企圖以權謀私或權錢演變。那這個官就絕對當不好、當不長了。

　　當然也不乏有人為了某種利益和目的不惜斂聲屏息，不惜八面討好，不惜左右逢「圓」。但這種圓和那種圓絕對有本質的區別，這種「圓」的後面是虛偽和醜惡。

　　任何成功的後面都包含著犧牲。如果說有人能做到內方外圓的話，那也肯定包含了許多的犧牲。比如說做事要方，做事要有規矩、有原則，那就意味著許多事不能做、許多事又非要做，那也就意味著會得罪許多人，惹惱許多人，意味著要捨棄許多利益甚至招來殺身之禍。如民族英雄岳飛，但在「忠」君和「忠」國之間，為了「忠」捨棄了「孝」。為了這種原則，他慘死在風波亭。

　　做人圓，那也會有犧牲。有時要犧牲小我；有時要忍辱負重，忍氣吞聲；還有更多的時候要承受屈辱、誤解，甚至來自至親至愛的人的傷害。如明明你在履行一種神聖的職責，他卻以為你好大喜功；明明你是深謀遠慮，他卻認為你是嘩眾取寵。

　　小犧牲換來小成功，大犧牲換來大成功。能做到「方」「圓」的，同時卻並沒有感到那是一種犧牲、痛苦的才是大成功、大境界；能為了「方」「圓」去承受犧牲的是小成功、小境界；不願犧牲也做不到「方」、「圓」的是不成功。如果截然相反，只要有利，不擇手段，什麼都敢做，做人時，刁鑽古怪，鋒芒畢露，心狠手辣的話，那這個人一定會糟糕透頂。不能容於天下了。

選擇你的性格，能方能圓

人生最大的問題之一就是性格問題。各種性格似乎總是在不斷地發生衝突。我們一生中許多的困難和麻煩都來自性格。因而人們不能彼此和睦相處。家庭破裂、友誼中斷，出現不計其數的就業難題，這些都是因為性格的衝突……甚至戰爭的爆發也是因為不同國家在某個問題上的看法不一致。

班傑明・富蘭克林發現他正在不斷地失去一些朋友。他開始意識到他在不斷地與人發生爭執。他就是和人相處不好。有一天，大概是快到新年了。大家都在制定新年計畫。富蘭克林坐下來。開出一張清單，清單上有他所有讓人討厭的性格。他把它們 —— 列出來。他對這些特點進行編排，把最嚴重的放在清單的第一個，然後依次排下來，最輕微的排在最後。他決定要一個一個地改掉這些討厭的性格特點。每次他發現自己已經成功地改掉了一個壞習慣的時候。他就把這個缺點從清單上劃掉，直到清單上所有的壞習慣都劃完為止。他成了全美國人格最為完美的人之一，每個人都尊敬他、崇拜他。當法國需要幫助的時候，他們將富蘭克林派到法國去。法國人是那樣地喜歡富蘭克林，以至於他要什麼他們就給他什麼。今天幾乎在所有關於性格塑造的書中。你都會發現富蘭克林的名字。他被當作這方面最傑出的例子來引用。

性格雖然是天生的，但是我們可以適當地調整和改變，選擇好的性格加以堅持和繼續，而不好的性格進行修正甚至拋棄，讓自己的性格在為人處世中能方能圓，這樣，你就能輕鬆駕馭人際交往的難題了。

為人處世何必太認真計較

做人是一門學問，甚至是用畢生精力也未必能勘破其中因果的大學問，多少不甘寂寞的人追根究柢，試圖領悟到人生真諦，塑造出自己輝煌的人生。可是人生的複雜性使人們不可能在有限的時間裡洞察人生的全部

內涵。但人們對人生的理解和感悟又總是局限在事件的啟示上，比如：做人不能太認真計較便是其中一個道理，這就是有人活得灑脫，有人活得累的原因。有位智者說，大街上有人罵他，他連頭都不回，根本不想知道罵他的人是誰。因為人生如此短暫和寶貴，要做的事情太多。何必為這種令人不愉快的事情浪費時間呢？

做人固然不能玩世不恭、遊戲人生，但也不能太認真計較。「水至清則無魚，人至察則無徒」，太認真了，就會什麼都看不慣，連一個朋友都容不下，把自己與社會隔絕。鏡子很平，但在高倍放大鏡下，就成凹凸不平的山巒；肉眼看起來乾淨的東西，拿到顯微鏡下，充滿了細菌。如果我們「戴」著放大鏡、顯微鏡生活，恐怕連飯都不敢吃了。若再用放大鏡去看別人的缺點，恐怕每個人兜罪不容誅、無可救藥了。

人非聖賢，孰能無過。與人相處要互相諒解，經常以「難得糊塗」自勉，求大同，存小異，有肚量，能容人。你就會有許多朋友，且左右逢源，諸事遂願；相反，「明察秋毫」，眼裡容不下半粒沙子，什麼雞毛蒜皮的小事都要追根究柢，最後，你只能關起門來「稱孤道寡」，成為使人避之唯恐不及的異己之徒。古今中外，凡是能成大事的人都具有一種優秀的品格，就是能容人所不能容，忍人所不能忍，善於求大同存小異，尋求團結。他們極有胸懷。豁達而不拘小節，視野寬闊而不會目光如豆，從不斤斤計較，所以他們才能成大事、立大業，使自己成為不平凡的偉人。

不過，要真正做到不認真計較、能容人，也不是簡單的事，需要有良好的修養，以及善解人意的思考模式，從對方的角度設身處地考慮和處理問題，多一些體諒和理解，就會多一些寬容，多一些和諧，多一些友誼。

有位同事總抱怨他們家附近洗衣店的店員態度不好，像誰欠了她幾百萬似的。後來同事的妻子打聽到了女店員的身世：丈夫外遇離了婚，父親癱瘓在床，上小學的女兒有氣喘疾病，每個月的收入都不夠開銷，全家人擠在一間 12 平方公尺的平房。難怪她一天到晚愁眉不展。這位同事知道後再也不計較她的態度了，甚至還想幫她一把，為她多增加一些收入。

在公共場合遇到不順心的事，實在不值得生氣。素不相識的人冒犯你肯定是有原因的，不知道什麼煩心事使他情緒低落，行為失控，剛好讓你遇到了，只要不是侮辱你的人格，我們就應寬大為懷，不以為意，或以柔克剛，曉之以理。跟萍水相逢的陌路人認真計較，實在不是聰明人做的事，等於把自己降低到對方的水準。此外，對方的觸犯某種程度上是發洩和轉嫁痛苦，雖說我們沒有分攤他痛苦的義務，但客觀上確實幫助了他，無形之中做了件善事，這樣一想。也就海闊天空了。

清官難斷家務事。在家裡更不要認真計較，家人之間哪有什麼原則、大是大非，非要分出個高低對錯，又有什麼用呢？人們在工作、在社會上扮演著各種各樣的角色，恪盡職守的國家公務員、精明體面的商人，還有許多工人、職員，但一回到家裡，脫去西裝革履，也就是脫掉了你所扮演角色的「行頭」，亦即社會對這角色的規矩和種種要求、束縛，還原你的真面目，盡可能地享受天倫之樂。

假如你在家裡還跟在社會上一樣認真、一樣循規蹈矩，每說一句話、做一件事還要考慮對錯、顧忌後果，那也太累了。在家裡你就是丈夫、就是妻子。所以，處理家庭瑣事要大事化小，小事化無，當個笑口常開的和事佬。家裡是避風的港灣，應該是溫馨和諧的，千萬別把它演變成充滿火藥味的戰場，狼煙四起，關鍵就看你怎麼去掌握分寸。

因為人生如此短暫和寶貴，要做的事情太多，何必處處計較呢？如果我們確定哪些事情可以不認真計較，就能空出時間和精力，全力以赴認真地去做該做的事，成功的機會和希望就會大大增加；同時也由於我們變得寬宏大量，人們就會樂於與我們交往，我朋友就會越來越多。

與人交往應方圓有度

人與人之間，不論關係多好，交情多麼深厚，也要彼此保持一定的距離，做到方圓有度，進退自如。

　　君子之交淡如水，與人交往保持一定的距離，不是疏遠對方，而是在交往當中，學會尊重別人。學會了尊重與理解，結交的朋友就會很長久。

　　寒冷的冬天，兩隻困倦的刺蝟在睡覺，北風呼嘯，牠們抱在一起互相取暖。牠們靠得太近了，彼此身上的刺都扎進了對方的身體。

　　一隻刺蝟說：「離我遠一點！」於是，牠們相互挪了挪身體，拉開了一段距離。但天氣實在太冷了，一隻刺蝟又叫道：「請靠我近一點！」於是，牠們相互挪了挪身體，又靠在一起。這時，兩隻刺蝟同時叫了起來：「離我遠一點！」

　　幾經波折，牠們終於找到了一個合適的距離：既能互相獲得對方的溫暖，又不至於被傷害。

　　這就是人際交往中著名的「刺蝟」法則：與人交往，保持適當的距離。

　　「刺蝟法則」就是人際交往中的「心理距離效應」。如果保持了這種安全距離的關係，彼此之間就可以很好合作，同時可以獲得彼此的尊重。這種安全距離的關係，可以避免人們彼此之間的嫉妒和緊張，使自己活得更輕鬆，生活得更有滋味。

　　一名好木匠教徒弟做工時，有一句口頭禪就是：「注意了，留一條縫隙。」木工講究疏密有致，黏合貼切，該疏則疏，不然易散落。時下，許多人家裝修房子，常常出現木地板開裂，或擠壓拱起的現象，就是因為靠得太緊。高明的裝修師傅則懂得恰到好處地留一條縫隙，給組合材料留足吻合的空間，便可避免出現這樣那樣的問題。

　　生活中，就算是最好的朋友，都應該有自己的心理空間。況且，人們接觸更多的，還是不太熟悉的同事、老闆、普通人等。如果沒有一個安全的自我空間，任何人都會感到無形的壓力與恐懼。

　　人與人之間的誤會、爭執、利害衝突不是人們的疏遠而造成的，恰恰相反，是因為太親密造成的。駕駛員朋友都知道，要避免撞車，就要注意車距。同樣，在人際關係中，與他人保持適當距離是避免發生衝突的最後的規避手段。

　　而且，與人交往保持一定的距離，就不會花很多時間去參加一些煩心勞力的應酬，也不用在人們面前顧及面子和計較個人的得失，更不用去刻意揣摩人家如何對你的評價。

　　其實，做人與處世，和木匠的工藝原理一樣，講究「留一條縫隙」。與人交往，本身就需要彼此的包容與分享，包括忍受對方的喜怒哀樂與全部缺點，但一個人很難做到這點。假若與誰都稱兄道弟：歃血為盟，親密得不分你我，早晚會使得關係破裂，甚至最後成為仇人。

　　特別需要注意，在單位中，不要組成小團體，這就是歷代帝王所深惡痛絕的「朋黨」，嚴重威脅了帝王的權威，很多朝代的政治不穩定，就是因為「朋黨亂政」。

　　工作單位中這樣的小團體，對老闆同樣是威脅；而且，還會遭受到其他同事的厭惡與排斥，「朋黨」堡壘再堅固也有垮塌的時候，而且往往是從內部開始破裂的。與其最後灰頭土臉的散場，還不如在開始就堅持若即若離的「半糖主義」。

　　君子之交淡如水，是莊子的名言，也是現代人建立友好交往的基本道理。

步步為營拓展局面

　　在某些企業裡，小團體、小派系常有，因而舊同事欺負新同事，本地人欺負外地人，欺軟怕硬的事屢見不鮮。

　　對職場新人而言，在你踏入職場生活的第一天，就必須做好各種準備，打贏職場辦公室戰爭。

　　在你初到一個新工作環境的時候，你對一切都陌生，不知道一件工作的來龍去脈，你必須時時請教別人，這時候，如果你的態度不夠虛心，不夠耐心，就容易受到別人的白眼，或是得不到客氣的待遇。如果不經心，犯了一點錯誤，更容易招致不滿的批評。這時候，如果你火氣太大，或者

自命不凡，就一定對於這些情況難以忍耐，因而破壞了與同事的關係，同時也就會使自己的工作更不順手。

在這種時候，最重要的就是先修正自己的態度。既然自己對工作不熟悉，就要很虛心很耐心地向別人請教。如果犯了錯誤，只能坦白地承認，並且立即用心加以修正，即使偶爾受到不公平的待遇，也不要斤斤計較，這是一種社會風氣，無法輕易改變的問題。對你不客氣的人，可能在剛來時，也被別人欺負過，只要自己將來不和他一樣，不對新來的同事採取不客氣的態度就行了。

在這個時候，最重要的就是先去熟悉工作，先去熟悉環境，其他的事情，可忍就忍，只要對工作和環境熟悉了之後，就不會那麼容易受人欺負，受人愚弄了。

你不妨做一個勤學好問樂於助人的人。如果有別的同事，把一些本來不歸你負責的工作交給你，你也盡量地把它做好。第一，反正你在辦公時間總要做事的，只要是公事，只要不妨礙你自己分內的工作，就不分彼此一律照樣做。第二，把這些工作當成一種學習的機會，多學會一種工作，多熟悉一種業務，對自己總會有好處的。第三，這是跟同事接近和建立良好關係的機會。倘若某同事把自己應做的工作交給你，如替他做一個表格或發一個函件，如果你很樂意地接受下來，並很認真地替他做好，這樣彼此都會產生一個良好的印象。第四，你要知道這些都是一種暫時的現象，因為你是新來的，也沒有繁重的工作，所以，別人有機會把各種工作都拿來讓你試試，或者請你幫幫忙。等到你對工作與環境都漸漸熟悉了，你自己分內的工作，也漸漸有了頭緒，固定下來，同時你跟同事們之間，已經建立良好的關係，這些現象就會自然而然地消除。所以，你大可不必在開始的時候，為了多做一點事就使自己和別人都弄得不愉快，以致妨礙了以後的相處。

再者，對同事要待之以禮，一般的公司都以金字塔形的組織形態，來表明上下的職責和分配工作的範圍。但是在華人的企業內有一點比較特

別，就是年紀的大小之分；不論其職務是什麼，年紀較輕的人，一定要尊敬年紀較長的人，這也可說是東方人敬老的一種傳統美德。

在年齡的問題上，也應該好好留心一下。公司內的職員有的是大學畢業，有的是專科畢業，有的則是高中、高職，所以學歷不一樣，會造成年紀雖小，但在工作上，卻已經成為他人上司的情況。

像這種年齡雖小但卻必須指點後進且年紀較長的職員，為了工作上的需要是一定要指點他們，但在言辭上應該盡量的客氣、婉轉一些才好。他們大多有豐富的工作經驗，也不要忘了以前輩之禮待他。

尤其在歷史較久的公司，往往有元老級同事，元老的資格，是不容易得到的，他工作的年限長，擔任的職務高，在公司中始終是眾心所寄託的人物。

元老的工作經驗比他人豐富，在這個公司中，他更是一部活的歷史，一切過程，他知之最詳，往事歷歷，如數家珍：某事如何成，某事如何敗，此中曲折無不明晰，而一種事業的演變，及如何演變成功以致有現在的局面，自有一連串的因果關係，以後的形勢如此，不難於演變中得其梗概。元老不但是一部活的歷史，也是今後工作的指南針。

如果你想到某種地方，想到某種事有所改進，誰知你所提出的方案，正是他從前實施過的，行不通的理由何在，也唯有元老能夠根據經驗，做出分析和解說，雖然他主張比較緩和，而他穩健，老成持重，這些特點唯元老當之無愧。基於這種特點，你對於元老的指示，要表示誠敬的接受，使元老對你產生好印象，然後你才可以從他那裡獲得很多寶貴的經驗。這些經驗是書本上所讀不到的，如果要親自去摸索，也須花上幾十個寒暑的光陰。

如果取得元老的信任，你就掌握了一個基本要素。元老如果能信任你，肯為你說句好話，對於你是有莫大的幫助，同事器重你，老闆也器重你了，只要你真有才能，有真實的成績拿出來，機會一到，自然就能脫穎而出了。

　　此外，你在一個公司工作久了，總不免和同事們有了私下來往，產生私人間感情，也會有些私人上的糾紛與嫌怨。

　　於是，你很容易陷於這樣的境地：對於你所不喜歡的人，在公事上也不跟他好好地合作，甚至還故意和他為難。相反的，對於你時常來往而有感情的同事，你把他們當做自己的好友，因而就在公事上，給他們許多「方便」。即使在公事上犯了嚴重的錯誤，你也不加糾正，甚至還替他隱瞞。

　　可是，這兩種做法，都會招致不良的後果，不但會貽誤公務，使整個機構的業務受到損失，也是破壞了全體人員的共同利益，包括你自己和你的朋友在內。

　　我們都應該抱著認真負責的態度，先公後私，把工作做好。這是我們做人的最高的原則，最重要的操守。

　　因此，對於某一個同事，如果私下裡有什麼不愉快的衝突，無論是多麼不喜歡這樣的人，但在公務方面，我們還應竭力和他保持良好的關係，絕不在公事上故意和他為難。相反的，要在公事上關心他，幫助他，有什麼困難，設法幫他，誠懇、和諧地替他解決，同心協力把工作做好。你可以不借給他錢，可以不和他在一起消遣。但要很有涵養，和他一起工作的時候，他就是你最好的朋友。

　　同樣，對自己私交很好的朋友，也千萬不可在公事上隨便縱容他們做對公司不利的事，遇見嚴重的錯誤必須指出來加以糾正，應該利用你跟他的私交，對他加以說明，加以勸告。不可姑息一個朋友去犯錯誤，這樣會毀了他的人格，毀了他的名譽，你也失去了朋友。

　　如果你能在工作上，做到絕對的認真負責；對各種業務非常熟悉、老練；對同事做到誠懇和善，同心協力；對自己私生活做到嚴肅、純正、樸實、健康。——如果你能夠努力做到這幾點，就可以說是已經站穩腳了。

這樣，你在公司裡，在同事間，就已經建立了不可動搖的威信。人人都知道你很負責、能幹，對同事很好，人人信任你，尊重你。即使有人想說你的壞話，造你的謠言，損害你的名譽，人家也不相信他，反而會支持你、同情你，制裁那些無事生非、別有用心的人。

日久天長，許多同事，都團結在你的周圍，有工作找你計劃，有困難找你商量，有什麼糾紛，也找你來調解，有什麼有關公共福利的事情，也會推選你出來負責，你在公司的地位也就更加穩固。

如何與「彆扭」的人打交道

人生交際無法挑肥揀瘦，應該和各種各樣的人打成一片，從中找話題、找感覺，在關鍵時刻還能找到幫助呢！否則，某人會在你需要他們表態的時候，給你打一下冷槍。

怎樣與「彆扭」的人輕鬆相處，不卑不亢呢？下面幾點意見可供參考。

1. 善於結交職銜比你低的人

當你和同一家公司的主管與普通職員會面交換名片時，一般都會較珍視主管的名片。由於想要擁有立即可以發揮效用的人際關係，因此目光完全投注於眼前地位最高的人。然而所謂建立人際關係，務必以更長期性的觀點進行思考。所謂同輩的普通職員，未來必定不斷往前突進。輪到自己將來擔當重任時，可以助你一臂之力的正是他們。

因此，如果眼前因為對方職位低下而加以漠視，往後便會形成阻礙。等到對方變成重要人物之後，即使如翻轉手掌般地予以親切接待，彼此也絕不可能結成莫逆之交。

所以，愈是不久後即可能發跡的普通職員，愈需要鄭重地看待對方。如果只看重眼前的職銜，人際關係的建立便會立即受到限制。

看準將來，在職銜低微時先行投資，將來肯定可以獲得重大回饋。

2. 吵過架的對象也能成為知己

一般人和初次謀面的對象，大概都會以溫和的話題來打發時間。然而有時候，也有可能從一開始就產生爭論，或彼此發怒，陷入形同吵架的狀態。雖然在分手之後有可能感到後悔，「啊！我和對方大概無法交往下去了」，然而事實上，你根本無須為此感到悶悶不樂。一開始就產生激烈爭論的對象，反而更有可能與你成為知己。

年輕時雖然不能隨隨便便就向人發脾氣，但是在遇上重要人物時，不妨抱著年輕人慣常愛找碴的心境。由於對方向來受到愛奉承的一群人包圍，所以對能大膽說出內心想法頂撞自己的人，反而會出乎意料地產生好感。

比方說對方是一位獨斷專行的主管時，圍繞在其身邊的人總是盡量配合他的心情作出反應。幾乎沒有人敢和主管唱反調。因此一旦自己被詢問到意見時，只要你另有不同的看法，就應該誠實說出來。即使抱持相同意見，也應該在修辭方面下工夫，以爭論的方式表達出來，但是，在大膽爭論頂撞的情況下，如果不預先估算善後方法，即有可能單純地以爭吵告終。

雖然因為想法不同才頂撞對方，但是反過來說，可以導致爭論的原因，是因為彼此共同擁有某項溝通基礎的部分。倘若是不投緣的對象，恐怕連架也吵不起來。

3. 愈難纏的對手愈該認真招呼

打招呼這種事情，只要一旦錯失時機，就會變得不好意思開口。結果，卻不得不在那種尷尬的氣氛下和對方共事。

愈是自認難以對付的對手，愈該掌握時機先打招呼。否則，僅就沒打招呼一件事，就可以讓你心情低落。想到自己不善應付的人在場時，雖

然容易產生盡量不碰面的念頭，但可以反過來將立即打招呼當做一種免罪符。

不過，有些不善打招呼的人其實是生性害羞，本性卻非常善良。無論和誰都能滿不在乎地打招呼的人，事實上有些卻是厚顏無恥的。無論是誰，與人打招呼時必定會感到一種程度的緊張。倘若對手又是棘手人物時，緊張的程度愈加升高。

所以，不可只因為自己未獲招呼，就因此立即動怒，至少自己好好地先向對方打過招呼，心情自然會變得輕鬆。這是自己在工作上的情緒問題。

例如，在進入工作現場時以洪亮的聲音打招呼，有時可以因此提升情緒。

此外，打招呼的態度切忌草率。最糟糕的情形是，打招呼時眼光不看對方。雖然說打招呼時必須點頭常受到強調，但那通常是毫無意義的。重要的是，是否與對方目光交接。

目不正視只靠聲音打招呼的話，雖然只需要重複招呼個兩三遍就了事，但這卻形同沒有打招呼一樣。像這樣的禮儀，緊緊牢記在心便屬收獲。由於工作順利與否與此緊密相關，上班族也絕對不可忽視打招呼的禮節。

4. 熱情救助落魄之人

在陷入遭到眾人漠視的狀態，連原本交往密切的人也離棄時，主動靠攏上前的人，反愈令人心存感激。在落魄時伸手援助自己的人，值得與之交往一生。

這種成功者與失敗者之間明暗最易凸顯的例子，可以在選舉時看到。在獲勝的候選人辦公室裡，雖然連素昧平生的人也紛紛湧入，落選的候選人辦公室卻無人問津。仔細一瞧，有時甚至連選舉期間原本支持失敗候選人的人，也轉而投靠到政敵的辦公室，這是十分落魄的境地。在選舉失敗

時，人人求去的情景更令人感到淒涼。倘若是前回獲勝的現職候選人，必然加倍感傷。因此，在此時如果有人造訪辦公室，此人必定大感吹慰。倘若得到來訪者一番誠摯的勉勵：「下次選舉一定要好好加油！」因此產生往前邁進的奮起心。

在這種情形下建立的關係，不會因為少許挫折即告崩潰。更何況，當時失敗的人，未必永遠處於失敗的境地。倘若希望在對方下回勝利時與其結成莫逆，就應該在其失敗時即已伸出援手。

在職場中，榮枯盛衰也是經常發生的。既有逐步攀升的人，也有失足沒落的人。得意的人身旁有大批人包圍著，落魄的人身旁則無人靠攏。

然而，一度失敗的人在某種機緣下再度翻身爬起的例子並不在少數。如果等到對方再度成功之際才來攀附交情，則為時已晚矣。就像股票如能在底價購入便可賺錢一樣，在別人落魄時伸出援手，幫忙解難的行為，在建立人際關係方面十分重要。

5. 越難親近的人越值得信任

害怕難親近類型的人是毫無必要的。看起來神情不和悅的人，大多數的情況下，只因天生個性孤僻或害羞。他們絕對不是充滿惡意的人。我們毋寧說，比起輕率能接近的類型，難以親近的類型中反而好人更多。

他們本身雖然也希望自己平易近人，但是由於生性孤僻或害羞，因此無法完美地表現出平易近人的氣質。而且，由於外觀看起來冷漠平淡，人人避之唯恐不及，「為什麼人家總是遠遠地躲開我呢？」他們總是懷抱著這種孤獨感。這種孤獨感，使他們陷入愈來愈難親近的處境。這是惡性循環的結果。

因此，對於這種類型的對象，你反而可以懷著大膽闖入的心情來接觸。比方說，你不妨鼓動起勇氣試著接觸公司內看起來最令人敬畏的對象。對方必定出乎你意料之外地張臂歡迎你。而且，往後可以成為你信賴對象的，正是這一類型的人。

因此，即使最初必須爬越的牆極高，可一旦你和難以親近的人展開交往時，大都可以簡單地成為知己。反之，在最初階段牆越低的人，由於內心大都另有一道牆，即使可以簡單建立起膚淺的交情，卻不容易進一步發展彼此間的關係。

與你的敵人擁抱

動物的所有行為都依其本性而發，但人不同，人的行為都經過大腦思考的。人可以依當時需要，做出各種不同的行為選擇，例如 —— 當眾擁抱你的敵人！

當眾擁抱你的敵人，這是件很難做到的事，因為絕大部分人看到「敵人」都會有滅之而後快的衝動，若環境不允許或沒有能力消滅對方，至少也會保持一種冷漠的態度，或說些讓對方不舒服的嘲諷話。可見，一個人要擁抱敵人是多麼難！

就因為難，所以人的成就才有高有低，有大有小，也就是說，能當眾擁抱敵人的人，他的成就往往比不能擁抱敵人的人高大！

因為能當眾擁抱敵人的人是站在主動的地位，採取主動的人能「制人而不受制於人」。你採取主動，不只迷惑了對方，使對方搞不清你對他的態度，也迷惑了第三者，搞不清楚你和對方到底是敵是友，甚至都有誤認你們已「化敵為友」的可能；可是，是敵是友，只有你心裡才明白，但你的主動，卻使對方處於「接招」、「應戰」的被動態勢，如果對方不能也「擁抱」你，那麼他將得到一個「心眼太小」』之類的評語，一經比較，兩人的分量立即有了輕重，所以當眾擁抱你的敵人，無論從哪個方面來看，你都是贏家！其次，當眾擁抱敵人，除了可在某種程度之內降低對方對你的敵意之外，也可避免惡化你對對方的敵意，換句話說，為敵友之間，留下一條灰色地帶，免得敵意鮮明，反而阻擋了自己的去路與退路。地球是圓的，人生無處不相逢啊！

此外，你的擁抱動作，也將使對方失去再對你攻擊的立場，若他不理你的擁抱而依舊攻擊你，那麼他必招致他人的譴責。

最重要的是，當眾擁抱敵人的動作一旦做了出來，久了會成為習慣，讓你和人相處時，能心容天下人、天下物，出入無礙，進退自如，這正是成就大事業的本錢！

所以，競技場上比賽開始前，兩人都要握手敬禮或擁抱，比賽後也一樣再來一次，這是最常見的當眾擁抱你的敵人；另外，政治人物也慣常這麼做，明明是恨死了的政敵，見了面仍然要握手寒暄……

事實上，要當眾擁抱你的敵人並不如想像中那樣難，只要你能克服心理障礙，你可以這麼做：

‧ 在肢體上擁抱你的敵人，例如擁抱、握手，尤其是握手，這是較普遍的社交動作，你伸出手來，對方好意思縮手嗎？

‧ 在言語上擁抱你的敵人，例如公開稱讚對方、關心對方，表示你的「誠懇」，但切忌過火，否則會造成相反效果。

為什麼強調「當眾」呢？做給別人看嘛，如果私下「擁抱」，那不是雙方言歸於好，就是你向對方投降。「當眾」擁抱，表面上不把對方當「敵人」，但心底怎麼想，誰管得著呢？

春秋時期的一位大政治家管仲和他的好朋友鮑叔牙一起來到齊國謀求政治前途。鮑叔牙投靠當時齊國國君齊襄公的弟弟公子小白，而管仲投靠齊襄公的另一位弟弟公子糾。齊襄公為君荒淫無道，公子小白和公子糾都怕受牽累，於是小白便由鮑叔牙侍奉逃往莒國，公子糾則由管仲和召忽侍奉逃往魯國。

不久，齊國發生內亂，齊襄公被殺，公子糾和小白都想搶先回到齊國做國君，管仲帶兵攔截小白，並用箭射中小白的帶鉤，小白假裝被射死，而悄悄搶先回到了齊國，被擁立為君，他就是齊桓公。魯國這時也發兵送公子糾回國，桓公發兵打敗了魯軍，並逼迫魯國殺了公子糾，召忽自殺，管仲被囚送往齊國。

　　桓公本欲殺掉管仲，但鮑叔牙極力舉薦管仲，對桓公說：「管仲的治國能力遠遠超過我，我在許多方面都不如他，齊國要想國富兵強，棄管仲而不用肯定是不行的。」並且說：「他之所以要殺你，只是忠心於自己的上司罷了。他能夠忠心於自己的上司，一定可以再忠心於你。能夠重用管仲的國家，一定會富強起來，望你不要錯失了這個奇才呀！」

　　於是，齊桓公親自將管仲從囚車裡釋放出來，促膝長談，連續三日三夜，大家一時相見恨晚，齊桓公遂將治國的大權，託付給管仲。

　　管仲治國有方，經過幾年的努力，終於幫助齊桓公成就了一代霸業，齊桓公也成為了歷史上著名的春秋五霸中的第一位諸侯霸主。

　　西漢衰微，外戚王莽建立新朝。新朝末年，天下大亂，群雄角逐。後來光復漢朝的劉秀也在其中角逐，但他當時能否一統天下還很難說。劉秀的部下中有些人便暗中寫了投靠其他角逐天下者的密信。不料，劉秀在戰爭中獲勝，搜獲了幾千封這樣的信。劉秀不但沒有拿著這些評據一一追查、誅殺內奸，反而下令全部燒毀，說「令反側子（指三心二意的人）自安」，從而消除了部屬的疑慮和恐懼，團結了隊伍。

　　唐朝的李靖，曾任隋煬帝的郡丞，最早發現李淵有圖謀天下之意，親自向隋煬帝檢舉揭發。李淵滅隋後要殺李靖，李世民反對報復，再三強求保他一命。後來，李靖歸唐，馳騁疆場，往戰不疲，安邦定國，為唐王朝立下赫赫戰功。

　　唐太宗的名臣魏徵，原來是他的弟弟、齊王李元吉的謀臣。魏徵曾鼓動太子建成殺掉李世民。自從玄武門之變後，唐太宗便登上帝位，他不計舊怨，量才重用，使魏徵覺得「喜逢知己之主，竭其力用」，也為唐王朝立下了豐功。

讓難纏的人心服口服

　　大千世界，各色人物俱全，你的朋友或員工絕不可能個個都討你喜歡。身為領導人物，讓人討厭的下屬會令你頭痛、傷腦筋、費精力、耗心血，你必須重視並觀察他們。與難纏之人交往，最能鍛鍊你的社交才能，顯示出真功夫。你不必躲避，應盡可能坦然相對。

自私自利型下屬

　　這種人總是以自我為中心，不顧及旁人，一事當前，先替自己打算，以自我利益為最高利益，稍不如意，便會反目為仇。對這種類型的人的交往原則是：

- 滿足其合理要求，讓他了解，你絕對不會難為他。
- 拒絕其不合理的要求，委婉地擺出各種困難，巧妙地勸其不要貪得無厭。
- 辦事公平。把你的一切計畫、安排、利益分配方案等公之於眾，讓大家監督，使你自身從直接責任中擺脫出來，這樣可以避免他與你沒完沒了地糾纏。
- 在可能的情況下，盡量做到仁至義盡，令其感激你。必要時，帶動他幫助其他朋友，以體會助人的快樂。

爭勝逞強型下屬

　　這種人狂傲自負，自我炫耀，自我表現的欲望很強，喜歡證明自己比你有才能，比你正確，輕視你，甚至也可能嘲諷你，想把你擠下去。對於這類型的人其交往原則是：

- 不必動怒，自以為是的人處處皆有，這很正常，其他上司也會有這種下屬。對其不必壓制，越壓越不服，矛盾會越來越嚴重，他甚至會背後「捅你一刀」。

- 不必自卑，你就是有再高的才能，也不會在各個方面超過所有的人，誰都既有長處，又有短處。確屬自己的不足之處，要坦率承認，並予以改正，這樣他便沒有理由再嘲諷你。

- 仔細分析下屬這樣表現的真實用意。一般下屬只有在懷才不遇時才會表露出對上司的不滿。如確實如此，就要為之創造條件，展現才能，當許多重擔壓在肩頭時，他便會收斂自己的傲慢態度。對不諳世故者，可予以適當的點撥。語重心長，有理有據的談話可改變對方的認識。

性情暴躁型下屬

心理學家將人的特質分為四種類型：多血質、黏液質、抑鬱質、膽汁質。性情暴躁、衝動，不考慮後果，行動如疾風暴雨的人即是膽汁型的人。這種人格特質類型如果缺乏文化修養，或存在反社會行為，其蠻橫無理、蔑視權威、有恃無恐等個性將對你構成較大的威脅。對於種人的交往原則是：

- 這種人一般都比較講義氣，重感情。如果你平常能真心將他視為朋友，多方關照，他會感激並盡力報答你。

- 這種人頭腦簡單，你可以在平日的談話中，引經據典，縱古論今，分析事理，吸引他向你的思考模式靠攏。這樣，在他衝動時，你才會有勸說的立場。

- 不要忘了隨時讚揚他。這種人是自大狂，喜歡被人吹捧、奉承，無法接受別人譏諷、否定他。「順水推舟」的讚揚才可產生「誘敵深入」的效果。

自我防衛型下屬

這種人自尊心脆弱，特別敏感多疑，特別在意他人的評價，唯恐上司對自己有不好的看法。一個不滿意的眼色也會令其心事重重，悶悶不樂。對人存有戒心，缺乏自我安全感，心理防衛機制較強。對這種類型的人的交往原則是：

· 尊重他的自尊心，講話要謹慎，不可流露出輕視之意，多欣賞他的才能，以此博得對方的好感和信任。不要隨便否定他的努力及成績，以防他對你產生敵意。切忌當著他的面指責、挑剔別人，也許他會因此懷疑你也在背後議論、嘲諷他，從而敬而遠之。

· 有困難時，多幫助他，多做事，少提建議。建議過多，會讓他產生一種壓迫感，覺得自己什麼都不行。你只要做給他看，就達到了指導的目的，並會令其感謝你。

第九章　心方智圓，靈活處事

第十章　學會寬容，心胸豁達

人們要有寬容的心態

　　所謂寬容的心態，就是以寬闊的胸懷和包容的心態，去面對各種人和事。寬容本身包含著謙遜。古人說，滿招損，謙受益。一個人如果不能虛懷若谷，就不能有效地吸納有益於自身發展的精神食糧，只有具備海納百川，有容乃大的心態，我們才能學習他人的長處，彌補自身上的短處，充實、拓展、成就自我。寬容不僅是一種與人和諧相處的素養，一種時代崇尚的品德，更是吸納他人長處、充實自我價值的良好品格。

　　「宰相肚裡能撐船」，既然要做一個能位於一人之下，萬人之上的人，必須具備一個強大的基礎，那就是有一顆和常人不一樣的寬容之心。一個人要想成功，只有處處多為別人著想，將心比心，設身處地，寬容別人，這樣才會得到更多的人理解和支持，夢想才會更容易實現。在現代社會中試想一下，在談判桌上，每一方都互不相讓，無法寬容對方，都想贏得更多的利益和實惠，結果往往會造成僵持，甚至不歡而散的局面。針對一個與你觀點不一致，或者你認為是與你唱反調，不配合你的人，哪怕他是一位「作惡多端」的人，只要你對他擁有一顆寬容善待的心，若能加以正確引導和啟發，則往往會使他「化敵為友」，說不定還會成為你成功道路上的知己和夥伴。

　　因為你應該明白：一味敵視別人或不能原諒別人，實際上你是能不原諒自己，在給你自己製造煩惱，傷害了別人，同樣也傷害了自己。

　　家庭生活中如此，社會工作、交際現實更是如此。世界上的人和事，各有各的妙用，任何事物都可以活用，都可以協調。俗話說：人上一百，形形色色；樹林子一大，什麼鳥都有。彼此的和諧生活就需要彼此都擁有寬容的心態，堅持自己的個性，也承認他人的脾氣。

　　一位公共關係專家告訴我們：「面對千差萬別的現實世界，寬容是我們現代人適應時代社會的必備素養，是我們的必然選擇。對於所謂的『異己』，在不涉及大是大非的前提下，打擊、貶抑、排斥就是置之死地而後

快的行徑，你沒有那般本事做，只有徒增煩惱；而是應該學會寬宥、包容、讚美和與其和諧相處。只要你生存在這個世上，你就沒有辦法逃避如何對待『異己』的問題。寬容心態的培養，主要在於，把自己看做是一個平凡的人，把自己看做是社會中的一分子，想到能與他人相處共事是一種幸福的緣分，盡力消除自我中心自私的心理傾向，對世界心存感激，念及他人的優點和好處，你的寬容心的波長和別人的波長就會一致。只有透過這種心的『廣播電臺』，你才能和別人交換資訊和意見，並化敵為友，增添你人生中很多的朋友和夥伴。」

寬容是種強大的力量

寬容和諒解是一種很強大的力量，它能使人們被你吸引，使別人愛戴你、信服你，並願意幫助你。尤其是身為領導人物，如果要想取得成功那麼就要在任何時候都以寬容之心待人。

日本電影《幸福的黃手帕》，描述了一位刑滿釋放的丈夫懷著忐忑不安的心情踏上回家路，但不知妻子是否還能愛他。因此事先通知妻子，如接受他回家，便請在門口掛一條黃手帕，否則他將繼續遠行，浪跡天涯。當他到達家門外時驚奇地發現無數條黃手帕在樹上迎風招展。這個故事不知感動了多少人。生活中也確有相似的事例。

一個年輕的工人由於對工作不負責任，在生產的關鍵時刻馬馬虎虎，造成了重大責任事故，他被捕入獄了。獄中，他後悔莫及，但他沒有消沉，認真地反省自己的過錯。快要出獄前夕，他給廠長寫了封信，信中說：「我清楚自己的罪過，很對不起大家。我即將出獄重新開始生活，我將在後天乘火車路過我們的工廠。身為過去的職員，我懇切請求你在我路過工廠附近的車站時，揚起一面旗子。我會見旗下車，否則我將去火車載我去的任何地方……」那天，火車臨近車站了，他微微閉上雙目，默默地為命運祈禱。當他睜開雙眼時，他看到了許多面旗子，是他的那些同事們

在舉著旗子呼喊著他的名字。他淚流滿面，沒等車停穩就跳進接他的人群中了。後來他成了一名最優秀的工人。

他的廠長是一位有著寬容諒解之心的人，成功地運用寬容之術使這個年輕的工人獲得了新生。

寬容別人即寬容自己

你的寬容和愛心的人生感情只要肯付出給別人，也終究會回報自己。寬容別人，實際上是為了得到別人對你更多的寬容。

相容原則是商界人際關係中一條十分重要的原則。你與其他同事之間能不能處理好關係，能不能和平共處，能不能避免衝突，很大程度上取決於你的相容性如何。

相容性包含以下三層涵義：

1. **是心胸寬廣**：心胸寬廣的人豁達，開朗，大事清楚，小事糊塗，把注意力放在大事情上，不斤斤計較，不會為一點雞毛蒜皮的小事而大傷腦筋，更不會做損人利己或損人不利己的事。因此，其情緒總是積極樂觀的。

2. **是待人寬容**：對人寬容的人能夠容忍別人的缺點和不足，能體諒別人的失誤，能接納別人，尊重別人，把對方當作一個完整的個體來看；不去批評別人、指責別人，更不會去誹謗別人。

3. **是忍耐性強**：忍耐性強的人能夠控制自己的脾氣，善於忍耐，對別人的無禮和攻擊不計較，不因一點小事跟別人爭吵。古語云：「小不忍則亂大謀。」在小事情上不能忍耐的人，缺乏涵養，容不得別人細微的嘲笑、譏諷，從而造成人際關係破裂。

正是因為相容包含著以上三方面的內涵，所以它是同事之間相處應該遵循的一個極為重要的原則。能不能做到相容，直接關係到你人際關係的好壞。

不具有相容性的職員在平時工作中最易導致同其他職員的爭執和爭論。而一旦出現這種場面的最終結果是：任何人都贏不了爭論，只能使雙方比以前更加相信自己是絕對正確的。有人也許會很不理解：「只要我占理，怎麼會贏不了爭論呢？」試想一下：要是輸了，當然你就輸了；要是你認為贏了，也是一樣輸了。就算是你表面看上去是個勝利者，對方的觀點被你駁得千瘡百孔，證明他一無是處，那又能怎樣？你或許會為此而一時洋洋得意，但雙方都供職於一家公司，低頭不見抬頭見，多麼難堪的場面！況且只因圖一時口舌之快，你又多樹一個強敵。而他呢，你使他自慚，在其他同事面前失了面子，傷了他的自尊心，他絕對會對你產生忌恨的。

「一個人雖然口服，但心裡服不了，所以從爭論中獲勝的唯一祕訣就是避免爭論」。

在這個問題上，以下幾點建議有助於你避免同其他同事產生無謂的爭論，從而建立良好的人際關係：

- **虛心接受不同的意見**：聽到不同意見往往是你避免重大錯誤的最好時機，一個人考慮問題往往不周到，這時聽一下別人的不同意見，或許會起到意想不到的作用。請記住：不同的意見，恰恰是你沒想到的。

- **不要輕易相信自己的直覺**：所謂直覺也就是第一感覺。當別人提出不同意見的時候，人們的第一反應是自衛，即保護自己的想法和自尊心。這種自衛常常缺乏科學性，並在同事的眼裡留下個狂妄自大、氣量短淺、聽不得不同意見的印象，更談不上有自我批評的精神了。

- **控制自己，別亂發脾氣**：在這點上你必須明白的是：發脾氣根本不能幫你解決任何問題，相反這樣只能激怒對方，加劇雙方的防衛和對抗。如果你和同事之間造成這種局面，是無法正常工作的，其他的就更談不上了。

- **先聽為上**：人緣關係再好的職員，在公司裡都會有反對派。一旦對立派有所舉動，你切不可立即作出反應，而是應給反對者有個說話的機

會，讓他把話講完，不要拒絕或爭辯。否則，只會增加彼此溝通的障礙。只有先聽，聽到對方的意見、指責後，才能發現問題所在，才有可能溝通，不聽也就失去了溝通的基礎和依據。

- **尋找你同意的地方**：當你聽完反對者的陳述後，要先看哪些是你同意的地方，努力去尋找共同點。有了共同語言，溝通起來也就容易多了，你和你的反對者之間就有可能成達共識，化干戈為玉帛。

- **誠實地自我批評**：當你發現自己錯了，就不要再掩蓋自己的錯誤，要誠實而虛心承認。這樣的做法，不僅可以建立起自己知錯就改的強者形象，還有利於解除反對者的武裝，減少他們的自衛心理。

- **同意仔細考慮反對者的意見**：同意是出於真心。如果有朝一日反對者對你說：「我早就告訴你了，你就是不聽。」那時你就難堪了。如果他說錯了，你不必指責，他非但不會聽你的，還會被你傷了自尊心，導致人際關係更為緊張。

- **為反對者關心你的事情而真誠地感謝他們**：肯花時間表達不同意見的同事，必然和你一樣對同一事情表示極大的關心，這說明你兩人有共同的興趣。因此，與其把他看做「敵人」，不如看做志同道合的朋友，齊肩並進。

- **延緩採取行動**：這樣雙方都有時間把問題考慮清楚。要學會反覆問自己：「反對者的意見可不可能是對的？」、「我的反應是否有助於解決問題？」等等。在經過這樣的判斷之後再作出決定，這是比較成熟的表現。

能熟練應用以上九點的職場人士，在公司裡能遊刃有餘地處理好同事關係，因為他能化敵為友，極盡可能消除對立面。

生活中從容和寬容的力量

時間有驚喜也有驚愕，有繁榮也有危機。看透了一切起起伏伏，也就從容了心態，也就釋然了人生。

尤利烏斯‧埃佛拉（Julius Evola）是一個畫家，而且是一個很不錯的畫家。他畫快樂的世界，因為他自己就是一個很快樂的人。不過沒人買他的畫，因此他想起來總是有些傷感，但只是偶爾如此。

「玩玩運動彩券吧！」他的朋友勸他，「只花兩馬克就可以贏得很多錢。」

於是尤利烏斯花兩馬克買了一張彩券，並真的中了獎！他賺了 50 萬馬克。

「你瞧！」他的明友時他說， 「你真是走運啊！現在你還經常畫畫嗎？」

「我現在就只畫支票上的數字！」尤利烏斯笑道。

尤利烏斯買了一幢別墅並進行了一番裝飾。他很有品味，買了很多東西：阿富汗地毯，維也納櫃櫥，佛羅倫斯小桌，邁森瓷器，還有古老的威尼斯吊燈。

尤利烏斯很滿足地坐下來，他點燃一支香菸，靜靜享受他的幸福，突然他感到很孤單，便想去看看朋友。他把菸蒂往地上一扔，在原來那個石頭畫室裡他經常這樣做，然後他出去了

燃著的香菸靜靜躺在地上，躺在華麗的阿富汗地毯上……一個小時後別墅變成火的海洋，它被完全燒毀了。朋友們很快知道這個消息，他們都來安慰尤利烏斯。

「尤利烏斯，真是不幸啊！」他們說。

「怎麼不幸啊？」他問。

「損失啊！尤利烏斯，你現在什麼都沒有了。」

「什麼呀？不過是損失了兩馬克。」

天有不測風雲，人有旦夕禍福。你有可能一夜暴富，一夜成名，也有可能會在一小時或一分鐘內破產，陷入窘境。生活中總是存在太多未知數。所以，當聞達時，不要過分歡喜；當你落魄時，不要過於悲傷，從容看待這世界的沉沉浮浮。

阿拉伯著名作家阿里，有一次和吉伯、馬沙兩位朋友一起去旅行。3人行經一處山谷時，馬沙失足滑落，幸虧吉伯拚命拉他，才將他救起。馬沙於是在附近的大石頭上刻下了：「某年某月某日，吉伯救了馬沙一命。」

三人繼續走了幾天，來到一處河邊，吉伯和馬沙為了一件小事吵起來，吉伯一氣之下打了馬沙一個耳光。馬沙跑到沙灘上寫下：「某年某月某日，吉伯打了馬沙一個耳光。」

當他們旅遊回來之後，阿裡好奇地問馬沙為什麼要把吉伯救他的事刻在石上，將吉伯打他的事寫在沙上。馬沙回答：「我永遠都感激吉伯救我，至於他打我的事，我會隨著沙灘上字跡的消失，將其忘得一乾二淨。」

生活中慷慨的行為總是難以得到真誠的感恩。事實上，我們每個人每天的生活都依賴他人的奉獻，只是很少有人會想到這一點。記住別人對我們的恩惠，洗去我們對別人的怨恨，在人生的旅程中才能自由翱翔。學學上文中那個智者的樣子，將不值得銘記的事情統統交給沙灘吧！漲潮的時候，海水會卷走那些不快，伴隨著新一輪朝日誕生的，是你無憂的笑臉無瑕的心。

孔子說：「君子坦蕩蕩，小人常戚戚。」心胸平坦寬蕩，心寬體胖，才能寢食無憂，與人交而無怨，是做人寬容的處世藝術。有諺語也說：「月過十五光明少，人到中年萬事和。」其中「和」字的確意味深長，它能容事容人，故可致樂致祥。人生本不必過於苛人苛己，得寬容處且寬容，何苦雙眉擰成繩。寬容不僅是人與人之間交往的一種藝術，也是立身處世的一種態度，更是一種人格的涵養。寬以待人，不僅可以消災彌禍，還可以遠避羞辱。如果自己沒做錯什麼，別人侮辱自己，那與己無關，不算是真

正的侮辱；如果自己做錯了什麼，別人侮辱了自己，那是自取其辱，就更應該寬容別人。

寬容能獲得巨大的財富

在現代社會，人們為了競爭和利益，通常是爭得你死我活各不相讓，寬容似乎很少為人提及，然而，對成大事者對於寬容心的養成卻是以獲得財富和幸福為核心。莎士比亞之所以被稱為最偉大的仁者，就在於寬容。在莎士比亞的 36 部戲劇中，「寬容」一詞在 33 部中共出現了 94 次。從莎士比亞的作品中。我們能夠清晰地辨別出，莎士比亞幾乎對所有的生物（不管是人還是動物）都無限地寬容。

《聖經》上有個故事說，有個人招待了一群客人，等客人離去，才發現他們原來是上帝派來的使者。從此做父母的就教導孩子們說，碰到衣衫破爛或長相醜陋的人，絕對不可怠慢，而要幫助他，因為他可能是天上的仙人。這種故事生活中確實可能發生。

一個烏雲密布的午後，大雨突然間傾瀉而下，行人紛紛逃進臨近的店鋪躲雨。這時，一位渾身濕淋淋的老婦人，步履蹣跚地走進費城百貨商店。看著她狼狽的姿容和簡樸的衣裙，所有的銷售人員都對她不理不睬。

只有一個年輕人熱情地對她說：「夫人，我能為您做點什麼嗎？」老婦人莞爾一笑：「不用了，我只是近來躲個雨，馬上就走。」但是，她的臉上明顯露出不安的神色，因為雨水不斷地從她的腳邊淌到門口的地毯上。

正當她無所適從時，那個年輕人又走過來說：「夫人，您一定有點累，我給您搬了一把椅子放在門口，請您坐著休息。」兩個小時後，雨過天晴，老婦人向那個年輕人道了謝，並隨意地向他要了張名片，就搖搖晃晃地走了出去。

幾個月後，費城百貨公司的總經理詹姆斯收到一封信，寫信人指名要求這位年輕人前往蘇格蘭收取裝潢一整座城堡的訂單，並讓他負責自己家

族所屬的幾個大公司下一季辦公用品的採購任務。詹姆斯震驚不已，這一封信帶來的利益，相當於他們公司兩年的利潤總和。

當他以最快的速度與寫信人取得聯繫後，才知道這封信是一位老婦所寫，就是幾個月前曾在自己商店躲雨的那位老太太 —— 而她正是美國億萬富翁「鋼鐵大王」卡內基的母親。

詹姆斯馬上把這位叫菲利的年輕人推薦到公司董事會。毫無疑問，當菲利收拾好行李準備去蘇格蘭時。他已經是這家百貨公司的合夥人了。

那年，菲利才 22 歲。

不久，菲利應邀加盟到卡內基的旗下。往後幾年，菲利以他一貫的踏實和誠懇，成為「鋼鐵大王」卡內基的左膀右臂，事業扶搖直上、飛黃騰達，成為美國鋼鐵行業僅次於卡內基的靈魂人物。這個故事的真偽並沒有任何意義。但它表述的道理卻千真萬確：要想獲得，就必須先給予；而最難得的，是那種不求回報的給予，因為它是以愛和寬容為基礎。

寬容必能得到善報

嫉妒是由心理上的自卑和不平衡導致的，失敗者不寬容，而成功者總是對別人有興趣、關心別人。他們體諒別人的困難和要求。他們維護人性的尊嚴，和別人打交道時把他們當做人來看待，而不是當做遊戲時的賭注。他們承認，每個人都有值得尊重和敬佩的獨特個性。人們對自己的感情常常與對他人的感情一致，一個人對別人寬容時，他們必定對自己寬容。

在美國經濟大蕭條時期，有位 17 歲的女孩好不容易才找到一份在高級珠寶店當銷售人員的工作。在耶誕節前一天，店裡來了一個三十歲上下的顧客，他衣著破舊，滿臉哀愁，用一種觸不可及的目光，盯著那些高級首飾。

　　女孩正要去接電話，一不小心把一個碟子碰翻，六枚精美絕倫的鑽石戒指落在地上。她慌忙撿起其中的五枚，但第六枚怎麼也找不到了。這時，她看到那個三十歲左右的男子正向門口走去，心裡認為戒指一定被他拿去了。當男子將觸及門柄時，她柔聲叫道：

　　「對不起，先生！」

　　那男子轉過身來，兩個人相視無言，將近幾十秒。

　　「什麼事？」男人問，臉上的肌肉在抽搐，再次問：「什麼事？」

　　「先生，這是我第一份工作，現在找工作很困難，想必您也深有體會，是嗎？」女孩神色黯然地說。

　　男子久久地審視著她，一抹微笑浮現在他臉上。他說；「是的，確實如此。但是我能肯定，您在這裡會做得不錯。我可以為您祝福嗎？」他向前一步，把手伸給女孩。

　　「謝謝您的祝福。」女孩立刻伸出手，雙手緊緊握在一起，女孩用十分柔和的聲音說，「我也祝您好運！」

　　男人轉過身，走向門口。女孩目送他的身影消失在門外，轉身走到櫃檯，手中握著的第六枚戒指放回原處。

　　故事中，這個女孩十分顧及對方的顏面。那男子也很珍惜對方給的臺階，非常有尊嚴地改正了自己的錯誤。這不正是寬容所給人們帶來的回報嗎？

　　那種在心靈深處覺得「並不重要」的人不可能深深地尊重自己和關心自己。因為他自己也是「人」，他對別人所做的評價，無形中也就是對自己的評價。製造寬容一個最著名的方法就是不在你心中譴責別人，不要評價別人，不要因為他們的錯誤而責怪和憎惡他們。要製造對別人的寬容的另一個方法是要人正視現實。人是重要的，不能永遠被當做動物或者機器，不管是在家裡、在事業上或者是在人與人之間的關係上。除此之外要努力透過認清別人的真實面目而真正認識人的價值，要注意留心其他人的感情、觀點、欲望和需求。多考慮其他人要做些什麼、有什麼感受。

一位朋友常跟他妻子開玩笑，每次她問，「你愛我嗎？」他就對她說，「每次我留心想一想，我的確是愛你的。」這句話很有道理。除非留心想一想別人，否則就感覺不到他們身上的一切。最後要懂得待人接物要想到別人是重要的，也應該把別人當做重要的人來對待。你與人相處時要考慮對方的感情。怎樣對待別人，也會同樣去考慮別人。

寬容他人一時之謬，莫要輕易對別人失望

你對別人失望過嗎？你讓別人失望過嗎？請記住，以一份理想的眼光去看別人，一切都是美好的；當它表現不良時，卻會對別人造成無端的傷害。

一位老人坐在一個小城鎮邊的公路旁。一位陌生人開車來到他的身邊，把車停下來，向他問道：「老人家，請問這是什麼鎮？住在這裡的居民屬於哪種類型？我正想決定是否搬到這裡居住。」

老人抬頭望了一下這位陌生人，反問到：「你剛離開的那個小鎮上住的人，是屬哪一類的人呢？」

陌生人回答說：「住的都是些不三不四的人。我們住在那裡感到很不愉快，因此打算搬到這裡來居住。」

這位老人說道：「先生，恐怕你會感到失望，因為我們鎮上的人跟他們完全一樣。」

過了不久，又有另一位陌生人向老人打探鎮裡的狀況，老人又反問他同樣的問題。這位陌生人回答說：「啊！住在那裡的人都十分友好，我和家人在那裡度過了一段美好的時光，但我正在尋找一個比我以前居住地方更有發展機會的城鎮，因此我們搬出來了，儘管我們還很留戀以前那個地方。」

老人說道：「年輕人，你很幸運。在這裡居住的人都是跟你差不多的人，相信你會喜歡他們，他們也會喜歡你的。」

那麼，我們為何不以一種更為積極、達觀、寬容、和善、友愛、健康的心態去看待人間諸事？為何不多欣賞一下別人，多給別人支持和鼓勵，多為別人拍拍手，喝幾聲彩呢？

每個人都有自身的弱點抑或缺欠，讓我們正視它們的存在，採取能屈能伸的策略，求大同，存小異，伸出熱情的雙手幫助他們渡達理想的彼岸，如此，不僅成全了別人，而且還由此獲得了生活中、事業上的知己，我們何樂而不為呢！

樂於接受他人的批評

人與人之間或多或少都存在著批評與被批評的關係，有些人極不情願接受批評，一旦遇到這種情況，就會氣不打一處來。因此，能否接受批評成為許多人的做人障礙，從中可見其心胸是否敞亮。

皮魯克斯說，每個人一天起碼有五分鐘不夠聰明，智慧似乎也有無力感。一般人常因他人的批評而憤怒，有智慧的人卻想辦法從中學習。與其等待對手來攻擊我們或我們所做的工作，倒不如自己主動接受批評。對手對我們的看法比我們自己的觀點可能更接受事實。

這裡告訴你關於一位深諳做人藝術的人物故事，他叫豪威爾。

豪威爾是美國財經界的領袖，曾擔任美國商業信託銀行董事長，兼任幾家大公司的董事。他的教育程度不高，他曾在一個鄉下小店當過店員，後來當過美國鋼鐵公司信用部經理，並一直朝更大的權力地位邁進。

豪威爾先生在被問及成功的祕訣時，說：「數年來我一直有個記事本，記載下一天中有哪些約會。家人從不指望我週末晚上會在家，因為他們知道，我常把週末晚上空下來進行自我省察，評估我這一週中的工作表現的時間。晚餐後，我獨自一人打開記事本，回顧一週來所有的面談、討論及會議過程。我自問：『我當時做錯了什麼？』、『有什麼是正確的？』、『我還能做什麼來改善自己的工作表現？』、『我能從這次經驗中吸取什麼教

訓？』等等。這種每週檢討有時弄得我很不開心。有時我幾乎不敢相信自己的莽撞。當然，年事漸長，這種情況越來越少，我一直保持這種自我分析的習慣，它對我的做人藝術幫助非常巨大。」

一般人常因他人的批評而憤怒，有智慧的人卻想辦法從中學習而獲得提升。詩人惠特曼曾說：「你以為只能向喜歡你、仰慕你、贊同你的人學習嗎？從反對你的人、批評你的人那裡，不是可以得到更多的教訓嗎？」

在別人抓到我們的弱點之前，我們應該自己認清並處理這些弱點。達爾文就是這樣做的。當達爾文完成其不朽的著作──《物種起源》（On the Origin of Species）時，他已意識到這一革命性的學說一定會震撼整個宗教界及學術界。因此，他主動開始自我評論，並耗時 15 年，不斷查證資料，向自己的理論挑戰，批評自己所下的結論。

如果有人罵你愚蠢不堪，你會生氣、憤憤不平嗎？我們來看看林肯如何處理的。

林肯的軍務部長愛德溫・史坦頓（Edwin Stanton）就曾經這樣罵過總統。史坦頓是因為林肯的干擾而生氣。為了取悅一些自私自利的政客，林肯簽署了一次調動兵團的命令。史坦頓不但拒絕執行林肯的命令，而且還指責林肯簽署這項命令是愚蠢的舉動。有人告訴林肯這件事，林肯平靜地回答：「史坦頓如果罵我愚蠢，我多半是真的笨，因為他幾乎總是對的。我會親自去跟他談一談。」

林肯真的去看史坦頓。史坦頓指出他這項命令是錯誤的，林肯就此收回成命。林肯很有接受批評的雅量，只要他相信對方是真誠的，有意幫忙的。

你我也應該歡迎這樣的批評，因為我們不可能永遠都是正確的。連狄奧多・羅斯福（Theodore Roosevelt）總統也只敢期望自己能在四次裡面，有三次是正確的。

法國作家拉勞士福古曾說：「敵人對我們的看法比我們自己的觀點可能更接近事實。」

　　這句話非常正確，可是被人批評的時候，如果不提醒自己還是會不假思索地採取防衛姿態。不管正確與否，人總是討厭被批評，喜歡被讚賞的。我們並非邏輯的運動，而是情緒的運動。我們的理性就像在狂風暴雨的情緒汪洋中一葉扁舟。

　　聽到別人談論我們的缺點時，想辦法不要急於辯護。因為每個普通的人都是這樣的。讓我們放聰明點也更謙虛一點，我們可以氣度恢弘地說：「如果讓他知道我其他的缺點，只怕他還要批評得更厲害呢！」現在提出的是另一個想法：當你因惡意的攻擊而怒火中燒時，何不先告訴自己：「等一下……我本來就不完美。連愛因斯坦都承認自己 99% 都是錯誤的，也許我起碼也有 80% 的時候是不正確的。這個批評可能來得正是時候，如果真是這樣，我應該感謝它，並想法子從中獲得益處。」

　　美國一家大公司的總裁查理斯‧盧克曼曾經用 100 萬美元請鮑伯‧霍伯（Bob hope）上廣播節目。鮑伯從來不讀讚賞他的信，只看批評的信，因為他知道可以從批評中學到一點東西。

　　福特汽車公司為了了解管理與作業上有何缺失，特地邀請員工對公司提出批評。

　　有一位香皂業務員，常主動要求人家給他指教。當他開始為高露潔（Colgate-Palmolive）推銷香皂時，訂單接得很少。他擔心會失業，他確信產品或價格都沒有問題，所以問題一定是出在自己身上。每當他推銷失敗，他會在街上走一走想想什麼地方做得不對，是表達得不夠有說服力，還是熱忱不足？有時他會折返回去，問那位商家：「我不是回來賣給你香皂的，我希望能得到你的意見與指正。請你告訴我，我剛才什麼地方做錯了？你的經驗比我豐富，事業又成功，請給我一點指正，直言不妨，請不要保留。」

　　他這個態度為他贏得許多友誼，以及珍貴的忠告。想知道他的發展嗎？他後來升任高露潔公司總裁，他就是立特（E. H. Little）先生。

只有心胸寬大的智者，才能向豪威爾、林肯、立特等人看齊。當你獨處時，你何不捫心自問你到底屬於哪一種人？記下自己做過的錯事，提出自我批評。既然我們並非完美之人，何不歡迎那些建設性的批評：不明白這一點，你就難以做一個真正受人歡迎的人。

用豁達大度的心態看世界

豁達是一種不苛求、不極端、不任性的健康心理。如果你以一種豁達大度的眼光去看世界，就會覺得綠水青山，碧雲藍天，無一不是令人賞心悅目的彩圖。如果你以一種豁達大度的心態去對待生活，就會覺得生活是一首詩，是一曲歌，無比輕快、歡暢、美好。

我們每個人心中都有一座美麗的大花園。如果我們願意讓別人在此種植快樂，同時也讓這份快樂滋潤自己，那麼我們心靈的花園就永遠不會荒蕪。

貝爾太太是美國一位有錢的貴婦，她在亞特蘭大城外修建一座花園。花園又大又美。這個花園吸引了許多遊客，他們毫無顧忌地跑到貝爾太太的花園裡遊玩。

年輕人在綠草如茵的草坪上跳起了歡快的舞蹈；小孩子鑽進花叢中捕捉蝴蝶；老人蹲在池塘邊垂釣；有人甚至在花園當中架起了帳篷，打算在此度過他們浪漫的盛夏之夜。貝爾太太站在窗前，看著這群得意忘形的人們，在屬於她的園子裡盡情地唱歌、跳舞、歡笑。她越看越生氣，就叫僕人在園門外掛了一塊牌子，上面寫著：私人花園，未經允許，請勿入內。

可是這毫無作用，那些人還是成群結隊地走進花園遊玩。貝爾太太只好讓她的僕人前去阻攔，結果發生了爭執，有人竟拆掉了花園的籬笆牆。

後來貝爾太太想出了一個妙計，她讓僕人把園門外的那塊牌子取下來，換上了一塊新牌子，上面寫著：

　　歡迎你們來此遊玩，為了安全起見，本園的主人特別提醒大家，花園的草叢中有一種毒蛇。如果哪位不慎被蛇咬傷，請在半小時內採取緊急救治措施，否則性命難保。最後告訴大家，離此地最近的一家醫院在威爾鎮，開車大約 50 分鐘抵達。

　　這真是一個妙計，那些貪玩的遊客見到這塊牌子後，對這座美麗的花園就望而卻步了。

　　幾年後，有人再往貝爾太太的花園去，發現那裡因為園子太大，走動的人太少而真的雜草叢生，毒蛇橫行，幾乎荒廢了。孤獨、寂寞的貝爾太太天天守著她的大花園，此刻，她非常懷念那些曾經來她的園子裡玩得十分愉快的遊客。

　　古聖先賢曾經說過：「憤怒的人，心中總是充滿了怨恨。」古希臘神話中有一位大英雄叫海格力斯。一天他走在坎坷不平的山路上，發現腳邊有個袋子很礙事，海格力斯踩了那東西一腳，誰知那東西不但沒被踩破，反而膨脹起來，加倍地擴大著。海格力斯惱羞成怒，拿起一條粗木棒擊打它，那東西竟然長大到把路堵死了。

　　正在這時，山中走出一位聖人，對海格力斯說：「朋友，別動它，忘了它，離開它遠去吧！它叫仇恨袋，你不犯它，它便小如當初，你侵犯它，它就會膨脹起來，擋住你的路，與你敵對到底！」

　　在你心中，為他人的快樂留下位置，相信你會更快樂的……

樂觀豁達，讓快樂點亮自己的生活

　　你快樂嗎？如果你不快樂，那你不妨聽聽他人的經驗，早日找到通往快樂之門。這些快樂之人大都認為：

1. 實現願望就是快樂

有人說，快樂的祕訣就是一輩子做自己喜歡的事。它是一種「幸福的美感」。快樂是比較即興的、短暫的，幸福卻是持久的，需要長期經營。

2. 快樂之人要擺對自己的位置

要做一位快樂主義者，但大多數的人中，十個裡面幾乎有九個都不快樂。

不快樂的人常常會帶給別人壓力，他們經常抱怨這個，抱怨那個。但說也奇怪，不快樂的人通常不會承認「我不快樂」。

快樂需要智慧。快樂的人活得都很有味道，很瀟灑，也很豁達。他們體悟到生命的無常，不知何時災難突然就來，唯有保持豁達才能從容應付。

很多不快樂的人，他們痛苦的來源是因為「把自己擺錯了位置」。快樂的人非常清楚如何安排生活，不快樂的人，每天睜開眼睛總是懷疑地自問：「我究竟要做什麼？」

我們周圍有很多人，當他們下了班之後，就像個洩了氣的皮球，整個人癱坐在電視前面，不然就是酗酒、豪賭，生活得很無奈。這種人一定是擺錯了位置，他可能想賺更多的錢，想爬得更高，或者有更多的欲望，由於不知道割捨，想要的太多，結果反而掉入痛苦的深淵。所以說，要找快樂，就是懂得做出選擇，看你究竟把自己擺在哪一位？權力、名聲、財富，還是快樂？心理學家認為，快樂的來源包括「新的刺激」與「不斷超越」。這就說明了那些酷愛山的人，為什麼總是喜歡向高峰挑戰的道理。

快樂是一種生活的態度。假使一個人一輩子有錢、有權、有名，卻沒有快樂，仍舊只能算是虛度此生。

3. 隨興、隨心、隨緣就是快樂

有一位知名作家說過一句話：「快樂與哀傷就像兩條並行的鐵軌⋯⋯所有的快樂都是短暫的，人生其實是痛苦的。」人的一生，憂苦的時候比快樂的時候多。但是，話雖如此，我們並不一定就得哀哀戚戚地過日子。仔細想想，在我們的周圍，每天都會聽到一些壞消息，這些消息已經讓我們無所逃遁，那為何不去找一些令人振奮的事情來替自己打氣呢？

很多人認為，快樂難找，其實不然。談快樂，其實根本不必用什麼偉大的理論，應該落實在世俗的生活層面。

物質上如果保持恬淡，精神上就能有更大的空間去豐富它。而且，物欲上的東西「邊際效益」遞減速度反而特別快。我們常嘆，人生無奈，總是有牽扯不完的瑣事，不是擔心這個，就是擔心那個。在短暫的生命中，每個人應該留一些空間做自己想做的事。

人生的終極目標就是成功和快樂。一個失敗的人生等於枉度一生，一個沒有快樂的人生也等於虛度此生。從現在開始，追求並享受你一生的成功與快樂吧！

第十一章　慈善仁心，有愛無敵

打開善良之門

　　友善地伸出援手幫助他人，是一種責任和需求，也是一種快樂，因為這能增加你自己的健康和快樂。幫助別人會帶給你更大的快樂和更多的滿足。美國紐約心理治療中心的負責人亨利・林克說：「現代心理學上最重要的發現就是：必須要有自我犧牲或者是約束，才能達到自我了解與快樂。」這句話說明瞭一個通俗卻又淺顯的道理：你為別人著想，別人也為你著想，這是一種簡單而快樂的「回報效應」。

　　如果總是想著自己，顧影自憐，孤芳自賞，結果就是你走不進別人心裡，別人也走不進你的世界。只要嘗試一下忘掉自己，說明別人，一切都會改變。自信是改變我們心靈的開端，世界會隨著我們的自信而產生變化。

　　快樂具有一定的傳染性，讓他人快樂了自己也會變得快樂。一個人在施予的同時也在接受，只有為幫助他人而付出我們的愛，才能克服憂慮、悲傷以及自憐，使自己煥然一新。因為當我們試著使別人高興時，就具有了一種忘我精神，我們就會沉浸在自我滿足的幻覺之中。否則憂慮和恐懼就會紛至逕來，也就容易患上憂鬱症。

　　一天，一個貧窮的小男孩為了賺學費正挨家挨戶地推銷商品，勞累了一天的他，此時感到十分飢餓，但搜遍全身，卻只有一塊錢。怎麼辦呢？他決定向下一戶人家討口飯吃。一位美麗的年輕女子打開房門，這個小男孩卻有點不知所措，他不好意思開口要飯，只乞求給他一口水喝。這位女子看到他很飢餓的樣子，就拿了一大杯牛奶給他。男孩慢慢地喝完牛奶，問道：「我應該付多少錢？」年輕女子回答道：「不用錢。媽媽教導我們，施以愛心，不圖回報。」男孩說：「那麼，就請接受我由衷的感謝吧！」說完男孩離開了這戶人家。

　　此時，他不僅感到自己的疲倦一掃而空，充滿力量。其實，男孩本來是打算退學的。

數年之後，那位年輕女子得了一種罕見的重病，當地的醫生對此束手無策。最後，她被轉到大城市醫治，由專家會診治療。當年的那個小男孩如今已是大名鼎鼎的霍華德‧愛特伍德‧凱利醫師（Howard Atwood Kelly, M.D.）了，他也參與了醫治方案的制定。當看到病歷上所寫的病人的來歷時，一個念頭閃過他的腦際，他馬上起身直奔病房。

來到病房，凱利醫生一眼就認出床上躺著的病人就是當年那位曾幫助過他的恩人。他回到自己的辦公室，決心一定要竭盡所能治好恩人的病。從那天起，他就特別地關照這個病人。經過艱辛努力，手術成功了。凱利醫生要求把醫藥費通知單送到他那裡，在通知單的旁邊，他簽了字。

當醫藥費通知單送到這位特殊的病人手中時，她不敢看，因為她確信，治病的費用將會花去她的全部家財產。最後，她還是鼓起勇氣，翻開了醫藥費通知單，旁邊的那行小字引起了她的注意，她不禁輕聲讀了出來：「醫藥費 —— 一杯牛奶。霍華德‧凱利醫生。」

愛是一盞燈，照亮別人，也溫暖自己。愛是一種非常美好的人生情感，像花，開出來，美麗別人，自己也將會結出果實，所以我們不要把愛藏在心底。

喬治是華盛頓一家保險公司的業務員，有一次他為女友買花，認識了一家花店的老闆 —— 本。但也只是認識，他只在本的花店裡買過兩次花。

後來，喬治因為為客戶理賠一筆保險費，無緣無故被控以詐騙罪投入監獄，他要坐 10 年的牢。聽聞這一消息，女友離開了他。10 年對喬治來說太漫長了，過慣了充滿熱情的生活，他不知道自己該如何打發漫長的、沒有愛也看不到光明的日子，他對自己一點信心也沒有。在監獄裡過了鬱悶的第一個月後，他幾乎要瘋了，這時，有人來看他。

在華盛頓他沒有一個親人，他想不出有誰還記著他。在會見室裡，他愣住了，原來是花店的老闆本。本給他帶來一束花。雖然只是一束花，卻

給喬治的牢獄生活帶來了生機，也使他看到了人生的希望。他開始振作起來，在監獄裡開始大量地讀書，鑽研電子科學。

6年後，他獲釋了，先在一家電腦公司做雇員，不久自己開了一家軟體公司，兩年後，他身家過億。成為富豪的喬治，去探望本，卻得知本已於兩年前破產了，一家人貧困潦倒，舉家搬遷到鄉下。喬治把本一家接回來，給他買了一套樓房，又在公司裡為本留了一個位置。喬治說，是你每年的一束花，使我留戀人世的愛和溫暖，給予我戰勝厄運的勇氣，無論我為你做什麼，都不能回報當年你對我的幫助，我想以你的名義，捐一筆錢給慈善機構，讓天下所有不幸的人都感受到你博大的愛心。

後來，喬治果然捐了一大筆錢出來，成立了「華盛頓・本陌生人愛心基金會」。

奉獻愛心去愛每一個人，是每個人都很容易做到的事，一句話、一個微笑、一束花就夠了。

隨時打開善良之門，去發揮慈悲心腸，為他人創造愛的力量，你將在愛的付出中體驗到人生最真的快樂。

將心比心，換位思考

將心比心，這是一句善解人意的俗語。如果我們在生活中多點將心比心的感悟，就會對老人生出一份尊重，對孩子懷有一份憐愛；會使人與人之間多一些寬容和理解，少一些計較和猜疑。

我們每個中、青年人，也會有許多角色轉換，在此地你是強者，在彼地可能就是弱者，此時你是服務者，披時就可能是被服務者……我們希望別人怎樣對待自己，就最好先去怎樣對待別人。

什麼東西能把人心與人心連在一起？是對他人的關心，只有關心他人才會得到報償，只有關心他人才能獲得尊重。要知道，尊重別人是人交往

的第一準則。尊重他人意味著對別人的人格、權利、職業、事業成就、家庭、生活方式、興趣愛好、願望和要求給予充分的肯定和讚揚。

理解別人是人際交往中所提倡的基本態度。只有設身處地地考慮他人的處境和心態，才能與人建立和諧友好的關係。沒有理解，便沒有人與人之間順利的溝通。真誠的關心別人，是與人愉快交往的訣竅。表示真誠的關心，不僅能夠使人對你產生好感，而且能夠使你贏得很多朋友。

真誠地關心別人，才會得到別人同樣的回報，才會感到自己被大家所需要。而關心他人的開始，就是當別人遇到困難時，要主動提供力所能及的幫助。如果你希望在生活和工作中與人愉快地相處，並得到周圍人的尊敬和信賴，就不要忽視他們在日常生活中所遇到的困難，並盡可能給予幫助。在小事上能夠幫助別人的人，才會在大事上表現出非凡的氣概，得到人們的尊敬和讚譽，別人才願意與之結交。

人在交往中，總是希望得到他人的承認和尊敬，獲得一種重要感，當個人這種需要得到滿足時，會從中受到激勵而表現得更加出色。而一個無法信任別人的人，在生活中一定過得十分孤獨。關心他人的人不要求別人都按自己的意志行事。因為每個人都有權利維護自己的生活方式和興趣愛好，與人交往也應尊重別人的獨特性，不要把個人的觀點、好惡強加於人。

如果你能夠欣賞別人與自己的不同之處，就能與各種各樣的人愉快地相處。每個人都有其值得稱道之處，就看你是否留意。要謙和待人，如春風化雨，使人備感愉快，再大的怒氣在心境平和的人面前也會煙消雲散。

俗話說「近朱者赤，近墨者黑」，人們往往透過你所交往的人來評價你的為人，做個有思想、有個性的人，讓周圍的人因結交你而感到自豪。這樣你要廣泛吸取各方面的知識和資訊，增強自己在人際交往中的實力。事實上只要你每天留心一下廣播、電視、報紙、雜誌，就會覺得自己明天比今天更加見多識廣。

在適當的時候，與人講講心裡話，向別人展現真實的自我。當你感到別人願意接受你的內心世界的時候，你會變得更願意與人交往，成為一個樂觀、開朗、健談的人，這正是大家所喜歡的交往夥伴。

超越褊狹心理

遇到事情時，人們總會從不同的角度、立場去考慮問題，難免不會自私、不用褊狹。

如何修正不能容忍、脾性褊狹的心理呢？最好的方法是增加智慧和豐富生活經驗。擁有良好的修養往往使你擺脫那些無謂的糾纏。那些不能容人、脾性褊狹的人很容易捲入到這些無謂的糾纏中。那些具有寬厚性格的人其性格的寬厚程度與其實際智慧成正比，他們總是能考慮別人的缺點和不利條件而原諒他們 —— 考慮別人在性格形成過程 中環境因素的控制力量，考慮別人不能抵制誘惑而犯錯的情形。

如果我們不能原諒和容忍別人，不能寬厚待人，人們也會以同樣的態度對待我們。

麥可・法拉第（Michael Faraday）曾和他的朋友約翰・丁達爾（John Tyndall）教授在信中交流他的心得體會，下面便是他令人欽佩的建議，這些建議充滿了智慧，也是他豐富人生經驗的總結。

法拉第說：「請允許我這位老人，這時，我應該說從人生經歷中獲益匪淺，談談我的心靈感悟。年輕時，我發現我經常誤會了別人的意思，很多時候，人們所表達的意思並非我想的那種意思。而且，更重要的是，通常對那種話中帶刺的話裝聾作啞要比尋根究底好，相反，對那種親切友好的話語仔細品味要比權當耳邊風要好。真相終歸會大白於天下。那些反對派，如果他們本身錯誤的話，用克制答覆他們遠比以勢壓人更容易使他們信服。我想要說的是，對黨派偏見視而不見更好，對好心好意則應該目光敏銳。一個人如果努力與人和睦相處，那他一生中就會獲得更多的幸福。

你肯定不能想像出，我遭人反對時，我私下也經常惱怒不已，因為我不能正確地思考，因為我總是目空一切；但是，我總是努力的，我也希望能成功地克制自己與別人針尖對麥芒地針鋒相對，我也知道我從未為此受到過什麼損失。」

日本戰國時代，上杉謙信和武田信玄是死對頭，他們在川島會戰之後，又打了好幾次激烈的仗。有一天，一向供應食鹽給武田信玄的今川氏和北條氏兩個部落，都和武田信玄起了衝突，因此中止了食鹽的供應。而武田信玄的屬地申州和信州又都是離海很遠的內陸，不出產食鹽，因此使這兩州的人民都陷入了無鹽的困境。

上杉謙信聽到這個消息後，馬上寫信給武田信玄說：「現在今川氏和北條氏都中止了食鹽的供應，使你陷入困境，我不願趁火打劫，因為那是武將最卑鄙的做法。我還是希望在戰場上和你分個勝敗，所以食鹽的問題，我來幫你解決。」而上杉謙信也果然遵守諾言，請人運送大批的食鹽到申州和信州，替武田信玄解決了問題。所以武田信玄以及兩州的人民都很感激上杉謙信。

上杉謙信是當時最剽悍善戰的武將，每次戰爭都可以說是驚天動地，並且他又非常講義氣。從這個故事中我們可以知道，上杉謙信實在是一位具有深厚同情心的人。也正因他的武功高強，為人光明磊落，重義氣而富同情心，所以很受到後人的敬仰。

常人的心理都會為敵人陷入困境而幸災樂禍，同時也會覺得，可利用這種難得的機會打敗敵人。可是上杉謙信並不這麼想，雖然他和武田信玄是死對頭，又不斷交戰，但目的只是為了爭個高低，而不是要陷百姓於困境。所以上杉謙信認為，雖然兩國正在戰爭之中，但面對敵人因為沒有食鹽而陷入困境時，理應先設法拯救，至於爭奪勝負，那是戰場上的事。上杉謙信有這種氣度，正是他偉大的地方。

在這世界上，競爭是免不了的，對立有時也是必要的。但是，過於褊狹的心理會讓我們自動與快樂為仇。

擁有一顆同情心

同情，是人的一種善的天性；同情，是一種崇高博大的情懷。同情，是寒夜中的一盆火；同情，是烈日下一眼清涼的甘泉。

生活中的奇蹟，其實就發生在你不經意的善意之間，一項小小的援助，甚至是舉手之勞的一次順風車，有時都能給你帶來意想不到的奇蹟。

在一處古村遊覽風景區，一群遊客正在興趣盎然地參觀古代江南五品遺下的豪宅。古宅形體龐大，精巧別緻，充滿了新鮮感。站在古宅前，遊客們心裡都感到納悶：這房子的屋簷真奇怪，怎麼搭配一個小巧的屋子？導遊小姐站在屋簷下，賣了一個關子。她指著屋簷下那間小巧的屋子，學著某電視節目的語氣問道：「大家知道這間小屋子是做什麼用的嗎？」這麼一吊胃口，眾人的興趣就來了，紛紛搶著回答。

有的遊客說：「放鞋子用的。人進屋後，把鞋子脫了放置在這裡。」

有的遊客說：「教訓小孩用的。家裡小孩犯錯了就把他關在這裡，面壁思過。」

有的遊客說：「雨天進門，把傘放在這裡。」

有的遊客說：「關雞的。」

導遊小姐抿嘴一笑，無奈地搖搖頭，告訴大家：「都沒猜對，這是供路過此地的流浪漢遮風擋雨，休息過夜的。」遊客們鴉雀無聲。

在現實生活中，許多人不會想著為流浪漢做一個能擋風雨隔黑暗的屋簷；在心靈裡，也沒有給社會上的弱者留一個充盈同情關愛的屋簷。然而，清代的子民老早就知道給流浪漢做個屋簷，這何嘗不是一種關愛他人、幫扶弱者的情懷呢？人活於世，誰沒有一個難處？

人需要同情，猶如寒夜裡需要一盆火。烈日下需要一掬清涼的甘泉一樣。

伊凡‧屠格涅夫曾路上遇到一個乞丐，他伸手要掏錢發現沒帶錢包，愧疚使他低著頭抓住乞丐的手握了握。乞丐說：「夠了，兄弟，有這點就足夠了。」

屠格涅夫有著一顆同情的心，這顆同情心感動了乞丐的心靈。其實，「在這個世界上，我們真的做不了什麼偉大的事業，我們可以做的只是懷著偉大的愛為他人做點真誠的小事。」

有時哪怕是一份關注的眼神，一句普通的問候，一絲甜甜的笑容。只要你去做了，你的心靈就是高尚的。

讓我們播撒同情的種子，收獲人情義理的果實。

讓我們在自己的心裡搭一個同情的屋簷，心懷天下，悲憫蒼生。

珍惜你所擁有的

無論多麼平凡的生命，皆應有良好的心態，既不高傲，也不自卑，平靜而快樂地享受你所擁有的。在屬於你的天地，舞出最美的旋律。

有一個很小很小的山峰，它總是認為自己很卑微，有一天，它自慚形穢地向上帝訴苦說：「上帝啊！你為什麼讓我生得這麼渺小可憐呢！放眼世界，幾乎任何一塊土地都比我長得高，別人總是巍然而立，高高在上，懸至聳入雲端，顯得那麼壯觀偉大。而我卻孤零零地臥在地面，乾旱時高不了多少，下雨時還要擔心被淹沒。請您將我提拔成喜馬拉雅山，否則就將我毀滅吧！我實在不願意這樣可憐地活下去了。」

「看看你周圍的海洋，它們占地球總面積的四分之三，有四分之三的土地在海洋下面，它們吸不到一點新鮮空氣，見不到半縷和煦的陽光，更無法說話，你還有什麼好抱怨的呢？」小山峰頓悟：「請饒恕我的愚蠢，感謝上帝，我應該懂得知足！」

現實生活中，有些人或因身體原因，或因工作問題總是太妄自菲薄，自暴自棄，缺乏信心，總認為自己無能，總覺得自己比他人「低一等」。

這也不行，那也不行，徹底看扁了自己，不知道珍愛自己已經擁有的，這是不懂愛自己的表現。

哲人說：「學會愛自己是人世間最偉大的一種愛。」從某種意義上說，愛自己既可以說是人的一種天然的本能，又可以說是人在發展過程中獲得的、自我尊重的一種性格特質。

愛自己，不允許我們苛求自己，輕視自己，甚至虐待自己，而是要我們在最痛苦無助、最孤立無援的時候，在必須獨自穿行黑洞洞的雨夜，沒有星光也沒有月華的時候，在我們獨立支撐著人生的苦難，沒有一個人能為我們分擔的時候，自己給自己送一束鮮花，自己給自己一個明媚的笑臉。然後，懷著美好的預感和吉祥的願望活下去，堅韌地走過一個又一個陽光明媚的一天。

一生做好一件事

有道是：「十年磨一劍。」古代的鑄劍師為了鑄成一把好劍，常常在深山中潛心打造十幾年。告訴我們堅持和從 的重要性。一個人的精力是有限的，把精力分散在幾件事情上，不是明智的選擇。一生做好一件有意義有價值的事足矣。

有一位作家被邀請參加筆會，坐在她身邊的是一位匈牙利年輕的男作家。

她衣著簡樸，沉默寡言，態度謙虛，男作家不知道她是誰，他認為女士只是一個不入流的作家而已。

於是，他有了一種居高臨下的自傲心態。

「請問小姐，你是專業作家嗎？」

「是的，先生。」

「那麼，你有什麼大作發表呢，能否讓我拜讀一兩部。」

「我只是寫寫小說而已，談不上什麼大作。」

男作家更加確信自己的判斷了。

他說：「你也是寫小說的，那麼我們算是同行了。我已經出版了 339 部小說，請問，你出版了幾部？」

「我只寫了一部。」

男作家有些鄙夷，問：「噢，你只寫了一本小說？那能否告訴我這本小說叫什麼名字？」「《飄》。」女作家平靜地說。

那位狂妄的男作家頓時目瞪口呆。

女作家的名字叫瑪格麗特・米契爾（Margaret Mitchell），她的一生只寫了一本小說。現在，我們都知道她的名字，但這則典故中那位自稱出版 339 本小說的作家的名字，已經無從查考了。

一生只要做好一件事，這輩子就沒有白過，你的名字就會被人們牢記，它也會成就你。一輩子如果做了許多可有可無的事，不能專注一件事，其實對於生命而言，那只不過是在原地轉圈而已。假設你準備成為一個偉大的作家，或是一位傑出的演說家，或是一位幹練精明的商界主管，或是一位能力高超的金融家，那麼你就要全身心地投入並積極地希望它成功，不要讓你的思考轉到別的事情、別的需要和別的想法上去，專心於你已經決定去做的那個重要專案，放棄其他所有的事。因為，一生做好一件有意義有價值的事也是了不起的成功。

舉善者人見其豐偉

人生的幸福不僅僅是物質上的，更多的也是精神的。擁有一顆善良之心會使你的人生在精神上更快樂、更豐富。

有一個比自由更有力的詞，那就是善良。自從人類文明肇始之初，這一詞彙所具有的力量就得到世人的公認。

你或許讀過《我的叔叔于勒》的故事，故事中家人們對叔叔的態度然人感到心酸。親人都如此，可想他們對待外人會如何了。

　　善良是一種美德，是人性中最美麗、最溫暖人的優點。善良的人對人的感情是真摯的，無私的。人們都渴望得到善良之神的光顧。

　　有一個催人淚下的故事：

　　森林被皚皚白雪覆蓋著，寒風從松樹間呼嘯而過。托尼太太和她的三個孩子圍坐在火堆旁，她傾聽著孩子的說笑，試圖驅散自己心頭的愁雲。

　　一年以來，她一直用自己無力的雙手努力支撐著家庭，但日子一直很艱難，正在燒烤的那條青魚是他們最後的一頓食物。當她看著孩子們的時候，淒苦、無助的內心充滿了焦慮。

　　幾年前，死神之手帶走了她的丈夫。她可憐的孩子皮特離開森林中的家，去遙遠的海邊尋找財富，再也沒有回來。

　　但直到現在，她都沒有絕望。她不僅供應自己孩子的吃穿，還總是幫助窮困無助的人。雖然她的日子過得也很艱難，但她相信在上帝緊鎖的眉頭後面，有一張微笑的臉。

　　這時門口響起了輕輕的敲門聲和嘈雜的狗吠聲。小兒子卡特跑過去開門，門口出現了一位疲憊旅人的身影，他衣冠不整，看得出他走了很長的路。陌生人走進來，提出想借宿一晚，並要一口吃的。他說：「我已經一天沒吃過東西了。」這讓托尼太太想起了她的皮特，她沒有猶豫，把自己的食物端給這位陌生人。

　　當陌生人看到只有這麼一點點食物時，他抬頭驚訝地看著托尼太太：「這就是你們所有的東西？」他問道，「而且還把它分給不認識的人？你把最後的一點食物分給一個陌生人，不是太委屈你的孩子了嗎？」

　　「我們不會因為一個善行而被拋棄或承受更深重的苦難。」淚水順著她的臉龐滑下，「我親愛的兒子皮特，如果上帝沒有把他帶走，他一定在世界的某個角落。我這樣對待你，希望別人也這樣對待他。今晚，我的兒子也許在外流浪，像你一樣貧困，要是他能被一個家庭收留，哪怕這個家庭和我的家一樣破舊，他一樣也會感到無比的溫暖的。」

陌生人從椅子上跳起，雙手抱住了她，說道：「上帝真的讓一個家庭收留了您的兒子，而且讓他找到了財富。哦！媽媽，我是您的皮特。」 他就是托尼太太那杳無音訊的兒子，從遙遠的國度回來了，這樣做是想給家人一個驚喜。

的確，這是上帝給這個善良母親最好的禮物。

托尼太太是善良的，她的這種善良多麼崇高，多麼偉大！這種善良是對自我的徹底忘卻，是偉大的人性的愛。

待人真誠，與人方便

泰山不讓土壤，故能成其大；江海不擇細流，故能就其深。待人真誠，寬宏大量，其實是為自己鋪了一條通向幸福快樂的紅地毯，為自己多留了一條後路。有一則寓言就闡述了這一道理：

有隻狐狸驚惶失措地跑進一個村子，喘得上氣不接下氣，四肢發軟，十分狼狽。這一幕，被一隻鸚鵡看到了，便問道：「狐狸先生，您這是怎麼了？」狐狸一臉慘澹，氣喘吁吁地說：「後……後面有一大群獵犬在追我。」鸚鵡聽了心急地大叫：「哎呀！那你趕快到村口那位薛大嬸家裡躲一躲吧！她人最好，一定會收留你的。」狐狸一聽： 「薛大嬸？不行，前兩天我偷了她雞舍的雞，她不會收留我的。」

鸚鵡想了想，又說：「沒關係，石樵夫的家離這裡也不遠，你趕快跑去他那裡躲起來呀！」狐狸卻說：「石樵夫？也不行，幾天前我趁他上山砍柴時，偷吃了他女兒養的金絲雀，他們一家非常痛恨我呢！」

鸚鵡又說：「那麼，你去投靠莊大夫吧！他是這村裡唯一的醫生，非常有愛心，一定不忍心看你被抓的。」狐狸尷尬地說：「那個莊大夫嗎？上次我到他家裡，把他存的肉片給吃得一乾二淨，還把他院子裡種的鬱金香踩爛了！我沒臉再回去找他。」

鸚鵡無奈地問：「難道這個村裡就沒有你可以信賴的人了嗎？」狐狸回答：「沒有，我平時常得罪他們啊！」

鸚鵡聽後，嘆了一口氣，說：「唉，那麼我也救不了你了。」最後，這隻平日裡耀武揚威的狐狸無處可逃，只好無奈地被獵犬抓住了。

沒有人一生可以永遠一帆風順，沒有人可以保證自己永遠高枕無憂。就像故事中的狐狸，平日再風光，再得意，有一天也可能面臨種種失敗與危機。當你失敗時，你有朋友可以扶你一把嗎？你身旁的人是熱心地伸出援手，抑或冷漠地袖手旁觀呢？你平時怎樣待人，將決定你失意時別人怎樣待你。

你失意時別人怎樣待你，也決定了你會東山再起還是一敗塗地。當你準備大發雷霆，刁難他人時，不妨給自己踩個剎車，別把話講死，別把事做絕了！否則下回當你有求於人時，你將變成那隻求助無門的可憐的狐狸。

待人真誠，與人方便的心有諸多好處。比如，真誠的心讓人透視現象看到了事物的本相。沒有真誠的心，不免有偏見，以偏見之心去看事物，就如同戴著有色眼鏡看事物一樣，必然不會看到事情的本來面目。以真誠之心去觀察事物，一般都比較準確，比較不容易犯判斷失誤一類的錯誤。

真誠的心，容易使人謙虛地聽取別人的意見。如此，當然就能集合眾人的智慧，以此彌補自己智慧的局限。這樣，不僅能夠正確判斷、決策，也能順利地解決問題，完成使命了。

真誠的心，讓人寬於待人。如此，則可以忽略別人的短處和不足，充分看到、發掘出別人的長處來。這種善用一切人事的情態，當然是人生、事業成功必要的助動力了。

真誠的心固然很好，固然必要，但是要培養卻頗不容易。常常被利害和感情左右，是人性弱點之一，克服起來非常困難。要培養，就要從日常的生活中做起，時時事事檢點是否感情用事、是否自私主義，經常反省自

己的言行，不斷培養和提高。感覺好極了，學會容納別人及其他，心情及景致更是美極了。

學會感恩，珍惜生命中的所有人

生命中的每一個人都是與你有關係的，雖然這關係或多或少，或遠或近。智者告訴我們：要珍惜生命中的所有人。

如果你想要擁有美好的人生，但怎麼也想不起來這些篇章裡所說的任何一種方法，那就專注於感恩的心吧！每一個人都要保持一顆感恩的心，要感謝父母賜予生命，要感謝大自然的厚愛，要感謝別人的關懷。獨一無二的你是個奇蹟，你寄予的世界也是個奇蹟，不必來到山巔才能激起你的感激之情，任何時候只要你稍歇腳步，凝神體會自己活在這地球上的事實，你的靈魂自會輕嘆一聲「謝謝」。

常表感激之情原諒那些傷害過自己的人。人生就會充實而快樂。感恩父母的養育，感恩大自然的恩賜，感恩食之香甜，感恩衣之溫暖，感恩花草魚蟲，感恩苦難逆境，感恩自己的對手。

有一個男孩，他脾氣非常不好，經常無端地朝朋友發火，和大家的關係處得都很緊張。好在他也並非毫無可取之處，每次與朋友爭吵之後，他都能向朋友自覺認錯，讓人哭笑不得。男孩的父親忍不住數落了他幾句，男孩不服氣地頂撞父親：「我不是向他們道過歉了嗎？」男孩的父親深思了一陣子，找來一把釘子，把男孩引到院子裡的一根木樁旁。「以後你如果忍不住要發火，就往這上面釘一顆釘子。」就這樣半年下來，木樁上已被男孩釘得滿是釘子。但每發一次脾氣，男孩就後悔不已：都是一些雞毛蒜皮的小事，何必要對朋友大動肝火呢！父親知道後，就又把他引到木樁前說，你給木樁道個歉吧！就是把木樁上的釘子全部拔下來。男孩雖不解父親的意思，但還是照做了。拔完後，父親指著木樁問他看到了什麼。男孩看到，釘子雖然全部拔了出來，但好好的木樁已是千瘡百孔，再也無法

恢復原來的模樣。男孩終於明白了。「你懂了就好，」父親說，「希望你能記住這個道理，並把這個道理告訴給我們身邊所有的人。」

　　交友是一件平常的事，交友又不是一件易事，一個人有真正朋友的很少。所以寬容些吧！如果沒有「損友」，我們就可能感覺不出好友的珍貴。朋友的傷害往往是無心的，幫助卻是真心的。忘記那些無心的傷害，銘記那些真心的幫助，你會發現這世上有很多真心的朋友！ 好友值得我們珍惜，但「損友」畢竟不是值得我們痛恨好多年的敵人。在茫茫人海中，我們與許多人擦肩而過，然而，我們卻有幸與當初那個陌生的他相識相知，最後成為朋友。我們搭著友誼的船出海，難免會觸到一些暗石險礁。這時就需要我們齊心協力拯救友誼這艘船，袖手旁觀或者丟棄舊船搭乘新船而去，友誼之舟也只有就此擱淺了。當然，如果那個朋友實在是罪大惡極，反過來想把你推下船，那你就可以反擊，另當別論了。因為交上這樣的朋友，也可能會毀了你的一生。

　　想一些令你覺得心懷感激的事，讓自己全心全意地浸潤其中。令你心懷感謝的或許是孩子的健康平安；或許是朋友對你從未間斷的關愛；也許你會為早晨能從舒適的床上悠悠醒來，並且有早餐可吃而心存感激；也或許你經歷了長久以來種種自我毀滅的行徑之後，仍能存活至今而謝天不已。不要保留、不要抗拒，就讓自己淹沒在感恩的洪流裡吧！

　　時時心存感激，你的生命便是一篇有力的詩詞。人們常以為禱告是向更高力量尋求幫助或是懇請賜福，而在人們的生活當中，總有些時候在某些地方，會很需要外力的指引或說明。然而「祈禱」這個字的本意其實是「稱頌讚美」，人類自古便知道以祈禱感謝生養我們的家園，並歌頌生命的美好。

感恩讓我們收獲更多

　　心存感恩，知足惜福，人與人，人與自然，人與社會才會變得如此的和諧和親切，我們自身也會因此變得愉快而又健康。心存感恩的人，才能

收獲更多的人生幸福和生活快樂，才能摒棄沒有意義的怨天尤人。心存感恩的人，才會朝氣蓬勃，豁達睿智，好運常在，遠離煩惱。順風順水的人，想著逆境奮鬥的人；無憂無愁的人，想著拮据艱窘的人。一個懂得感恩並知恩圖報的人，才是天底下最富有的人。

感激養育你的人，因為他給予了你的生命；感激教育你的人，因為他豐富了你的心靈；感激關愛你的人，因為教會了你的付出；感激啟迪你的人，因為他提升了你的智慧；感激傷害你的人，因為他磨練了你的意志；感激欺騙你的人，因為他喚醒了你的良知；感激折磨你的人，因為他鍛鍊了你的毅力；感激放棄你的人，因為他磨礪了你的獨立；感激打擊你的人，因為他強化了你的能力；感激批評你的人，因為他拓寬了你的心胸。感激你的客戶，因為他們是你的衣食父母；感激你的同事，因為他們是你的親密戰友；感激你的下屬，因為他們是你的績效夥伴；感激你的對手，因為他們是你的動力之源。感激每一片陽光，每一陣清風，每一朵白雲，每一塊綠茵，每一莖野花，每一場暴雨，每一片冬雪，每一棵樹，每一葉草，每一個動物，是牠們帶給我們好心情，是牠們讓我體會到自然與生命的美妙。

感恩的心，永遠年輕！感恩的人，永遠快樂！

幾年前，在美國西雅圖的一場特殊的運動會上，9 名有身心障礙的選手集合在 100 公尺短跑的起跑線上。隨著一聲槍響，運動員出發了。這也許算不上是真正意義上的衝刺，因為他們是根據自己的興趣和愛好跑到終點，從而贏得比賽的。

選手們都盡力地跑著。這時，一個男孩跌倒在路面上，他爬起來又跌倒了，於是就哭了。另外 8 個選手聽到了哭聲，他們減慢速度，停了下來，轉身折返。其中一個患有重度腰椎疾病的女孩竟然不顧腰痛，彎下身吻了那個男孩，「這樣感覺會好些。」然後，這 9 位選手一個個挽著手臂一起走向終點。

看臺上的每個人都站起來為他們歡呼，足足持續了 10 分鐘。

一個名為「臥倒」的紀錄短片在德國一家電視臺獲了獎，後來，這個獲獎作品在電視的強檔節目中播出，感動了整個德國。畫面是這樣的：在一個火車站，一個鐵路工人正走向自己的工作地點、去為一列徐徐而來的火車扳動道岔。而在鐵軌的另一頭，還有一列火車從相反的方向進站。他必須及時扳動道岔，以免兩列火車相撞。

這時，他無意間回頭一看，發現自己的兒子正在鐵軌一端玩耍，而那列開始進站的火車就行駛在這條鐵軌上。鐵路工人的臉上閃過一陣遲疑，他嚴厲地朝兒子喊了聲「臥倒！」同時，衝過去扳動了道岔。一眨眼這列火車便進入了預定的軌道。另一邊，火車也呼嘯而過。車上的旅客渾然不知他們的生命曾經千鈞一髮，也不知道一個小生命臥倒在鐵軌旁邊 —— 火車轟鳴駛過，孩子絲毫未傷。那一幕鏡頭剛好被一個路過的記者所捕捉。

人們猜測，那個鐵路工人勢必是個了不起的人。後來人們才輾轉得知，那個鐵路工人只是一個普通人。他唯一的優點就是盡忠職守，沒誤工過一秒鐘。而更讓人意想不到的是，他的兒子是一名弱智兒童。他告訴記者，他曾再三告訴兒子說：「你長大後能做的工作太少了，你必須有一樣是出色的。」兒子聽不懂父親的話，依然傻乎乎的，但在性命攸關的那一秒鐘，他卻臥倒了 —— 這是他在跟父親玩打仗遊戲時，唯一聽懂並做得最出色的動作。

據說，不少德國人在那 10 秒鐘的短片播出後靜默了 10 分鐘。感恩，讓我們以知足的心去體察和珍惜身邊的人、事、物；感恩，讓我們在漸漸平淡麻木了的日子裡，發現生活本是如此豐厚而富有；感恩，讓我們領悟和品味命運的饋贈與生命的熱情。

對別人要充滿愛心

　　用愛面對每一天、每一個人、每一件事，心中就不會堆積煩惱，世間的紛爭也會減少。天地雖寬，只要用無限的愛心去啟發、引導，力量之源就不會枯竭。

　　愛惜自己，追求幸福，是人的本性之一，原本無可厚非；然而同時也別忘記關懷他人，彼此友愛；讓別人也能擁有幸福，讓社會多點溫情。因為，唯有相互關懷、體諒的心，才是得以創造出人類共同富裕及幸福生活的力量。

　　唯有主動付出，才有豐盈的果實得以收獲。

　　生命中太多的障礙及低潮，皆是由於過度的固執與愚昧的無知所造成的。在別人伸出援手之際，別忘了，唯有我們自己也願意伸出手來，別人才能夠幫得上忙！別人站得遠，我們就走近，距離便會縮小；別人若冷漠，我們持以熱情，就會逐漸熟絡。放棄無謂的執著，伸出接受援助的手，是避免陷入困境的智慧選擇。

　　慷慨無私地為別人著想，就像播種一樣，總能看到收獲，儘管這種收獲有時是直接的，有時是間接的，但是有良心、重情義的受益者終究會把愛的種子珍藏於心，直到永遠。有這樣一個被人稱為「美麗的誤會」的故事，故事說：

　　在某家餐館裡，一位老太太點了一碗湯，在餐桌前坐下後，突然想起忘記拿麵包了，於是她急忙起身去拿麵包。等她返回餐桌時，卻驚訝地發現自己的座位上坐著一位黑人男子，正在喝著自己的那碗湯。「這個無賴，他怎麼能喝我的湯！」老太太心裡氣呼呼地想道，「可是，也許他太窮、太餓了。我還是別跟他計較，不過，也不能讓他一人把湯全喝了。」於是，老太太裝作若無其事的樣子，與黑人同桌，面對面地坐下，拿起了湯匙，默默地喝起了湯。

就這樣，一碗湯被兩個人共同喝著，你喝一口，我喝一口。兩個人互相看看，都默默無語。這時，黑人突然站起身，端來一大盤麵條，放在老太太面前，麵條上插著兩把叉子。

兩個人繼續吃著，吃完後，各自起身準備離去。「再見。」老太太友好地說。「再見。」黑人熱情地回答。他顯得特別愉快，感到非常欣慰。因為他自認為今天做了一件好事，幫助了一位窮困的老婦人。黑人走後，老太太才發現，旁邊另一張飯桌上，放著一碗沒人喝的湯，正是她自己的那一碗。

生活就是這樣紛繁複雜，人與人之間的誤會、隔閡，乃至怨恨等等，時常都會產生。只要心地善良，互諒互讓，誤會、怨恨也能變成令人感動和懷念的往事。生活就是這麼有意思，人們在互相的善良中得到好處，在互相的幫助中不斷前進，在互相的支持中共同走向美好的明天。

人人都有需要救助的時候，伸手給危困中的人，可以少一些悲劇。同情心是一筆財富，因為你看到別人的困難並努力去幫助別人，你就會忘掉自己的不幸。能夠付出的人肯定是富有的人，而能把自己正需要的東西送給別人則是更高一層的人生境界。

愛是可以傳遞的

我們生活在這個社會中，肯定獲得過別人的幫助，讓我們懷著感恩之心，將報恩之舉回報給我們碰到的任何一個需要幫助的人。只要大家將愛傳遞，世界就將更加美好。

美國一位著名教師費理斯·赫布曾經談起他教過的一個學生：學校裡，每一個教過他的老師都搖著頭說他是個自甘落後的學生。我們知道他天資聰穎，別的同學能學會的，至少他也能學會，但是他卻拒絕努力，也不願接受別人的幫助。對他鼓勵也好，批評也好，他都無動於衷。

一天課後，赫布找他談話，告訴他：「你的這次考試又是一塌糊塗，你不給我留一點餘地。看來，只能給你打不及格了。你有什麼要說的嗎？」「沒什麼可說的。」他往椅子上一靠，臉上露出嘲笑的表情，無所謂地說。

他這麼一說，我失望至極，只好揮揮手，讓他走。他轉身邁著輕鬆的步伐，瀟瀟灑灑地出了辦公室。「天哪！這孩子怎麼能這樣？他難道就這樣自暴自棄嗎？誰還能幫這個孩子一把？」赫布不自覺地大聲說了出來。赫布兩手抱著頭，呆坐在辦公桌前，連自己都沒有意識到，竟淚水漣漣。

不知過了多久，我覺得一隻手放到了肩膀上。抬頭一看，他回來了。「老師，我不知道還有人對我的事這麼關心，」他說，臉上的嘲笑消失了，「如果我再試著努力一下，您能幫助我嗎？」

「那你可一定要真正努力才行。」我回答說，「我們都要加油。」「那好吧！能從現在就開始嗎？」

從那以後，他真的開始努力，各科作業都完成得很好，最後，他甚至成了班上最好的學生之一。但是，收獲最大的還是赫布老師。他懂得了失望是可以傳染的，而它的治療藥 —— 希望，有更強的感染力。還懂得了「送人玫瑰，手有餘香」的道理。

是啊！也許你不經意的一個關愛，足以溫暖別人的一生。愛就像明媚的陽光一樣可以照徹寒冷的心房，愛就像炎炎夏日午後的一場驟雨。夏日的酷暑，彌漫著乾燥的空氣，只消一陣微風，便能吹得塵沙四處飛揚，草木也顯得了無生機。但就在這煩悶的午後，突然下了一場驟雨，萬物頓時獲得滋潤，充滿生氣。

現今社會人心枯萎，彷彿是久旱不雨的荒涼沙漠，一件小事都可以掀起滿天塵埃，讓人睜不開眼睛。這時，能夠恢復人們內心原有滋潤且帶來生氣的驟雨，就是每個人關懷別人並相互謙讓的心。

微不足道的事也好，不受矚目的事也好，若是人人都能發自內心，做對他人及社會有益的事，不但自己幸福，別人也會幸福。這就像一場午後的驟雨，每個人的心中都能感受到喜逢甘霖的幸福。

愛的本身就是一陣震顫的弦音，一種花香的彌散，持久，熱烈而又延己及人，從一雙手到另一雙手，從一個人到另一個人。當人的靈魂被愛澆灌之後，它所飄逸出來的，只會是人性的芬芳。

愛可以被分享，當愛被分享的時候，愛會變得更偉大。一個人只有學會了分享，才能感受到一種發自內心的喜悅。我們儘管可以大量給予他人同情、鼓勵、幫助，而那些東西，在我們自身，是不會因「給予」而有所減少的。相反，我們給人越多，我們自己所有的也越多。我們把善意、同情、幫助，給人越多，我們收回的喜悅、同情、幫助也就越多。

麗莎在護士學校念書的第二個月，教授讓她們做了一次測驗。麗莎一向是個好學生，所以輕而易舉地就做完了那些試題，直到她讀到最後一道題目：「替我們學校做清潔的那位女士什麼名字？」她以為教授一定是在開玩笑，那個清潔工她見過好幾次：高個子，黑頭髮，50多歲的樣子，但是她怎麼知道她的名字呢？這真是強人所難。

麗莎交了試卷，她不知道那位女士的名字，只好讓最後一道題目空著。

下課鈴響的時候，一個同學問教授，最後一道題目是否會算入測驗的總分。「當然要算。」教授說，「在你們的職業生涯中，你們會遇到許多的人。他們對你們來說都很重要，不管是總統還是一名清潔女工，每一個人都不可以被忽略，每一個人都值得你們去注意和關心。所以，最後一道題才是這次測驗中最關鍵的題目。」

麗莎永遠不會忘記那堂課，她同時也知道了她們的清潔工名叫多蘿茜。

你關注身邊的普通人嗎？你能叫出他們每個人的名字嗎？你們之間有過愉快的交流嗎？哪怕只是彼此笑笑，說聲「你好」！

生活中，許多的失意和煩擾不都是在苛求得到時萌生的嗎？你去做那個施人以愛、賜人以福的人，你的精神愉悅舒張了，而最終愛心和幸福又會回到你的身邊，何樂而不為？席勒爾更說過這樣一句意味深長的話：「世界上唯一成倍增加幸福的辦法是將其分攤。」

愛是人生的一根火把

愛是人生的一根火把，即對人要有一顆關懷、體恤之心。一個人活在世上，不過是向社會借幾十年時光而已，金錢也好，權位、名聲也罷，其實都是一些過眼之物，真正對社會有意義的是你對他人的熱情，你為別人的幸福創造了怎樣的條件，即你是否達到了「仁」。這件事做好了，你借來的這段時光也就實現了增值。仁有小仁、大仁之分，小仁是指對別人某種具體的幫助，好比別人掉進水溝你拉上一把；大仁是一個人為許多人帶來好處的種種努力。我們需要把小仁與大仁結合起來，沒有小仁，仁就沒有立足之處；沒有大仁，仁就會缺少一種根本的氣象。

一個人對於整個世界來說，他只是一個人，但對於另外一個人來說，他可能就是整個世界，每個世界中的英雄都讓人感動。

這是一個沒有太陽的冬日早晨，刺骨的寒氣悄悄地滲進候車的人們的骨髓，他們都是黑人。他們時而翹首遠方，時而抬頭望著灰濛濛的天空。

突然，人群開始騷動，車來了，一輛中巴正不疾不徐地開了過來。奇怪的是，人們仍站在原地，眺望著更遠的地方，他們似乎並不急於上車，似乎還在企盼著什麼。他們在等誰？難道他們還有一個夥伴沒來？

遠方隱隱約約出現了一個身影後，人群又開始騷動。身影走得很急，有時還小跑一陣，終於走近了，是個女人，白種女性。這時，人群幾乎要歡呼了。原來，她就是黑人乘客們共同等候的夥伴。

怎麼回事呢？在這個國家，白人與黑人一向是互相敵視的。是什麼力量讓他們如此親近？原來，這是個偏僻小站，公車每 2 小時才來一趟，且

這些公車司機們都有著一種默契：有白人才停車，而偏偏這附近住的幾乎都是黑人。據說，這位白種女性是個作家，她住在前面 3 英里處，那裡也有一個車站。可為了讓這裡的黑人順利地坐上公車，她每天堅持走 3 英里來這裡上車，風雨無阻。

黑人們幾乎是擁護著將女作家送上了車。「蘇珊，你好！」女作家腳還沒站穩，就聽見有人叫自己的名字。抬頭一看，是朋友傑。「你怎麼在這裡上車？」傑疑惑地問。「這個站，」女作家指了指上車的地方，「沒有白人就不停車，所以我就趕到這裡來了。」女作家說著邊整理手中的物品。傑驚訝地瞪著女作家，說：「就因為這些黑人？！」女作家也瞪大了眼：「怎麼，這很重要嗎？」

朋友也驚訝了，接著明白了：只要心中有愛，一切都會渾然天成。女作家正是因為沒有種族歧視，將「黑人」與「白人」都單純地看做「人」，才能如此自然地做著讓他人覺得不可思議的「難」事。

只有充滿博愛心，仁慈心，善良心，同情心，才能達到「人人愛我，我愛人人」的美好境界。人常說：「施恩於人共分享。」「送人玫瑰，手留餘香。」人生在世，要學會分享給予，養成互愛互助行為。給予越多，人生就越豐富；奉獻越多，生命才更有意義。

第十二章　能屈能伸，低調做人

忍一時風平浪靜，退一步海闊天空

　　人生就像是一塊肥沃的土地，它既種植希望和成功，也會播種仇恨。但你要記住，最好不要在有限人生中播種下仇恨的種子。生活的經驗告訴人們，不管理由如何，仇恨總是不值得的。潛藏在內心裡的屈辱，永難平復的創傷，都能損壞生活中的許多可愛的事物。人們被鎖在自己的苦惱的深淵裡，甚至無法為別人的幸運而愉快。仇恨就像侵害血液、細胞的毒素一樣，影響、吞蝕著人的生命。

　　有位朋友曾接到一封愛發牢騷的親戚寫來的信，他說：「我永遠記得，我新婚的嫂嫂和哥哥在我生日的那天一起外出旅行，而沒有對我說一句祝賀生日的話。」這句話的言語之中就埋著仇恨的種子，而這通常也是毒害他身體的種子。

　　據研究顯示，頭痛、消化不良、失眠和嚴重的疲倦等，是懷恨的人常有的生理症狀。某醫學院曾做過一次調查，報告中說：「與心情較為愉快的人相比，心存怨恨的人更常進醫院。」醫務人員所做的研究顯示，得心臟病的人往往不是工作辛勞的人，而是抱怨工作辛勞的人。最足以引起高血壓的原因，莫過於外表看似平靜，內心裡卻被強烈的怨恨所煎熬。怨恨甚至會造成意外事件，交通問題專家告誡我們說：「發怒的時候永遠不要開車。」

　　愛與同情則有激發活力的作用。正如一位健康學博士所說：「寬宏大量是一帖良藥。」

　　與仇恨情緒作戰的第一步；便是先要確定仇恨情緒的來源。如果能坦白地檢討，十次之中有九次，會發現其根源近似於自己本身。忽略自己的缺陷與弱點，乃是人之常情。在任何可能的時候，人們總會把自己的短處變成別人的錯誤，而後添加無以名狀的仇恨。例如，在每一樁離婚案件中，所謂無辜的一方往往並不如其所描述的那般無辜。

心理學家說，「這是很奇怪的現象。我們自己的過錯好像比別人的失誤要輕微得多。我想，這是由於我們完全了解犯下錯誤的一切情形，對自己多少會心存原諒，而對別人的錯誤則不可能如此。」發現仇恨的根源之後，務必盡全力去對付它，第一件要做且是最有效的事便是忘記它。有理智的人不僅把夙願轉變為滿足，他們還經常用新的夢想和熱忱填進他們生活中的窪地。據心理學家說，人們不能同時擁有兩種強烈的情感，既要愛又要恨，那是不可能的。仇恨大部分是以自我為中心的，所以要想忘記自己，最好的方法便是幫助別人。

在幫助別人之後，會發現在這個世界，善意總是多於惡意的。一所大學的研究結果顯示，一種真正以友誼待人的態度，65%～90%的高比率，是可以引起對方友誼的反應的。因此，人們常說：「愛產生愛，恨產生恨。」

低身屈就，低調做人

職場中的事實常常是這樣的，得到上司提拔的，並不是才華出眾者，而是那些比較聽話但能力一般的人。這是為什麼呢？當主管的都需要建立威望，他們不希望部屬才能高過自己。因此，在人事安排中，優秀而有實力的人來到一個部門，上司表面上如虎添翼，私下裡卻憂心忡忡。他擔心的是自己某一日會不會被取代，而如果是一位平庸之輩，他反而覺得高枕無憂。

因此，聰明的下屬要學會遮掩自己的才華，以虛誠愚鈍來襯托上司的高明，從而獲得主管的賞識和垂青。

用一個聽話的人會更有利於主管的事業和管理。有能力者往往有見解，有主見者大多不太聽招呼；使用這樣的下屬，時常會令主管不放心的。因為他怕「南轅北轍」，更怕你「人在曹營心在漢」，翅膀一硬，把他甩在後邊。那豈非不是引狼入室？只有傻瓜才會搬起石頭去砸自己的腳。

　　畢業生小文任職於一家集團的宣傳部門，部長要他擬定一個工作的企劃，他收集資料，伏案疾書。花了一個通宵就呈給了主管，他認為主管一定會對他的高效率表示讚賞，沒想到其結果是返回修改。他百思不得其解，經一位老同事提醒，原來有「草率」之嫌。於是，又過三天，他將重新抄寫的資料再呈給主管時，換來的是「這就對了！」的評價。

　　所以，對上司交辦的事，要因人而異，該快辦的要快，不該快的，「欲速則不達」，處理事不能太圓滿。不留一些缺點讓上司挑，怎麼能顯示出主管的高明之處呢？所以，和主管相處要處處留心，在顯而易見的地方，留一點點瑕疵，讓主管一眼就看出你的不足。這麼一來，人們就不會對你敬而遠之，上司在發現你也會出錯的時候，會有一種釋然的心情，反而會和你靠得更近。

　　和上司相處的哲理就是如此，適當地把自己放低一點，無形中就把別人抬高了許多，受人抬舉。誰還會有戒心呢？你留出一些缺點讓他指教，他的自尊和威信才能體現出來。滿足他的虛榮。這又有什麼不好呢？上級交辦的事情，你做得天衣無縫。無可挑剔的本身，似乎比上司還高明，他能讓你理所當然地去表現嗎？留一些缺點讓上司挑、給同事們看。這樣他們才會在情感上接納你，你也會覺得輕鬆自如，如釋重負。

進一步，也要讓三分

　　物極則必反，否極而泰來。做事要留有餘地，不把事情做絕，不把事情做到極點，於情不偏激，於理不過頭。這樣，才會使自己得以最完美無損地保全。

　　李世民當了唐王朝的皇帝後，長孫氏被冊封為皇后。當了皇后，地位變了，她的考慮更多了。她深知身為「國母」。其行為舉止對皇上的影響相當大。因此，她處處注意約束自己，處處做嬪妃們的典範，從不把事情做過頭。她不尚奢侈，吃穿用度，除了宮中按例發放的，不再有什麼要求。她的兒子承乾被立為太子，有好幾次，太子的乳母向她反映，東宮供

應的東西太少，不夠用，希望能增加一些。她從不把資財任情揮霍，從不差別待遇，對東宮的要求堅決沒有答應。她說：「當太子最發愁的是德不立，名不揚，哪能光想著宮中缺什麼東西呢？」她不干涉朝中政事，尤其害怕她的親戚以她的名義結成集團，威脅李唐王朝的安全。李世民很敬重她，朝中賞罰大臣的事常跟她商量，但她從不表態，從不把自己看得特別重要。皇上要委她哥哥以重任，她堅決不同意。李世民不聽，讓長孫皇后的哥哥長孫無忌做了左武大將軍、吏部尚書、右僕射，皇后派人做哥哥的工作，讓他上書辭職。李世民不得已，便答應授長孫無忌為開府儀同三司，皇后這才放了心，此後的朝政官任中，長孫無忌也經常受到皇后的教導，成為一代忠良。

長孫皇后得意時不把各種好處占全，不把所有功名占滿，實在是很好地堅持了為自己留餘地的原則。這樣，不但不會使自己招至損害，而且還使自己在未來的人生旅途中進退有據，上下自如。

下面我們來看一下不知進退的人的下場，他就是清朝康熙、雍正年間的大將年羹堯。

年羹堯，字亮工，號雙峰，出生年月不詳。年家祖籍安徽懷遠縣，後來遷到山海關，世代為清朝征戰出力，立下汗馬功勞，年羹堯的父親還因功做了湖北省的長官。他早期仕途一路順暢，西元 1700 年考中進士，入朝做官，升遷很快，到 1709 年已成為四川省長官，成為國家重要的地方官員。這個時期是清朝西北邊疆多戰事的時期。當時康熙重用年羹堯，就是希望他能平定與四川接近的西藏、青海等地叛亂。年羹堯也沒有讓康熙失望。

在 1718 年參與平定西藏叛亂的過程中，年羹堯表現出了非凡才能。他當時負責清軍的後勤保障工作，他熟悉西藏邊疆的情況，與清軍中滿族、漢族將領的關係都很不錯；雖然運送糧餉的道路十分艱險，但是在年羹堯的努力下，清朝大軍的糧餉供應始終是充足的，從而為取勝創造了條件。因此，第二年年羹堯就被康熙皇帝晉升為四川、陝西兩省的長官，成為清朝在西北最重要的官員。

這一年九月，青海地區又出現叛亂，這一次朝廷任命年羹堯為主帥前去鎮壓。出兵前，年羹堯突然下令：「明天出發前，每個士兵都必須帶上一塊木板，一束乾草。」將士們都不明白這是為什麼，又不敢問。第二天進入青海境內，遇到了大面積的沼澤地，隊伍難於通過。這時年羹堯下令將乾草扔進沼澤泥坑中，上面鋪上木板，這樣，軍隊就順利而快速地通過了沼澤。這沼澤本是反叛軍隊依賴的一大天險，認為清軍不可能穿過沼澤，哪想到突然之間年羹堯的大軍已經出現在他們面前，一時驚慌失措，很快就被打敗。又一次，夜晚宿營，半夜時突然一陣風從西邊吹來，很快便停了。年羹堯發覺後立刻叫來手下將軍，命令他帶上幾百名精銳騎兵，飛速趕往軍營西南的密林中捕殺埋伏的敵人。手下來不及多想，帶上兵馬就去了，果然在密林中發現埋伏的敵人，便將他們全部殲滅了。手下百思不得其解，問他是如何知道密林中有伏兵，年羹堯笑笑說：「那風一陣子就突然沒了，應該不是風而是鳥飛過的聲音，半夜鳥不應該飛出來，一定是受到了人的驚嚇。西南十里外密林中鳥很多，所以我料定敵人在那裡埋伏。」手下聽了不由得肅然起敬，年羹堯軍事上的多謀善斷、能征善戰可見一斑。

由於年羹堯從小曾在雍正家裡呆過，因而一直視雍正為他的主人，而雍正能成為皇帝，年羹堯也立下過汗馬功勞，因而即位後的雍正更加信任年羹堯。西北地方的軍事民政全部由年羹堯一人負責，在官員任命上雍正也常聽年羹堯的意見。雍正不僅對年本人而且對他全家也很關照，年家大大小小基本都受過雍正封賞。

但是，隨著權力的日益擴大，年羹堯以功臣自居，變得目中無人。一次他回北京，京城的王公大臣都到郊外去迎接他，他對這些人看都不看，顯得很無禮。他對雍正有時也不恭敬，一次在軍中接到雍正的詔令，按理應擺上香案跪下接令，但他就隨便一接了事，令雍正很氣憤。此外，他還大肆接受賄賂，隨便任用官員，擾亂了國家秩序，雍正漸漸對他忍無可忍。

　　1726 年初，年羹堯給雍正進賀詞時，竟把話寫錯，讚揚的語言成了詛咒的話，雍正便以此為藉口，抓了年羹堯，此後又羅列了多條罪狀，將他徹底打倒。最後雍正令年羹堯自殺，在獄中上吊而死。

　　集處世經驗之大成的《菜根譚》說，「滋味濃時，減三分讓人食，路徑窄處，留一步與人行。」「留人寬綽，於己寬綽；與人方便，於己方便。」這是古人總結出來的處世祕訣。

該認輸時就認輸，該放手時就放手

　　這一課沒有哪個學校開設，這一課卻人人都應學會，這一課叫：學會認輸。

　　學會認輸是什麼？一個人如果聽慣了這些詞彙：百折不回，堅定不移，前仆後繼，永不言悔……那麼，他需要學會認輸。

　　學會認輸，就是知道自己在拿到一手爛牌時，不要再希望這一盤是贏家。只有傻子才在手氣不好的時候，對自己手上的一把爛牌說，我們只要努力就一定會勝利。當然，在牌場上，大多數人在拿到一手爛牌時會對自己說，這一盤輸定了，別管它了，抽口菸歇口氣，下回再來。但在實際生活中，像打牌時這樣理性的，卻少之又少。想想看，你手上是不是正捏著一張，捨不得丟掉？

　　學會認輸，就是在陷進泥沼裡的時候，知道及時爬起來，遠遠地離開那個泥沼。有人說，這個誰不會呀！不會的人多了。那個泥沼也許是個不適合自己的公司，也許是一堆被套牢的股票，也許是個「三角」或「多角」戀愛。也許是個難以實現的夢想……

　　生活中不同的人在這樣的泥沼裡是怎樣想的？他們會想，讓人家看見我爬出來一身汙泥多難為情呀；會想，也許這個泥沼是個寶坑呢；還會想，只要我不說，就沒人知道！甚至會想，就是泥沼也沒關係，我是一朵荷花，亭亭玉立，可以出汙泥而不染……

也許有人會說，這有什麼困難的呢？

學會認輸，就是上錯了公車時，及時地下車，另外坐一輛車。

只是人們這樣的行為，一旦不是發生在公車的狀況，自己就不太願意下車了。比方說，如果是一段婚姻、寫了一半的劇本、一個進行中的發明，就開始努力向售票員證明是售票員的錯，是他沒有阻止自己登上公車；或是努力說服司機改變行車路線，命令他照著自己的正確路線前進；或是決定消滅這輛公車，因為消滅一個錯誤也是件了不起的事；或是堅持坐到底，因為在 999 次失敗後也許就是最後的成功。

人生道路上，我們常常被華而不實的執念，以不屈不撓、百折不回的精神堅持死不認輸，最終輸掉了自己！學會認輸應該是最基本的生活常識，爛牌教過我們，泥沼教過我們，只是我們一脫離這些狀況，就不願從上錯了的公車上走下來。也真奇怪了。

記住：該認輸時就認輸，該放手時就放手。

海納百川，有容乃大

秦王嬴政十年，即西元前 237 年，秦國勢力已非常強大，各國客卿紛紛湧入秦國，以實現自己參與政事、加官晉爵的夢想。他們當中不乏有才能的人。各國客卿的崛起，使秦國政治中形成了一股新銳勢力，嚴重地威脅了秦國宗室大臣的權勢。

這些無所事事，如同蠹蟲一般，卻養尊處優的宗室大臣，不能忍受那些銳氣十足的新貴，便紛紛向秦王上書：先是列陳以前的實例，說韓國間諜鄭國為秦修建水渠，其目的是阻撓秦的東征進程；然後，他們又提出：別的國家的人來秦，目的也都跟鄭國差不多，大抵都是代他們的主子向秦王遊說，或是做間諜，反正有百害無一利。秦王聽了他們的話，下了命令：驅逐在秦國的一切別國客卿。

　　在被驅逐的人當中，有個叫李斯的年輕人。他是著名學者荀卿的學生、韓非的同學，為了實現做官參政的願望，他入秦國當了呂不韋的舍人，眼下是秦王政的客卿。逐客令一出，李斯大為著急：這意味著他將被驅逐，剛剛開始有了希望的宏圖將不得施展。為秦國，他以一個政治家的目光清醒地看到這將堵塞秦的富強之途，無助於秦的擴大發展。於是，他連夜給秦王寫了一封信，勸諫他收回逐客令，這就是著名的《諫逐客書》。

　　《諫逐客書》一開頭便指出：

　　「臣聞吏議逐客，竊以為過矣。」（我聽說要驅逐客卿，我個人認為這是錯誤的舉動。）然後，他舉出大量實例，說明秦國的強盛有賴於客卿的功勞。有虞的百里奚、宋的蹇叔、晉的丕豹和公孫枝、戎的由餘五人對秦穆公的貢獻；有商鞅變法在孝公時的成就；有張儀的計策對惠王的幫助，有范雎對昭王成帝業的決定之舉，內容詳實，說理透闢。

　　之後，他又用了大量類比說明逐客的不當。他說，秦國宮殿中羅致的寶物，如昆山玉、隨和寶石、太阿劍、纖離馬等，哪一樣是秦自己出產的？如果一定只用秦國產的東西，那大家的首飾、器皿都從哪裡來？甚至後宮的美女從哪裡來？就連大王每日所聽的音樂，不也有很多都是外國的民歌嗎？

　　在篇末，他指出，秦若想強盛，必須博采他國之長，包括寶物、美女，更要包括人才。「夫物不產於秦，可寶者多；士不產於秦，而願忠者眾。」（不產於秦的東西，有很多都是寶物。不產於秦的人才，也有很多對秦王忠心耿耿）其中，「泰山不讓土壤，故能成其大。河海不擇細流，故能就其深」，已成為被人千古傳誦的名聯佳句。

　　李斯這封辭采豐富、說服力強的信到了秦王案頭，秦王讀後，立即心悅誠服，下令收回逐客令。從此秦王堅持改革開放，終於使各國人才都能在秦施展才華，使秦的事業生機勃勃。尤其是李斯，更是被秦王大加賞識，他也不負眾望，在秦王統一的事業中扮演重要角色，後來還做了秦的

丞相，成為一代名臣。《諫逐客書》改變了歷史，在秦的帝業中起到舉足輕重的作用。

要做大事，靠一個人的力量是肯定不夠的，一定要善於團結不同的人，為你做事。「海納百川，有容乃大。」做主管，一定要有大胸襟，以公正無私的形象示人。不能搞小團體，親近了少數人，冷了眾多人的心。大自然要講生物多樣性，用人也要講多樣性。

人生需活用加減法

有人說過這樣的一句話：「年輕的時候，拚命想用『加法』過日子，一旦步入中年以後，反而比較喜歡用『減法』生活。」

所謂「加法」，指的是什麼都想要多、要大、要好。例如，錢賺得更多、工作更好、職位更高、房子更大、車子更豪華等；當進入中年之後，很多人反而會有一種迷惘的心態，花了半生的力氣去追逐這些東西，表面上看來，該有的差不多都有了，可是，自己並沒有變得更滿足、更快樂。

人生在不同的階段，需要的東西自然也會有變化。

每個人在來到這個世上時都是兩手空空，沒有任何東西，因此重要的事情也只是「吃喝拉撒睡」。

隨著歲月流逝人的年紀越來越大，生活也開始變得複雜。除了一大堆的責任、義務必須承擔之外，身邊擁有的東西也開始多了起來。

至此之後，便不斷的奔波、忙碌，肩上扛的責任也愈來愈重。而那些從各處弄來的東西都是需要空間存放的，因此，需要的空間也愈來愈大，當我們發現有了更多的空間之後，立刻毫不遲疑地又塞進新的物品。當然，累積的責任、承諾以及所有要做的事也不斷地增加。

曾有這麼一個比喻：「我們所累積的東西，就好像是阿米巴變形蟲分裂的過程一樣，不停地製造、繁殖，從不曾間斷過。」那些不斷增多的物品、工作、責任、人際、財務占據了你全部的空間和時間，許多人每天忙

著應付這些事情，累得早已喘不過氣，幾乎耗掉半條命，每天甚至連吃飯、喝水、睡覺的時間都沒有，也沒有足夠的空間活著。

拚命用「加法」的結果，就是把一個人逼到生活失調、精神瀕臨錯亂的地步。這是你想要過的日子嗎？

這時候，就應該運用「減法」了！

這就好像參加一趟旅行，當一個人帶了太多的行李上路，在尚未到達目的地之前，就已經把自己弄得筋疲力盡。唯一可行的方法，是為自己減輕壓力，就如同將多餘的行李扔掉一樣。

著名的心理大師容格曾這樣形容，一個人步入中年，就等於是走到「人生的下午」，這時既可以回顧過去，又可以展望未來。在下午的時候，就應該回頭檢查早上出發時所帶的東西究竟還合不合用？有些東西是不是該丟棄了？

理由很簡單，因為「我們不能照著上午的計畫來過下午的人生。早晨美好的事物，到了傍晚可能顯得微不足道；早晨的真理，到了傍晚可能已經變成謊言」。

或許你過去已成功地走過早晨，但是，當你用同樣的方式度過下午，你會發現生命變得不堪負荷，窒礙難行，這就是該丟東西的時候了！

用「加法」不斷地累積，已不再是遊戲規則。用「減法」的意義，則在於重新評估、重新發現、重新安排、重新決定你的人生優先順序。你會發現，在接下來的旅途中，因為用了「減法」，負擔減輕，不再需要背負沉重的行李，你終於可以自在地輕鬆上路了！

人生不必太好勝

做人沒有必要總是爭強好勝。凡事爭足了面子，占盡了風頭。最後只會讓自己落得一無所有的下場。就如同你手裡的一捧沙子。你抓得越緊，沙子就從指縫間漏得越快。

曾經有這樣一個故事。

一位顧客到茶室用茶。當他把檸檬與牛奶同時放入紅茶中時，發現牛奶結塊了。於是，對著服務小姐大喊。

「小姐！你過來！你過來！看看！你們的牛奶是壞的，把我一杯紅茶都糟蹋了！」

「真對不起！」服務小姐充滿歉疚地笑道，「我立刻為您換一杯。」 新紅茶很快就端上來了，碟邊跟前一杯一樣，放著新鮮的檸檬和牛奶。小姐輕聲地告訴顧客說：「我是不是能建議您，如果放檸檬，就不要加牛奶，因為有時候檸檬酸會造成牛奶結塊。」這位顧客的臉一下子紅了，他匆匆喝完茶就離開了。

過了不久，有人笑問服務小姐：「明明是他的錯，你為什麼不直說呢？他那麼粗魯地叫你，你為什麼不教訓他？」

「正因為他粗魯，因此要用婉轉的方式對待；正因為道理一說就明白，因此用不著大聲！」小姐說，「理不直的人，常用氣壯來壓人。理直的人，要用氣『和』來交朋友！」

生活中，類似這樣的事常有，你若真的總是認真地和對方計較個明白。到最後也不一定真的可以讓自己占了上風。因此，遇事可以不必太認真。在大是大非問題上知道什麼是該做的，什麼是不該做的，符合生活的尺度和準則就可以了。那些雞毛蒜皮的小事，我們大可不必計較太多。忍一忍，裝一裝糊塗，反而會避免許多麻煩。

大凡世上的無謂爭端多起於芥末小事，一時不能忍，鑄成大禍，不僅傷人，而且害己，這是匹夫之勇。凡事能忍者，不是英雄，至少也是達士；而凡事不能忍者縱然有點愚勇，終歸是城府太淺。所謂「小不忍則亂大謀」就是指這個意思。

忍耐並非懦弱，而是於從容之中靜觀其變。唐朝的婁師德，是世家公子，祖上歷代都做大官。他弟弟到代州去當太守。他囑咐說：「我們婁家屢世為官，澤及你我，因此難免故人說道。你出去做官，要認清這一點，

遇事要能忍耐。」他弟弟說：「這我懂得，就是有人把口水唾到我臉上，我也自己擦掉算了。」婁師德說：「這樣還不行。」弟弟又說：「那就讓它在臉上自己乾。」婁師德說：「這才對了。」

忍耐是一種難得糊塗的品格，它需要健康的心理。這種糊塗不是誰都能做到的，也不是誰都能學會的。做到了，萬物皆備於我；學會了，人格就被提升。婁師德教誨他的弟弟「唾面自乾」，實在是忍耐毅力的極致表現。

無論是民族還是個人，生存的時間越長，忍耐的功夫就越深。生活在世上，要成就一番事業，誰都難免承受一段忍辱負重的曲折歷程。因此，忍辱幾乎是有所作為的必然代價，能不能忍受則是偉人與凡人之間的區別。韓信受辱胯下，張良獻履橋端，難道他們就真的可以無視自己的自尊嗎？不是，是因為他們有難得糊塗的勇氣，忍人之所不能忍，糊塗他人之不能糊塗，因此可成大業。做人就該有一點糊塗的時候，不必凡事都要爭強好勝，占盡風頭。

學會調和人際關係

在成大事的眼中，合作就是一門精深的人際關係學，因為合作，歸根到底就是要與人打交道，這就要求在人際關係的處理上要得當。也就是說合作需要良好的人際關係。沒有良好的人際關係就不會給合作的習慣打下良好的基礎。

范仲淹，宋朝的才子，官至宰相，他的才識智慧在當時是無與倫比的，他雄心勃勃，想成就一番偉大的事業，結果處處受阻。看到當時社會普遍存在的腐敗之風，自己無可奈何，只好發出了「唯斯人，吾孰與歸？」的千古悲吟，來表達自己的心情。

人類社會經過千百年的發展，人際關係更被打上了獨特的烙印，想在社會中安逸生活，想在社會活動中游刃有餘，想在社會發展中出類拔萃，

就必須建立良好的人際關係。使它在你的事業成功路上助你一臂之力。這是年輕人不得不面對的問題。要解決這個問題，首先要認識人與社會的關係。

人際關係在生活和工作中扮演著重要角色，有著獨特的作用。

現代的心理學家和社會學家已經研究證實，人際關係具有四個方面的作用力。

- **產生親和力**：在現代社會中，經濟迅速發展，各行業各部門之間的競爭非常殘酷，單靠一個人的能力是很難取得事業的成功的。必須依靠大家的力量，同心協力，頑強奮鬥，才能取得事業的成就和創造燦爛的人生。

- **相互補充**：一個人，縱然是天才，也不是全能的。尼采鼓吹自己萬能，結果發瘋而死。所以一個人要想完成自己的事業，就必須要利用自己的才智，借助他人的能力和才能。這就要求在事業的征途中，恰當地選擇人才。

- **可以使感情融洽**：人是一種不同於其他動物的高級動物，而感情是人類之間交往的基礎，人與人之間需要有時刻傳遞友誼，交流感情。

- **可以分享和分擔**：在邁向成功的道路上，一個人孤軍奮戰，是不行的，他必須連繫志同道合的朋友，在成功時，相互交流經驗和分享快樂，失敗時，相互傾訴和鼓勵，從而取得更加輝煌的事業成就。

做人做事要有與人合作的心態，才能夠在事業的奮鬥中得到更多的收益。

學會遺忘

人生幾十年，我們在成長和生活工作中，發生了許許多多的事情，無論痛苦還是美好，無論我們是否願意。但是，我們總不能把所有的經歷都記憶在心中，這個時候，我們會發現，上天教會我們了「遺忘」。只是我

們過度強調「記憶」的好處，卻忽略了「遺忘」的功能與必要性。生活中，許多事需要你記憶，同樣也有許多事需要你遺忘掉。

比如，你失戀了，總不能一直溺陷在憂鬱與消沉的情境裡，必須儘快遺忘；股票失利，損失了不少金錢，心情苦悶提不起精神。你也只有嘗試著遺忘；期待已久的職位升遷，人事令發布後竟然沒有你，情緒之低可想而知。解決之道別無他法 —— 只有勉強自己遺忘。

只有遺忘了那些不快，才會更好地前進。

然而，想要遺忘卻不是想像中那麼容易。遺忘是需要時間的，如果你連「想要遺忘」的意願都沒有，那麼，時間也無能為力。

一般人往往很容易遺忘歡樂的時光，對於不快的經歷卻常常記起，這是對遺忘的一種抗拒。換言之，人們習慣於淡忘生命中美好的一切；但對於痛苦的記憶，卻總是銘記在心。就如你吃過了糖會很快忘記甜，吃過了黃連卻口有餘苦。

的確，很多人無論是待人或處事，很少檢討自己的缺點，總是記得「對方的不是」以及「自己的欲求」。其實到頭來，還是很少如願 —— 因為，每個人的心態正彼此相克。

反之，如果這個社會中的每個人，都能夠試圖將對方的不是及自己的欲求盡量遺忘，多多檢討自己並改善自己，那麼，彼此之間將會產生良性的互補作用，這也才是每個人希望達到的。

美國有這樣一個故事：有一次，一位女士給了一個朋友三條緞帶，希望他也能送給別人。這位朋友自己留了一條，送給他不苟言笑、事事挑剔的上司兩條，他認為由於上司的嚴厲使他學習到許多東西，同時他還希望他的上司能拿去送給另外一個影響他生命的人。

他的上司非常驚訝，因為所有的員工一向對他敬而遠之。他知道自己的人緣很差，沒想到還有人會感念他嚴苛的態度，把它當做是正面的影響而向他致謝，這使他的心頓時變得柔軟。

這個上司一個下午都若有所思地坐在辦公室裡，而後他提早下班回家，把那條緞帶給了他正值青春期的兒子。他們父子關係一向不好，平時他忙著公務，不太顧家，對兒子也只有責備，很少讚賞。那天他懷著一顆歉疚的心，把緞帶給了兒子，同時為自己以往的態度道歉，他告訴兒子，其實他的存在給做父親的他帶來無限的喜悅與驕傲，儘管他從未稱讚他，也少有時間與他相處，但是他是十分愛他的，也以他為榮。

當他說完了這些話，兒子竟然號啕大哭。他對父親說：他以為他父親一點也不在乎他，他認為人生一點價值都沒有，父親不喜歡自己，恨自己不能討父親的歡心，正準備以自殺來結束痛苦的一生，沒想到他父親的一番言語，打開了心結，也救了他一條性命。這位父親嚇出了一身冷汗，自己差點失去了唯一的兒子而不自知。從此這位上司改變了自己的態度，調整了生活的重心，也重建了親子關係，加強了兒子對自己的信心。就這樣，整個家庭因為一條小小的緞帶而徹底改觀。送人以緞帶，證明你已遺忘了相處中所受的那些委屈和責難，憶起別人給你的快樂和益處。而受你緞帶者卻更能被你感動，看到你的心靈之美，愛你，助你。學會遺忘，拾起那條緞帶送給讓你受傷的那個人，他將回報你一片燦爛的陽光。

不必勉強自己，大膽開口說不

答應幫別人辦事兒，首先看自己能不能辦到，這是人人都明白的道理。可就有那麼一些人不自量力，對別人請求幫助的事情一概承擔下來，事情辦好了什麼事也沒有，如果辦不好或只說不做，那就是不守信用，朋友就會埋怨你。

一個有點權力而又很有限的人更應該注意，因為你有權，別人包括親戚朋友托你辦事兒的人肯定多。這時你應該講點策略，不能輕易答應別人。有的朋友托你辦的事兒可能不符合政策，這樣的事最好不要承諾，而是當面跟朋友解釋清楚，不要給朋友留下什麼念頭，不然，朋友會認為你不給辦事；有的朋友找你辦的事可能不違反政策，但確有難度，就跟朋友

說明，這事難度很大，我只能試試，辦成辦不成很難說，你也不要抱太大希望，這樣做是給自己留有餘地，萬一辦不成，也會有個交待。

當然，對於那些舉手之勞的事情，還是答應朋友去辦，但答應了後，不論如何也要去辦好，不可今天答應了，明天就忘了，待朋友找你時，你會很不好看。

我們在這裡強調不要輕率地對朋友做出承諾，並不是一概不承諾，而是要三思而後行。盡量不說「這事沒問題，包在我身上了」之類的話，給自己留一點餘地。順口的承諾，只是一條會勒緊自己脖子的繩索。

對待朋友的要求，要注意分析，不能一概滿足。因為不分青紅皂白一概滿足，有可能惹火燒身。因此，必須搞清楚朋友的要求是正當的，還是不正當的，是不是符合原則或規範。千萬不能礙於情面，有求必應，有求必辦。

對待朋友的要求，是否要拒絕，如何拒絕呢？下面幾點可供你借鑑：

- **問清目的**：朋友要求你幫助或希望與你合作完成某事時，你必須首先問清楚是什麼事、動機是什麼，目的何在？如果是正當的，在你力所能及的範圍內可盡量提供幫助，以盡朋友之誼。假若朋友的要求，你認為超越了正常範圍，就應毫不猶豫的拒絕他。

- **態度堅決**：不論對方的要求多麼強烈，只要你認為不能接受，便要態度明確、堅決地予以拒絕，不能留有餘地。「實在抱歉，我無能為力」，「對不起，我沒有辦法答應。」也不要替他出主意，否則，你仍難排除關係，說不定他還會來找你，讓你想辦法。

- **接受指責**：遭到了你的拒絕，使對方的要求不能達到，他必然會對你加以指責。對此，你可以表示接受。這裡，需要注意的是，千萬不能中了對方的激將法。比如他說：「我就知道你可能做不到，看來果然如此。」對此，你不妨報之一笑，承認自己能力有限，「做不到」他要求的。

- **消除愧疚**：拒絕朋友的要求，朋友可能會愁眉苦臉，唉聲嘆氣。這時候，你沒必要自責，沒必要感覺愧疚。既然拒絕，你當然有拒絕的理由。最好的做法是，用你的理由來消除內心的愧疚，達到心理的平衡。

- **電話拒絕**：有時候礙於面子，當面不好意思拒絕朋友。這種情況下，你可以讓朋友先回去，告訴朋友等你考慮後再給他答覆。然後，打個電話把你的意見告訴他。這樣，雙方不見面可以避免不好啟齒或避免造成尷尬。

掌握分寸，成為上司的心腹

在單位中，辦理與工作有關的升遷、調薪、績效評估等涉及前途的事，都離不開上級上司的幫助。而且，由於上司交際面廣、關係多，很多我們難以辦到的生活私事也要請上司幫忙，所以，保持好與上司的上下級關係，對我們事業的發展、理想的實現、人生的幸福，有著比其他關係更直接更重要的作用。從這些意義而言，這種關係應視為我們關係網中的頭號網結。成為上司的心腹，當然是好處多多。如何與主管相處親密，使單位的利益經常地「惠及」自己，是我們應該精心研究的課題。

1. 成為上司的心腹

在用人時，一向強調「德才兼備，以德為先」的標準，而最大的德則莫過於「忠」了。上級對下級最看重的一條就是是否對自己忠心耿耿。因此，要成為主管的自己人，就要經常地用行動和語言來表示你對主管的信賴和忠誠，而表現你忠誠的最好辦法莫過於勇於在主管處境尷尬之時，挺身而出，不惜犧牲自己的某些個人利益來換取主管的信任。

2. 維護上司的權威

酷愛面子，視權威為珍寶，有「人活一張臉，樹活一層皮」的說法。而在官場上，領導者尤其愛面子，很在乎下屬對自己的態度，往往以此作為考驗下屬對自己尊重不尊重、會不會做事的一個重要「指標」。

從歷史上看，因為不識時務、不看長官的臉色行事而觸了霉頭的人並不在少數，也有一些忠心耿耿的人因衝撞了長官而備受冷落。

面子和權威之所以如此重要，根本原因在於他們與主管的能力、水準、權威性有密切關聯。得罪主管與得罪同事不一樣，輕者會被主管批評或者大罵一番；遇上素養不高、心胸狹窄的人可能會打擊報復，暗地裡給你穿小鞋，甚至會一輩子抑制一個人的發展。現實中一些人有意無意地給主管丟面子、損害主管的權威，常常刺傷主管的自尊心，因而經常遭到穿小鞋、受冷落的報復。從與主管相處的角度講，不慎言篤行，一旦衝撞了主管，就會影響你的進步和發展。

為維護上司的權威，必須做到以下幾點。

1. **上司理虧時，給他留個臺階下**：常言道：得讓人處且讓人，退一步海闊天空。對主管更應這樣。主管並不總是正確的，但主管又都希望自己正確。所以沒有必要凡事都與主管爭個孰是孰非，得讓人處且讓人，給主管個臺階下，維護主管的面子。

2. **上司有錯時，不要當眾糾正**：如果錯誤不明顯無關大局、其他人也沒發現，不妨而希望有朋友同喜樂，解哀愁。下級如果對上級能做到隨時關心，那麼上級自然會在心中將你當成朋友。

平常你的上司身體健康，精力充沛，在工作上也非常得心應手，公司的人都認為他很有前途，可是，這一天，他流露出悲傷的神情，很可能是家中發生了問題。

他嘴巴不說，卻一直努力壓抑，但難掩臉上苦惱的表情。對這位上司而言，這是件很尷尬的事，為了不讓下屬知道，表面極力裝得若無其事。

午餐後，他用呆滯的眼神望著窗外，此時，他悵然的臉色，失去了朝氣。你對這種微妙的神情變化，必須多加注意。應盡你最大的努力，嘗試找出主管真正苦惱的原因，並對他說：「主管，家裡都好嗎？」以輕描淡寫問候的話，來使他敞開心房。

「不！我正頭痛呢，我太太突然病倒了！」

「什麼？你太太生病了！我都不知道？現在狀況怎麼樣？」

「其實也不需要住院，醫生讓她在家中療養。太太生病後，我才感到諸多不便。」

「難怪呢！我覺得主管你的臉色不好，我還以為你有什麼心事，原來是你太太生病了。」

「想不到你的觀察力這麼敏銳。我真佩服你。」

他一面說著，臉上露出未曾有過的笑容，此刻就能知道你成功了。

在人最脆弱的時候給予安慰，才是當下屬的人應有的體諒和善意。上司由於悲傷，故心靈呈現出脆弱的一面，我們更不應再去刺激他，應該設法讓他悲傷的心情逐漸淡化。上司的苦惱，在無人知曉前，我們應主動設法了解，相信你的這份善意，即使是「鬼」也會受感動的。從此之後，上司也會心甘情願地為你付出。

但同時也要注意，下屬與上司的關係往來還是有顧忌的。不能毫無自尊像個跟班跑在上司後面，大事小事都隨聲附和，連上司不願人知的隱私也去刺探，甚至為展現親近還四處張揚，或者是不懂看別人臉色，到別人家裡一坐就是半天，喋喋不休，占用上級已安排好的時間。這些交往的分寸若不掌握好，不受歡迎就不會有真誠的交往。

審時度勢，該低頭時要低頭

涉世之初的年輕人，剛剛告別自由浪漫的校園生活，脫離父母家庭的呵護寵愛，難免保留著學生時代的理想色彩和為人子女的嬌慣任性。懷著

滿腔熱血，揣著遠大抱負，想轟轟烈烈做一番事業，是每個初涉社會青年的良好願望。可是，紛紜複雜的現實世界並不像他們想像的那麼美好。面對坎坷、荊棘和生活道路上橫生的障礙，現實者吸取教訓，學會審視、思索，採用迂迴和緩的方法去戰勝和超越；理想者則傲氣不斂，鋒芒畢露，小覷或無視生活有意無意設置的低矮「門框」，其結果，只能被碰得頭破血流，成為不得不在風車前敗下陣來的「唐吉訶德」。

一次，班傑明‧富蘭克林到一位前輩家拜訪，一進門，他的頭就狠狠地撞在了門框上，痛得他一邊不住地用手揉，一邊看著比正常標準低矮的門。出來迎接他的前輩看到他這副樣子，笑笑說：「很痛吧？可是，這將是你今天拜訪我的最大收穫。一個人要想平安無事活在世上，就必須時時刻刻記住『低頭』。這也是我要教你的，不要忘了。」富蘭克林把這次拜訪看成最大的收穫，牢牢記住了前輩的教導，並把謙遜列入他一生的生活準則之中。

人生漫長，變幻莫測，在前行的道路上難免品嘗碰壁飲恨、傷心失意的苦澀滋味。碰壁並不可怕，可怕的是碰不回頭，痛不思變。在厚重堅固的「門框」前面，暫時的低頭並不意味著卑屈和不顧人格，更不表明失去原則和自尊，而是一種藝術的處世方法和智者的表現。能屈能伸，剛柔並濟，向來不失為男子漢大丈夫的氣度和風範。一時的低頭是為了長久的抬頭，正如暫時的退讓是為了更好地前進。雖然我們並不都能成為富蘭克林，但學會低頭，擁有謙遜的美德，確是人生學習的功課，是人生最大的收穫和至尊的品格。

學會低頭，也就學會了審時度勢，掌握全域，小忍以圖大謀。學會低頭，就能順利跨越生活中意想不到的低矮「門框」而免受無謂的傷害。

第十二章　能屈能伸，低調做人

第十三章　匯聚眾心，合作共贏

學會與人合作

要想成大事，必須學會與人合作，一方面可以彌補自己的不足，另一方面可以形成一股合力，做到 1+1 ＞ 2 的效果。

團結才有力量，只有與人合作，才會眾志成城，戰勝一切困難，產生巨大的前進的動力，說合作是生存的保障實不為過。所以，養成良好的合作的習慣，就關係到一個人的前途大業。

一盤散沙，儘管它金黃發亮，也仍然沒有太大的作用。但是如果建築工人把它摻在水泥中，就能成為建造高樓大廈的水泥板和水泥墩柱。如果化工廠的工人把它燒結冷卻，它就變成晶瑩透明的玻璃。單個人猶如沙粒，只要與人合作，就會起到意想不到的變化，變成不可思議的有用之材。為人要學會與人合作，掌握這種才能，從而引領自己的事業向前。

不是所有人都能有效地與人合作，善於團結人的人，天生就是一個領袖人物。他能引導其他人進行合作，或者引導他們團結在自己周圍，完成一項共同的工作，他善於鼓舞他人，使他們變得活躍。透過他的合作，他完成了單靠自己無法完成的工作。在他的合作下，以他為核心的這些人給社會提供了更加有效的服務。

有些人天生是服從者，他們不知道一件事情牽涉的範圍有多大，不知道該如何面對和處理棘手的問題。但他們也有與人合作的願望。只是他們的合作是一種消極的合作。他們會說：「你看我適合做什麼，只要你安排了，我就會盡心去做。」所以，透過是否善於合作，可以區分出一個年輕人是不是一個可成大事的人。

成大事的人有極強的號召力，能鼓舞並指揮他屬下所有的人員獲得比在沒有這種指揮影響力之下更大的成就。要想成功，必須擁有這種精神。為達到這一目的，可透過自願的方式，也可透過強制力。個人不斷修正自己的想法，與他人達成諒解與合作。

　　成大事者最讚賞的一種人際關係是和諧發展，為什麼？人和，成事興。人與人相處是一件很平常的事，人本來就是群居動物；人與人相處能夠美好而又和諧，卻又是一件很不容易的事。三教九流，人也各異。唯有和諧相處，生活才會美好，因為和諧是美的最高境界。而這種境界是需要用良好的合作來維持的。

　　21 世紀是一個合作的時代，合作已成為人類生存的手段。因為科學知識向縱深方向發展，社會分工越來越精細，人們不可能再成為百科全書式的人物。每個人都要借助他人的智慧完成自己人生的超越，於是這個世界充滿了競爭與挑戰，也充滿了合作與快樂。

　　合作不僅使科學王國不再壁壘森嚴，同時也改寫了世界的經濟疆界。我們正經歷一場轉變，這一轉變將重組下一個世紀的政治和經濟。將沒有一國的產品或技術，沒有一國的公司，沒有一國的工業。至少將來不再有我們通常所知的一國的經濟。留存在國家界限之內的一切，是組成國家的公民。

　　在 21 世紀的今天，世界化的科學與技術的合作早已超越了國境線，許多大公司開始做出跨國性合作，財力物力與人力的重新組合，導致了生產效率提高和社會物質財富總量的增加，必將使科學技術的成果在更廣泛的範圍內造福於人類。

　　想事業成功，就要懂得學會合作，與人共處有著深刻的內涵。學會共處，首先要了解自己，發現他人優點，尊重他人。教育的任務之一就是要使學生了解人類本身的多樣性、共同性及相互之間的依賴性。學校開設的諸種科目，無論是社會學科還是人文學科，都是為了傳遞了人類的思想文化遺產，增進對於本民族和其他民族的了解，認識各自的文化特性和共同價值。了解自己是認識他人的起點和基礎，正所謂「設身處地」。同時，教育作為個體社會化的過程，也注重從了解他人、他國、他民族的過程中更深切地認識自己，認識本國、本民族，這種了解和認識，始自家庭，及於學校，延至社會，推而廣之於國際社會和各國人民及其歷史、社會、經濟、政治、文化、價值觀念、風俗習慣、生活方式等，並從這種深入的了

解之中，培養人類的尊嚴感、責任心、同情心和對於祖國、同胞和人類的愛心。

學會共處，就要學會平等對話，互相交流。平等對話是互相尊重的體現，相互交流是彼此了解的前提，而這正是人際、國際和諧共處的基礎。

學會共處就是要學會用和平的、對話的、協商的、非暴力的方法處理矛盾，解決衝突。

學會共處最有效的途徑之一，就是參與目標一致的社會活動，學會在各種「磨合」之中找到新的認同，確立新的共識，並從中獲得實際的體驗。

積極投身社會實踐活動，不但能提高你的工作能力，也能夠提高社交能力和與人相處的能力。

良好的人際關係，對你的將來，對你的一生都會有很大的影響，一定要慎重。年輕人要認識到這一點，養成良好的合作的習慣，從而獲得良好的人際關係，為成功奠定基礎。

在合作中取長補短

如果能取人之長，補己之短，就會在自己身上有一股「合力」的作用，而這種合力更能推動你由弱而強、由小而大，這是成大事者的共同特徵。

每個人的能力都是有限的。年輕人精力旺盛，認為沒有自己做不完的事。其實，精力再充沛，個人的能力還是有一個限度的。超過這個限度，就是人所不能及的，也就是你的短處了。所以合作就更顯重要。同時也因為你的能力傾向與其他人不同。每個人有自己的長處，同時也有自己的不足，這就要與人合作，用他人之長補自己之缺。養成合作習慣的年輕人，才會更好地完善自己，發展自己。

人的性格和能力是有差別的，這些差別是長期養成的。不能說哪一種類型就一定好，哪一種就一定壞。正是這些不同，所從事的工作性質就不一樣。要想有所作為，首先得明白自己的性格和能力，然後選定一個適合於你自己類型的工作目標。在與人合作時，也應注意分析別人的性格特點，盡可能使每個人都能找到適合於自己的工作。也就是他能彌補你的短處，你能補救他的不足。

年輕人最好能從事與自己個性相契合的工作，這樣就一定會全心全意做好這項工作。世界上最大的浪費就是：大多數人從事不最為適合其個性的工作。過去的社會體制限制著個人，使得他們沒有選擇的權力。現在的社會，選擇餘地越來越大。好多人卻仍然只是選擇或從事從金錢觀點看來最為有利可圖的事業或工作，根本沒有去考慮自己的個性和能力。現在，社會為我們提供了便利的條件和寬鬆的發展環境，年輕人可以自由擇業，這樣的機會年輕人一定要把握，才不會在年老的時候回首往事時而感遺憾。

只有充分發揮自身優勢並能利用他人的優勢來彌補自己不足的人，才會在今天的社會中取得成就。

讓別人為你助力

一個人的能力總是有限的，成就大事，更多需要朋友、貴人的支援和助力。

借勢發揮是成大事者常有的一種習慣，這樣可以利用對方的優勢來彌補自己的不足。

「利用」一詞似乎帶有貶義，但與朋友合作，互相幫助的確是成就事業的一種方式。如果能養成「他山之石亦可攻錯」的合作習慣，那麼這樣的年輕人定會大有作為。

　　俗話說「一個好漢三個幫」，「多個朋友多條路」。「朋友」在傳統中是兩彎相映的明月，講究一個肝膽相照，義字當先。朋友在競爭激烈的現代社會裡顯得日益重要，善於利用朋友往往使你的生活自在快樂，而且會有很多機遇，會有很多人幫助。因此，培養一種利用朋友的習慣，實際上就等於你的成功有了希望。

　　南方某地有個很成功的商人，朋友無數，三教九流都有，他也曾逢人就誇，說他朋友之多，天下第一。後來有人問他，朋友這麼多，他都同等對待嗎？

　　他沉思了一下說：「當然不可以同等對待，要分等級的！」

　　他說雖然自己交朋友都是誠心的，但別人來和他做朋友卻不一定都是誠心的。在他的朋友中，人格清高的朋友固然很多，但想從他身上獲取一點利益，心存二意的朋友也不少。

　　「對方有壞意，不夠誠懇的朋友，我總不能也對他推心置腹吧！」這位商人說：「那只會害了我自己。」

　　所以，在不得罪「朋友」的情況下，他把朋友分了「等級」，計有「刎頸之交級」、「推心置腹級」、「可商大事級」、「酒肉朋友級」、「嘻嘻哈哈級」、「保持距離級」等。和對方交往的密度，和自己打開心扉的程度往往根據這些等級來決定。因為不同的朋友有不同的作用。

　　舉一個例子，利用「朋友」除掉對自己的威脅，讓自己獲得平安。

　　三國赤壁大戰之時，不習水戰的曹操大軍，由於重用了熟悉水戰的荊州降將蔡瑁、張允，使曹軍的水戰能力有了很大提升。當周瑜乘船察看時，發現曹軍設置水寨，竟然「深得水軍之妙」。人們知道揚長避短可以以劣勝優，而防敵變短為長可以幫助你揚長避短，於是，周瑜暗下決定，「吾必計先除此兩人，然後可以破曹。」

　　真是無巧不成書，正在周瑜絞盡腦汁謀定策略之時，曹操手下的謀士、周瑜的故友蔣幹來訪，周瑜一眼就看出蔣幹的來意，一是說降，二是刺探軍情。於是，就想出了一條利用「朋友」的妙計。

　　周瑜當晚大擺筵席，盛情款待蔣幹。席間，周瑜大笑暢飲。夜間，周瑜佯作大醉之狀，挽住蔣幹的手說：「今天晚上與你共眠一榻。」當軍中打過二更，蔣幹起身，見殘燈尚明，周瑜卻鼻鼾如雷。在桌上堆著的一疊來往書信的公中，蔣幹發現了「蔡瑁，張允謹封」之信，蔣幹大吃一驚，急忙取出偷看。其中寫道：「某等降曹，非圖仁祿，迫於勢耳。今已賺北軍困於寨中，但得其便，即將操賊之首，獻於麾下，早晚人到，便有關報。」蔣幹想了想，原來蔡瑁、張允竟然暗結東吳，於是將書信藏在衣內，到床上假裝睡覺。

　　大約在四更時分，有人入帳低聲呼，喚周瑜，周瑜故做「忽覺之狀。」那人說：「江北有人到此。」周瑜喝道：「低聲！」又轉過頭來對著蔣幹喊了兩聲，蔣幹佯裝熟睡沒有作聲。於是，周瑜偷偷走出營帳，蔣幹趕緊爬起來偷聽，只聽得外面有的遊客說：「張、蔡二都督道：『急切間不得下手』……」後面的話聲音更低，什麼也聽不清楚。不一會，周瑜回到帳內又睡了起來。

　　蔣在五更時分，趁著周瑜熟睡未醒，悄悄離開，溜回江北，他向曹操報告了所見，並交上那封偽造的書信，曹操勃然大怒，立即下令斬了蔡瑁和張允，當兩顆血淋淋的人頭獻上之時，曹操方才恍然大悟：「上了周瑜的當！」

　　周瑜利用蔣幹這個老朋友，巧妙地假曹操之手，一舉除掉了兩個最大的隱患。這樣，才有了流傳至今的赤壁大戰火燒曹操營的壯舉。

　　常言道，在家靠父母，出門靠朋友。年輕人更需要朋友來充實自己的生活和事業。

　　遠親不如近鄰，利用好身邊的朋友，將會對你的事業大有幫助。抓住機遇，朋友會為你的成功「添磚加瓦」。

　　年輕人要成就一番事業，養成良好的合作心態是不可少的，也只有在這種習慣的支配下，與他人開展良好的合作，才會使你在事業的征途上多一些幫助，少一些困難，從而向著心中的目標奮起前進，直至成功。

拒不合作的不良影響

真誠的合作，是能夠取得成功的最佳方法，因此凡是成大事者，都力圖透過合作的方式完善提升自己。

做人做事一定要注意，做事切不可獨斷專行，萬事全包。因為一個人的能力是有限的，只有善於與人合作的人，才能夠彌補自己能力的不足，達到自己原本達不到的目的。善於完善自己的人也一定是有著良好習慣的人。

清末名商胡雪巖，自己不懂讀書識字，但卻從生活經驗中體悟出了一套哲學，他善於觀察人的心理，把士、農、工、商等階層的人聚集在一起，以自己的錢莊優勢，與這些人合作。由於他長袖善舞，所以這些人也為他的行為所打動，對他產生了信任。他與漕幫合作，及時完成了糧食上交的任務。與王有齡合作，王有齡有了錢在官場上混，胡雪巖也有了機會在商場上發展。種種的互惠合作，使胡雪巖這樣一個小學徒工變成了一個執江南半壁錢莊的鉅賈。

能力有限是我們每一個人的問題。但是只要有心與人合作，善假於物，那就可以取人之長，補己之短。而且能互惠互利，讓合作的雙方都能從中受益。

透過別人實現自己的願望是一種智慧，雖然我們無法都做到這一點，但每個人都可以與人合作，攜手做出更大的事業。

但是有些年輕人卻認為，財富總是有一定的限度，你有了，我就沒有了。這是一種享受財富而不是一種創造財富的哲學。創造財富固然是為了分享，但是我們更關注的是財富的創造。同樣大的一塊蛋糕，分的人越多，當然每個人分到的就越少。如果斤斤計較，我們就會去爭搶食物。但是如果我們聯手製作蛋糕，那麼，只要蛋糕能不斷地做大，我們就不會為眼前分到的蛋糕大小而備感不平了。因為眼下少一塊，隨後隨時可以再彌補過來。而且，只要把蛋糕做大了，根本不用煩惱能否分到蛋糕。

　　過去封建社會的農村閉塞，獲取財富極端困難，所以那時農村分家是件很困難的事情。兄弟姒娌間為了一個小罐子、一張小凳子，便會惡語相向，乃至大打出手。這是一種典型的分財哲學。

　　後來時代進步了，農村變成了城市，財富累積越來越多。回過頭來，發現各自留在家裡的親眷根本不需要為一些雞毛蒜皮的事爭吵。一種新的哲學也就誕生了：你好，我也好，合作更好。

　　做人做事，首先要處理好人際關係，養成與人合作的良好習慣。才會在事業發展中獲得他人的幫助，才能與他人攜手共建未來。

　　朱光潛曾告誡年輕人，與人合作，品格是最主要的。朱光潛認為養成合作的習慣還不算成功，更重要的是要有好的品格來維繫這一合作習慣，使之不斷完善和提高的。

　　做人應以誠為本，合作中亦然。只有真誠才能贏得別人的信賴。

　　子荀說：「人，力不若牛，走不若馬，而牛馬為所用，何也？曰：人能群，彼不能群也。」

　　既然與人交往是人的一種本能，與人合作又是快樂的源泉，那應從把它融於生活之中，建立良好的社會關係，在合作中體會成功的快樂，展現良好的品格。

與人合作的七大原則

　　做什麼事情都要有個原則，合作也一樣。與人相處，要坦誠相見。以平和的心態去對待周圍的矛盾，無須在一些無所謂的問題上爭個你死我活，過於「精明」，就會落得「人至察則無徒」的結果。在養成與人合作的習慣的同時，更要注意合作也是有原則的。

　　年輕人還要知道社會是複雜的，它不像學校裡那麼簡單。一個人即使為協調人際關係作出了很多努力，事實上仍然不能完全免除與他人的衝突。人與人之間互動往來，產生矛盾，這是由人的天性所決定的。

　　也許由於觀點、趣味的不同，也許因為感情、個性的抵觸，從而誤會，產生糾紛。我們要正確認識這一切。

　　產生矛盾的原因有很多，但是歸根結底還是由於諸如狹隘自私、敏感多疑、剛愎自用等人性的弱點造成的。人們思考和處理問題往往習慣於從自我出發，平時疏於與別人溝通，因而出現矛盾後，總認為真理在自己手中，別人都是錯的。

　　發生各式各樣的衝突對雙方都是不利的，必然會對各自產生消極的影響。一個想成就一番大事業的人，必須想方設法避免不必要的衝突，千方百計地消除各種矛盾，使自己有一個寬鬆和諧的工作和生活環境。

　　著名美學家朱光潛先生在談到與人相處時曾指出：

　　我從前研究美學上的欣賞與創造問題，得到一個和常識不相同的結論，就是：欣賞與創造根本難分，每人所欣賞的世界就是自己所創造的世界，這是個人的情趣和性格的反映；你在世界中能「取」多少，就看你在你的性靈中能提出多少「予」它，物我之中有一種生命的交流，深入所見於物者深，淺入所見於物者淺。現在我思索比較實際的交友問題，覺得它與欣賞藝術自然的道理幾乎吻合。你自己是什麼樣的人，就會得到什麼樣的朋友。人類心靈常交感回饋。你拿一分真心待人，人也就會拿一分真心待你，你所「取」如何，就看你所「予」如何。「愛人者人恆愛之，敬人者人恆敬之」。

　　人不愛你敬你，就顯得你自己有缺陷，你不必責怪他人，須先反求諸己。不但在情感方面如此，在性格方面也都是如此，友心同心，所謂「同心」是指心靈同在一個頻率。如果你我在心靈上有落差，就必須感化彼此，將對方提高到同樣水準，否則友誼就難成立。朋友往往是測量自己的一種最精確的尺度，你自己如果不是一個好朋友，就不能奢望得到一個好朋友。要成為好的朋友，自己必須先是一個好人。柏拉圖說「惡人不能有朋友」。惡人可以做好朋友時，在能為好朋友一點上就可以證明他還有人性，還不是一個絕對的惡人。

　　說來說去，「同聲相應，同氣相求」那句老話還是真的，何以交友的道理在此，如何交友的方法也在此。合作和交友行為一樣，我們應該常牢記在心的是「嚴以律己、寬以待人」。

　　一個想成就一番大事業的人，要盡力防止與別人產生衝突所以要做到以下幾點：

1. 要胸懷寬廣，高瞻遠矚，凡事講大局，講格調，講團結，調動一切積極因素，為一個共同的目標而努力。

2. 要注意明察秋毫，及時掌握員工的思想動態，努力化解各種矛盾，防患於未然，減少或完全消除人們之間的隔閡。

3. 以理解的眼光看別人，世界是五彩繽紛的，人也是各式各樣的。別人不可能有完全與我們一樣的志趣，我們不能像要求自己那樣要求別人，每個人都有自己的個性和特點，有不同的長處和短處。

4. 寬容別人的過錯，明白世上沒有十全十美的人，包括自己在內誰都有缺點，誰都有可能犯錯誤，給別人改正錯誤的機會，就像希望別人也原諒自己的過失一樣。

5. 對別人不要完美主義，要小事糊塗，大事明白，記住水至清則無魚。對別人要求過高就會曲高和寡，對別人太苛刻就會被拒之於千里之外，對別人橫挑鼻子豎挑眼，就沒有人願意與我們共事。

6. 除非是涉及原則性的問題要搞清楚是非對錯，對一些無關緊要的事，不能抓住不放，要大事化小，小事化了，甚至刻意裝糊塗。不應該將簡單問題複雜化，本來沒有多大的事，卻非要弄個水落石出，爭出個我是你非。那只能是天下本無事，庸人自擾之。

7. 冤家宜解不宜結。即使有了矛盾，也應開誠布公，想方設法尋求理解和溝通，就事論事，不要把矛盾擴大。要勇於自我批評，以自己的真誠換取別人的理解。

　　總之，化解矛盾要首先從自己做起，記住你如何對待別人，別人也會如何對待你。要走進別人的心靈，自己就要首先敞開胸懷。

讓你的交際更優秀

人不可能孤立地生活、發展，只有在人群交往中才能發揮自己，做自己想做的事，而這就需要交際。一個成功的人，他的交際也應該是優秀的，而交際也是有原則的。

年輕人在與人合作，處理人際關係時，還要注意以下幾條原則：

1. **切忌在背後議論他人**：不要對他人背後議論或發表不負責任的評論，那樣不僅失去了交往的目的，而且會傷害同儕親友間融洽的感情。特別是在大庭廣眾之下，盡可能避免說別人的短處。有時言者無意，聽者有心，不脛而走，挫傷他人自尊心。

2. **說話做事要有分寸，有條理**：不要在與朋友、與同事的相處中搶話頭，沒完沒了，令人討厭，時間一長大家會離你遠遠的。

3. **不顯露有恩於別人**：同事、朋友之間總會有互相幫助的地方，你可能對別人幫助比較大，但是，切不可展現出一種有恩於他人的姿態，這樣會使對方難堪。

4. **不忘別人的恩德和幫助**：要學會牢記別人對自己的恩情，而遺忘自己對別人的幫助，無論誰的幫助不論得益大小，都應適度地向對方表示感謝，這樣，不但增進友情，而且也表示了「受恩不忘」的可貴品格。

5. **做不到寧可不說**：要記住不要對朋友說謊，因為那將是你最大的損失。所以，不論新舊朋友之間的交往，都要誠實，避免說大話。要說到做到。不放空炮。做不到的寧可不說。

6. **不拆穿別人的祕密隱私**：不拆穿別人的祕密特別重要。每個人都有一些隱私，知道的不要說，不知道的不要問，因為這是於你無益對他人有損的事。

7. **要注意謙虛待人**：要學會謙虛，不要時常在同儕、朋友面前炫耀自己的成績或長處，如果一有機會就說自己的長處，就無形貶低了別人抬高了自己，結果被人看不起。

8. **不要憨言直語、學會委婉**：要融合各方面的意見，不要只憑自己的主觀意識，說出不近人情的話。否則是得不到別人的好感與贊同的。只有言詞委婉，才能融洽感情，做成事情。

9. **要有助人為樂的品德**：正確的道德觀是塑造好自己的形象和交際成功的重要環節。我們應該有正義感，並在區別真善美，假醜惡的過程中堅持原則棄惡揚善。當別人需要的時候，應該毫不猶豫地伸出熱情之手，去關心、支持和幫助別人。既是彼此交往，就應該相互尊重，特別要尊重他人的人格、權利，不去侵奪他人幸福，尊重他人的事業、生活方式、志趣愛好。不隨意支配他人，不傷害別人的自尊心、自信心。這樣才能受到別人的尊重。

10. **要有理解寬容的心態**：與人打交道，交朋友，就需要設身處地理解別人，理解別人的痛苦和需要。要與人為善寬容大度。要配合默契，熱情有度，要真誠待人，以此來贏得大家的信任，尊重和友誼；獲得更多的朋友。

以上十條是人際交往最基本的原則，只有不違背這些原則，再養成下面的習慣，你就能在人際交往中成為一個成功者，最終成就一番大事業。這也是成大事者給我們的啟示和忠告。年輕人要牢記這些忠告，在與人合作中獲取自己的理想和未來。

營造一個好的合作氛圍

合作的技巧問題很重要。美國著名人際關係專家彭特斯在《合作的6大習慣》一書中說：「合作的可能性只有一條：站在同一立場上。」

現實社會中，有的人「人緣兒」好，人們都願意與他合作；而有的人正好相反。其實這不是「人緣兒」的問題，而是合作中對合作技巧的掌握是否熟練所造成的，也是年輕人是否擁有良好的習慣的體現。

合作也有技巧，做人做事時，首先是從自身開始的。

舉個例子：

阿雅是一位立志成事的年輕人。她在了解這些道理之前，損失不少賺錢機會。她是精裝圖書行銷商，主要從事美術設計圖書的推銷。每個禮拜，她都要去拜訪京城幾位著名的藝術家。這些人從來不曾拒見她，但也總是不買她的書籍。他們往往很仔細地翻看阿雅帶去的圖書，然後告訴她：「很遺憾，我不能買這些圖書。」

經過多次失敗，阿雅感到有些奇怪。於是她就去和一位學習心理學與人際關係學的朋友聊天。這位朋友仔細問了她推銷的經過後對她說：「你給他們太多壓迫感，所似他們不敢買。」

阿雅應該是個很敬業的女孩，她原來就有不錯的美術功底，但她說話缺乏技巧。每次推銷時，她都是很熱情地告訴對方：「這本畫冊你一定沒有看過，它是現代最……圖書。」朋友告訴阿雅：「你不妨把書送上門，讓他們自己去品評。」

阿雅自己也領悟到過去的方法有些不妥。於是她又帶著幾本畫冊，去了一位朋友介紹的新客戶家中。到了那裡，她並不急著推銷書籍，而是左顧右盼，用心欣賞這位藝術家朋友的美術作品。對一些困惑的地方，她總是及時提出來請教這位藝術家。

這位藝術家提起了興致，不知不覺中，兩人已經聊了兩個多小時。最後，阿雅請教這位藝術家：「以您這麼多年的美術設計經驗，您能否幫我看一下這幾本書，看看其中到底哪一本更實用，更專業。」

因為時間不多了，兩人約定第二天再見面。第二天，阿雅再去取書時，這位藝術家已經認真地打了一份評論。字數不多，但是很中肯。阿雅與這位藝術家道謝，這位藝術家主動告訴阿雅：「我自己想訂購幾本這種畫冊。另外，我和幾個朋友都連繫過了，他們也願意看一看。」

阿雅聽了表示感謝，並在這位藝術家的引薦下，一下子又銷售出了好幾套大型畫冊。

阿雅後來說：「以前我只忙著介紹圖書，總認為他們沒看過的就一定是他們需要的。現在我才明白，如果虛心請教他們，他們會認為你是把他們當專家來看待，並且覺得這些圖書是透過自己的眼光鑑別出來的。不需要我去向他們推銷，他們自己就會買。」

合作的技巧其實很簡單，就看你是否願意掌握它，如果總覺得自己如何了不起，而不去考慮別人的感受，是不會受到別人歡迎和喜歡的，當然就不會有「人緣兒」。

所以，掌握基本的溝通與合作技巧是年輕人應該學習的一種意識。

如果你多加注意一些交流技巧的話，就可以為自己營造一個好的合作氛圍。

求同存異，合作才能穩固

求同存異，是外交政策中的重要原則之一，它不但適用於各個的國家的交往，也適用於我們每個人。

和人相處，如果總是在強調差異，你們就不會相處融洽。強調差異會使人與人之間距離越來越遠，甚至最終走向衝突。

如果把注意力放在別人和自己的共同點上，與人相處就會容易一些。

要減少差異就要設身處地為別人著想，以達成共識。為別人著想，就會產生同化，彼此間的關係就會更加融洽。

把自己融進對方，讓兩人變為一人。這個時候，無須懇求、命令，兩人自然就會合作做某件事情。

唯有先站在同一立場上，兩人才有合作的可能。就算是對手，你也得先和他有共同的利益關係，方可走到一起。

你付出什麼，就收獲什麼。如果合作者之間合作愉快的話，那麼他們彼此就有著某種默契。要是人們相處得非常好，那麼他們彼此的動作、表情和神韻自然都會很相似。如果你把自己和溝通良好的人的交談情形錄下

來看看，你會發現這種交談很像是表演課。一人擺出了某種動作，另一個自然地就跟了上來。

通常只有當你和別人相處融洽時，才會產生這種默契。透過這種體態語言的一致，你和你的交談對象完全進入了合作狀態。

發揮「合力」的作用

成大事者善於培養合作精神，即發揮合力的作用。

勇於合作，需要有一種主動、積極的態度，不僅僅是與我們所喜歡的人，也包括我們不喜歡的人，因為每個人身上都有我們值得學習的東西。年輕人不但要養成與他人合作的習慣，更要培養與他人開展良好合作關係的精神。

一位老人坐在一個小鎮郊外的馬路邊。有一位陌生人開車來到老人面前。陌生人下車問老人：

「請問先生，住在這個小鎮上的人怎麼樣？我正打算搬來住呢。」 老人看了一下陌生人，反問他：「你要離開的那個地方的人怎麼樣？」陌生人回答：「不好，都是些不三不四的人。我住在那裡沒快樂可言，因此我打算到這裡來住。」

老人嘆口氣，說：「先生，恐怕你要失望了，因為這個鎮上的人，也和你那裡差不多。」

這位陌生人失望地走了，繼續去尋找他理想的居住地。過了不久，另一位陌生人來到老人面前，詢問同樣的問題。老人也同樣反問他。

這位陌生人說：「哦！住在那裡的都是非常好的人。我在那裡度過了一段美好的時光，但我正在尋找一個更有利於我的工作發展的小鎮。我捨不得離開那個地方，但是我不得不尋找更好的發展前途。」

老人面露笑容，說：「你很幸運。居住在這裡的人都是跟你原來住的地方一樣好的人，你將會喜歡他們，他們也會喜歡你的。」

　　這個故事告訴我們，你想尋找敵人，你就會找到敵人；你想尋找朋友，你也就會找到朋友。不善於與人相處的人，到了哪裡，都會認為別人難以相處。善於與人相處的人，見到任何人，都會相處融洽。

　　我們都願意和自己喜歡的人交往，而不願意和自己不喜歡的人來往。但現實生活卻不可能滿足我們這一願望。我們的鄰居可能正是我們不喜歡的：我們希望安靜，鄰居則可能一天到晚把音響開得震耳欲聾；我們喜歡整潔，鄰居則總是把廢舊的東西堆滿了通道；我們不願被人打擾，但鄰居卻經常喜歡到我們家裡來借東借西的。在單位，也有我們不喜歡的同事，我們雖然盡量迴避他們，但由於工作關係，我們不得不與他們打交道。我們為此而煩惱。

　　居家不一定非要沒有壞鄰居的地方不可，聚會也不一定要避開不好的朋友（就是孔子所說的「損友」）。關鍵是自持，能夠從惡鄰和「損友」中汲取有益的東西。為人處世的一個重要原則，就是「自持」——自我控制欲望和情緒。能自持，就不怕「近朱者赤，近墨者黑」，即便生活在汙濁的環境裡，也能保持自己清白的人品。如果有一個惡鄰或品德不好的朋友與同事，正可以鍛鍊自己的修養和定力。再說，惡鄰和「損友」畢竟不是敵人，我們可以設法感化他們，他們身上也許有一些東西還值得我們借鑑。

　　那麼，該如何和自己不喜歡的人打交道呢？

- 是「忍讓」。寧可自己受些委屈或吃點虧。也不要為小事而與對方爭個臉紅脖子粗，甚至打得頭破血流。

- 是主動接近對方。你可以先伸出友好之手，你可以主動和對方打招呼。對方原本可能懷有的對你的戒備心或敵意就可能化解。你很客氣地提出的一些問題，他們就可能會加以注意和改進。

- 是把你想像成對方。站在對方的角度考慮問題，你就可能體會他們的想法，從而修正自己的一些不正確的做法。這有助於雙方關係的改善。

- 是接受他人的獨特個性。人人都有其特點，不要試圖改變這個事實。接受他的本來面目，他也會尊重你的本來面目。不要強迫別人接受你的觀念。

- 是去想對方做對了的事。對方也不是總是那麼惹人厭的，他們也有好的一面，試著去發現這一點。

- 是以自己的言行去感化對方，影響對方。母親 70 歲了，一年中有幾個月要到我這裡住，其餘時間在老家住。每次來，早晨都要掃地，從屋裡一直掃到樓梯間。隔壁住的小夫婦從來不掃樓梯間的，見此情也趕快跑出來用抹布擦一擦地。說實話，女兒也平時很少掃樓梯間，但看到母親這樣做，女兒也就坐不住了。

能夠與人融洽相處的人是一個快樂的人，一個大度的人，一個與人為善的人。即使賺錢不多，也很滿足，因為他能從融洽的合作關係中獲得報酬。

一位學者在他的一書中寫道：「我們要容忍、諒解以及去愛別人，而不是等待他們來服侍我們，更不是給他們機會去表現他們的缺點，而是要我們自己積極主動地容忍別人和討人喜歡……以一項對別人友善及有益的計畫來發展我們自己、我們的能力以及個性，會使我們的友誼更高貴。」如果我們這樣去做了，惡鄰和「損友」也有可能改變為善鄰和好友，誰說不存在這種可能性呢？

不要只想著和「我們的同類」打交道，你也要學會和你「另類」的人打交道，也許他們是你不喜歡的「惡鄰」和「損友」，但他們也是獨具特點的人，不過是有些缺點罷了。你要學會主動地去與這些人相處，打開你的心靈，引導出他們內心的善良。只要你堅持，只要你勇於合作，你就會有所收穫，感受到一種新的人生體驗和樂趣。

在合作中處理好資訊交流

現代社會已經進入了資訊時代，掌握了資訊，就等於掌握了市場，掌握了成功。資訊的落後，就可能使人錯失先機，遺憾終生。

廣泛地結交朋友，妥善地處理人與人之間的關係，就會使你獲得不同的資訊，你就可能在這些資訊的協助下，處於領先地位，取得事業的成功。

良好的人際關係，不僅具有以上幾種作用，它更能使人擺脫孤獨的窘境，使你左右逢源，從而更好地與他人合作共創你的事業。促使人在事業中左右逢源，走向成功。

因為人都是有感情的，感情的凝聚力是巨大的，人類畢竟是高於其他動物的，善於用「情」來聯絡會助你一臂之力。

年輕人在生活和工作中要不斷地培養與他人之間的感情，這樣才更有利於自身的發展。同事關係就是其中最典型的一種，融洽的同事關係，是成功的要素之一。

人際關係的成長是人生中的一件大事。和諧的人際關係，不但有利於事業的發展，還有利於個人的健康。

合作前要具備一定的素養

要處理好人際關係，與人合作，就要具備一定的素養。

1. 機智、勇敢的素養

機智能使人擺脫尷尬，從而融洽人與人之間的關係，獲得廣泛的群眾基礎，是事業成功的一種重要因素。機智是後天培養出來的，年輕人只要好學，善學，一樣可以獲得。

一家英國電視臺的記者採訪著名作家梁曉聲。對方提了一個十分刁鑽的問題：「沒有文化大革命，可能就不會產生你們這一代作家。那麼，文化大革命在你看來是好還是壞？」

這個問題很難回答，文化大革命不是容易釐清的問題，說好也不是，不好也不是，英國記者的用意是想讓梁曉聲出糗，該怎麼辦呢？

梁曉聲鎮定自如，機智地反問道：「沒有第二次世界大戰，就沒有以描繪第二次世界大戰而聞名的作家。那麼，你認為第二次世界大戰是好還是壞呢？」

英國記者哈哈大笑，與梁曉聲握手言和，兩人還成了很好的朋友。機智使人擺脫困境，勇敢使人得到意想不到的收益。

2. 幽默的口才

人們都喜歡幽默的人，因為幽默而產生的成功有千千萬萬，幽默是一種使人更具魅力的魅力。

幽默首先是一種藝術，是人在生活、交往和鬥爭中的一種工具，對幽默這一工具的恰當運用，會使你的生活充滿活力，使你的交往和諧、自然，更會使你在鬥爭中智勝一籌，並能夠獲得友誼。

年輕人要學會幽默，從而增加個人的吸引力，使更多的人接近你、理解你，在你遇到困難的時候，他們會毫不猶豫地幫助你，助你成功。

美國的羅斯福總統和英國的邱吉爾首相是二戰時兩個叱吒風雲的人物，在研究如何對付法西斯時，兩個偉人會面了。

在會面中，兩個詳細地談論了對付日本、德國和義大利的詳細計畫，但在某些利益分配上，各自為自己的利益著想，無法快速達成一致協定，兩人非常傷腦筋。

一天晚飯後，邱吉爾去拜訪羅斯福，邱吉爾沒有讓工作人員稟告，直接進入了羅斯福的住處，而羅斯福剛剛洗完澡出來，正好一絲不掛在面對邱吉爾，兩個人都很尷尬。

羅斯福先反應過來，哈哈大笑著說：「邱吉爾首相，我羅斯福真是毫無保留地向大英帝國全面開放啊！」

兩人都哈哈大笑起來，一場尷尬的場面就這樣過去了，兩人間由此還結成了深厚的友誼。在此後的日子裡，兩人各自讓步，從雙方的利益出發，很快達成了協定，從而為法西斯的滅亡和世界反法西斯鬥爭的勝利奠定了基礎。

在這種尷尬的時候，幽默是最好的中和劑，透過幽默最能建立兩人之間的那種親密無間的友誼。

幽默不僅能讓人笑，同時也增加了魅力和風度，也會使你在針鋒相對的鬥爭中，用輕鬆的心情戰勝對手。學會用幽默來武裝自己，在事業上更會有一種意想不到的收穫。

3. 理解與寬容心態

在交際中，人一定要學會理解，這樣可以減少許多衝突發生。

理解是一種溝通人與人之間差距的橋梁。要想成就一番事業，就必須學會理解，在理解別人的同時，也獲得別人的理解，這樣就能有效地防止人與人之間尖銳的對立，建立一種相互合作的人際關係，從而找到事業上的好夥伴、好幫手。

「當今，成千上萬的業務員拖著沉重的腳步在人行道上蹣跚、疲乏、沮喪、收入不高。為什麼呢？因為他們只考慮自己的願望……如果業務員能夠向我們說明他的服務或他的商品能夠幫助我們解決問題，那麼他用不著宣傳，也用不著賣，我們就會向他買。」

卡內基的這段話向成千上萬的業務員說明了一個道理，也帶給了我們一席哲理，自己不理解別人，別人如何來理解你呢？

能理解他人的人，必然在行為上寬宏大量，體貼他人，能贏得更多人的好評，從而建立一個良好的形象。

　　年輕人要成就一番事業，沒有支持和幫助是不行的。只有正確認識到這一點，了解自己，從自身出發，樂於助人，能與人同甘共苦，才有機會贏得別人的幫助與合作。

　　想要獲得別人的幫助，必須先做到主動關心別人、幫助別人。年輕人應該向他人學習，學習他們的優秀品格，使自己養成良好的習慣，透過自身努力，營造良好的人際關係，成功地與他人合作，來成就自己的事業。

去他的命運，成就不是天注定！
自信勇敢 × 能屈能伸，十三堂正向心靈課，讓你在身不由己的生活反客為主

作　　者：徐定堯，劉利生

發 行 人：黃振庭

出 版 者：崧燁文化事業有限公司

發 行 者：崧燁文化事業有限公司

E-mail：sonbookservice@gmail.com

粉 絲 頁：https://www.facebook.com/son-
　　　　　bookss/

網　　址：https://sonbook.net/

地　　址：台北市中正區重慶南路一段六十一號八
　　　　　樓 815 室

Rm. 815, 8F., No.61, Sec. 1, Chongqing S. Rd., Zhong-
zheng Dist., Taipei City 100, Taiwan

電　　話：(02)2370-3310

傳　　真：(02) 2388-1990

印　　刷：京峯彩色印刷有限公司(京峰數位)

律師顧問：廣華律師事務所 張珮琦律師

定　　價：375 元

發行日期：2022 年 11 月第一版

◎本書以 POD 印製

國家圖書館出版品預行編目資料

去他的命運，成就不是天注定！自
信勇敢 × 能屈能伸，十三堂正向
心靈課，讓你在身不由己的生活反
客為主 / 徐定堯，劉利生 著 . -- 第
一版 . -- 臺北市：崧燁文化事業有
限公司 , 2022.11
　面；　公分
POD 版
ISBN 978-626-332-840-2(平裝)
1.CST: 成功法 2.CST: 自我實現
3.CST: 自我肯定
177.2　　111016736

電子書購買

臉書